JN016833

入門・消費者行動論

髙橋郁夫・髙嶋克義 著

有斐閣

はしがき

この本は，消費者行動論に関する基本的な知識を提供する教科書であり，大学や大学院で消費者行動論を学習する人のほか，企業や行政機関で消費者行動の調査・分析を行う人など，さまざまな読者層を想定している。

消費者行動論の教科書はすでに幾冊も存在するものの，実際に教科書として利用するには，3つの課題があると感じていた。1つ目は，消費者行動論としての専門的な理論やモデルを紹介することに力点が置かれていて，消費者行動論のさまざまな理論やモデルが相互に関連付けられずに並列的に説明されることである。消費者行動論という学問領域は，さまざまな基礎理論を学際的に取り入れて発展してきたという歴史的な経緯がある。そのため，同じ消費者行動の現象についても，基礎となる理論が異なれば，別々の用語や概念を使って説明を行い，他のアプローチとはあたかも相互不可侵的になってしまっていることが多い。このことは，専門的な研究としてはあまり問題にならないが，消費者行動論を学ぶ人や消費者行動についての問題解決を期待する人にとっては，その全体像を理解するのが難しくなり，不都合なこととなっている。

2つ目には，マーケティング論との関連性が希薄なことがある。消費者行動論というのは，その目的や基礎理論との対比から，マーケティング活動への実践的なインプリケーションを期待されている。にもかかわらず，マーケティング論との関連性が希薄になるのは，1つ目の課題と関わりがある。すなわち，消費者行動の諸理論や諸モデルが相互に独立して展開されてきたために，マーケティング論からも独立して距離を置くことになったり，異なる基礎理論に基づく局所的で拡散的なインプリケーションになり，一貫性のあるマーケティング活動の提案ができなかったりするのである。このことも，専門的研究としては問題とすることではないにしても，教科書の説明としては不満が残る点である。

3つ目として，現実の環境変化への対応という課題がある。これは上記の課題から派生するものであるが，消費者行動論の教科書では，基礎理論寄りの抽象的で基本的な消費者行動を説明しようとする傾向がある。そのために，環境変化による消費者行動への影響に言及することは少なく，それはマーケティング論の役割と考えてしまうことが多い。しかし，DX，サービス経済化，サステナビリティの追求といった環境変化は，消費者行動論として考えるべき課題となっており，もし一般的によく言われるように消費者行動が大きく変わったという主張をするならば，消費者行動の既存の理論やモデルをどう見直すかを考えなければならない。したがって，教科書でもそうした視点での各論が求められるはずである。

そこで，これらの問題意識に基づいて，本書の企画や執筆においては，次の3つの特徴をもつように方針を定めている。第1に，消費者行動の理論やモデルは，歴史的にさまざまなものが提示され蓄積されてきたが，本書では，それらの断片的な専門知識がただ総花的に示されることを避けるために，そうした知識の関連性について掘り下げることを意識した。特に，購買意思決定モデルなどの従来からある基本的なモデルと後に生み出されてきた理論やモデルとの関連性については，適宜解説するようにしている。また，従来の教科書のように図表の提示で説明したこととしないように，できる限りそれらに頼らず，論理的な説明を丁寧に行うよう心がけた。

第2に，学際的な性格をもつ消費者行動について，本書では一貫してマーケティング論との関連性を意識しながら執筆を行うことにした。そのため，本書は入門書という位置付けではあるが，各章においてマーケティング研究者たちによる消費者行動研究の成果を盛り込むようにしている。

第3に，本書は，近年の社会経済の変化を踏まえた消費者行動をできる限り取り上げることにした。具体的には，サービス経済化とコト消費・サービス購買，IT化に伴うオンラインの購買・広告とeクチコミ，グローバル化に伴う消費者の意識と行動，サステナブルな消費者行動などである。また，このような時代変化に伴って揺れ動く消費者を把握するために，従来からの消費者調査方法に留まることなく，消費者インサイトを探るための調査研究アプローチについても章を設けて説明している。

他方で，消費者行動論は，学術研究の細分化が進み，その体系は拡張しつつある。入門書としての性格やマーケティング論との関係を念頭においたこともあり，本書は，その体系を十分にカバーしているとは言えないかもしれない。そうした批判については，甘んじて受けなければならないと認識している。

さて，本書の企画や執筆においては，次のような時期的な背景が影響している。まず，本書の2人の著者は，勤務する大学を変わるタイミングで執筆が行われている。高橋は慶應義塾大学から青山学院大学に，高嶋は神戸大学から追手門学院大学に，それぞれ移っている。いずれも長年勤めた大学から移籍して，教育や研究の環境が大きく変わるとともに過去を振り返る機会を持ったことで視野が広がり，前述のような問題意識が一層，明確になったと言えるだろう。

また，本書の企画は，2020年に同じ共著者による『小売経営論』（有斐閣）の出版が行われたすぐ後に開始されている。この『小売経営論』も教科書であり，2人とも小売業をおもな研究領域の1つとしつつも，高橋は買手である消費者サイドから，高嶋は売手である企業サイドから研究を行ってきたため，ちょうど良い補完関係の中で執筆が行われた。本書でも，この経験がとても有効に活かされた。特に，専門領域や視点における補完関係のシナジーを発揮しつつ，実務的インプリケーションをマーケティング全般に広げて執筆を行うことができたと考えている。

さらに，この時期の共同での執筆においては，コロナ禍による影響は避けられないものであった。しかし，上記の『小売経営論』の経験がここでも生きており，コロナ禍にあってもオンラインミーティングを容易に行うことができたため，執筆内容に関するコミュニケーションは，十分に行うことができた。

なお，本書の執筆分担は，高嶋が第1章，第2章，第9章，第10章，第12章，第13章，第15章を担当し，高橋が第4～8章，第11章，第14章を担当し，第3章と第16章は共同で執筆した。コラムは，1，2，6，10，12を高嶋が執筆し，3～5，7～9，11，13を高橋が書いている。ただし，前述のように，本書では消費者行動論の諸理論・諸モデル間の関連性を重視しているために，全体の構成や書くべき内容について，事前に議論を重ねたうえで分担を決め，執筆中でも原稿を相互に読んで意見を交換し，加筆や修正を行いながら共同での執筆作業を進めている。

また，各章末には本書の内容を実際の消費者行動や企業のマーケティング活動などに結び付けて理解するために，演習問題を設定してある。独習や授業・演習・研修などにおいて，個人やグループで課題に沿って調査や考察を行うことで理解を深めてもらいたい。

最後に，今回も理想的な教科書を作るという究極の目標を共有し，本書の企画・編集にご尽力いただいた柴田守氏・猪石有希氏をはじめとする有斐閣の皆様に心から謝意を表したい。

2023年11月

高橋　郁夫
高嶋　克義

著者紹介

髙橋　郁夫（たかはし・いくお）

担当　第3～8，11，14，16章。Column 3～5，7～9，11，13

1981年，慶應義塾大学商学部卒業
1983年，慶應義塾大学大学院商学研究科修士課程修了
1984年，ノースウェスタン大学大学院博士課程にロータリー財団奨学生として留学
1986年，慶應義塾大学大学院商学研究科博士課程単位取得満期退学

現職　青山学院大学経営学部教授，慶應義塾大学名誉教授。博士（商学）

主要業績　『消費者購買行動――小売マーケティングへの写像』千倉書房，1999年（増補版：2004年，三訂版：2008年，新装版：2019年）；『小売経営論』（共著）有斐閣，2020年；このほか，*Journal of Business Research*，*European Retail Research*，*Psychology & Marketing*，*Australasian Marketing Journal* などに共著論文多数。

髙嶋　克義（たかしま・かつよし）

担当　第1～3，9，10，12，13，15，16章。Column 1，2，6，10，12

1982年，京都大学経済学部卒業
1984年，神戸大学大学院経営学研究科博士前期課程修了
1987年，同研究科博士後期課程単位取得退学

現職　追手門学院大学経営学部教授，神戸大学名誉教授。博士（商学）

主要業績　『マーケティング・チャネル組織論』千倉書房，1994年；『生産財の取引戦略』千倉書房，1998年；『日本型マーケティング』（編著）千倉書房，2000年；『営業プロセス・イノベーション』有斐閣，2002年；『現代商業学』有斐閣，2002年（新版：2012年）；『営業改革のビジョン』光文社新書，2005年；『生産財マーケティング』（共著）有斐閣，2006年；『現代マーケティング論』（共著）有斐閣，2008年；『小売業革新』（共編著）千倉書房，2010年；『小売企業の基盤強化』有斐閣，2015年；『小売経営論』（共著）有斐閣，2020年など。

目　次

第1章

消費者行動とは

1 消費者行動論を学ぶ

インターネットは消費者行動を変化させたのか

「インターネットは消費者行動を変化させたのか」と質問されたら，あなたはどのように答えるだろうか。この質問に対して，インターネット関連の事業で成長する企業群を連想したり，インターネット社会に対応する必要性を訴えるさまざまな主張を読んでいたりすれば，インターネットによる消費者行動の変化は否定しようがないように思えるかもしれない。

しかし，企業がマーケティング活動のあり方を見直すべきかどうかという視点でこの問題を考えるならば，もう少し慎重で冷静な見方が必要になる。というのは，企業が消費者の行動における変化を捉えようとする背景には，変化が小さく従来の方法で対処できるのか，変化があっても従来の考え方の延長で考えられるのか，それとも，大きな変化によって従来のマーケティングの考え方が通用しなくなるのかという見極めが大事になるからである。

インターネットのような革新的なことでも，状況によっては，消費者の行動に大した変化をもたらさないことは実際によくある。例えば，インターネットによる検索（情報探索）とシェア（情報共有）が日常的に行われるようになったとよく言われるが，あなたがコンビニエンスストア（コンビニ）や自販機で飲み物を買うとき，わざわざスマートフォン（スマホ）を取り出して商品のクチコミ（口コミ）や価格情報などを検索したり，購入したことを SNS（ソーシャル・ネットワーキング・サービス）で他人に知らせたりするだろうか。つまり，このような状況での商品の購入や選択に関しては，インターネットによる検索やシェアという現象は観察されない。

また，変化があっても従来の考え方の延長で考えられるというのは，SNS広告の作り方に関して，従来のテレビ広告などで蓄積された広告の知識が活かされるといったことである。もし従来の考え方の延長で考えられるなら，SNS広告とテレビ広告の効果を同じ基準のもとで考えたり，比較したりすることができるだろう。EC（オンライン販売）やSNSという技術の革新性を訴えるために，従来の「常識」は通用しないという過激な主張が行われやすいが，実際には，従来の手法で効果を考えたり，同じ調査項目で比較したりすることが多い。そのほうがこれまでの知識や経験を活かした有効なマーケティング活動ができると期待されるからである。

その一方で，インターネットが普及し，消費者がスマホを使って，さまざまな局面で情報を収集したり，他人と購買経験を共有したりすることは，これまでの消費者の行動を理解する方法やその説明に使っていた用語を根本から見直す必要性を生じさせる場合もある。そのような状況において従来の手法や考え方に固執すると，間違った対応を導きかねないと言えるだろう。

消費者行動の変化や差異を考える意味

こうした消費者行動における変化を巡る検討から，消費者行動を捉えることは，必ずしも容易ではないことが分かる。このことは変化に関する問題に限ったことではない。例えば，ある企業が，特定の年齢層や地域の消費者について，既存の顧客とどのように違いがあるのかを探ろうとするとき，年齢や地域によって行動のどの部分がどのように異なるかを調べることになるだろう。このように消費者行動に関する差異を探ることは，新たにターゲットとなる消費者の行動を既存のターゲットとの比較において捉えることを意味している。そして，消費者行動における変化や差異を考えるときには，行動のどの局面を捉え，どのように測るのかといった知識があると考えやすいが，消費者行動論はそうした知識を提供するのである。

さらに，企業の視点で言えば，企業が販売不振に陥ったときや成長しそうな市場を見いだしたとき，よく分からない消費者の行動について，これまでに発生した変化や未来の変化の予兆を探ることが重要になる。この局面では，消費者の行動における変化や差異を分析するうえで，消費者行動論の知識は役に立つと期待される。

2 消費者行動とは何か

消費と消費者

私たちは日常生活を送るうえで，さまざまなものを購入し，それを消費している。例えば，食生活に関しては，多様な農水畜産物，加工食品，飲料品などを小売店舗で購入し，それらを食べたり飲んだりしている。衣類や電気製品などについては，それらを購入して利用することで生活を送っている。医療というサービスを病院で受けることは，病院のサービスを消費していると考えることができる。

一般用語としての「消費」には，使い尽くすという意味があるが，経済用語としての消費では，食品のように食べたり使い切ったりすることだけでなく，耐久消費財のように利用し続けることや，企業などによって提供されるサービスを受けることも消費と呼んでいる。そして，消費者行動論では，このような消費のうちでも，特に消費者による消費に関わる行動を考えることになる。この消費者による消費というのは，次のような２つの特徴が想定されている。

まず１つは，商品やサービスを入手するのは，自分や家族などの個人的な目的のためであるという特徴である。つまり，企業活動のためや他者に販売するために商品を入手する人は消費者とは言わない。２つ目には，消費者は経済的な対価を支払うことで商品やサービスを入手するという特徴である。したがって，お金（貨幣）を支払って購買するから消費者になるのであり，自給自足や物々交換の社会では，消費者という捉え方はしない。

消費者とは，個人的な目的のために商品やサービスを購買して消費する人であり，消費者行動論では，こうした消費者による商品の購買に関わる行動が特に重視される。他方で，商品やサービスを購買することを購入とか買物（かいもの）と言う場合がある。購入は購買と同じ意味で使われるが，買物は消費者が小売店舗で商品やサービスを購買するときに使われる用語であり，複数の商品やサービスを小売店舗間で比較したり，買い集めたりすることを指す場合に使われる。

消費者という用語に関しては，これと似た使われ方をする用語として，顧客や生活者がある。まず，顧客というのは，企業から見た販売相手のことであり，消費者のように個人とは限らない。また，生活者というのは，企業側の視点において，商品やサービスを購買する以前の生活における潜在的な意識に関心をもつべきという考えのもとで使われる用語である。ただし，これは企業の視点に基づく考え方であり，学習や研究をするうえでは消費者として表現することが一般的となっている。

消費者行動

消費者行動における行動とは，目で見えるような体を動かす行為だけでなく，外見では分からない意思決定や情報処理を含むものである。また，意図的に動いたり考えたりする行動だけでなく，意図せず反応してしまう行動も含まれている。したがって，小売店舗に商品を買いに出かけたり，インターネットで商品を調べたりすることだけでなく，テレビで広告を見て，その広告の印象が残っているといったことも消費者行動と呼ぶのである。

ただし，消費者行動論で捉える行動は，消費者の商品やサービスの購入に関わる行動に限られる。例えば，朝の散歩を日課にしている人がいるとして，散歩の習慣自体は，商品やサービスの購入とは関係しないならば，その行動は消費者行動として考えない。しかし，企業が朝の散歩を健康的な生活のイメージとして商品やサービスの広告に使ったり，何らかの関連商品を開発したりすることを考えるようになれば，それは消費者行動として捉えられることになる。

同様に，SNS で友人とコミュニケーションをとる行動に関して言えば，そこで交わされる個々のメッセージは，商品やサービスの購買に関係しないものがほとんどであるために，たとえそのメッセージに関する膨大なデータが入手できたとしても，そのデータを消費者行動論の視点から分析しようとは思わないだろう。しかし，消費者行動には，意図せず反応する行動も含まれるため，そのメッセージのやりとりのなかに商品やサービスの購入に関わる潜在的な消費者行動の変化が潜んでいる場合がある。そして，企業がそのような問題意識をもつとき，SNS でのメッセージのやりとりも消費者行動として捉えられることになる。

以上のことから，消費者行動論で捉えられうる行動とは，商品やサービスの購入と関連付けられるかどうかによって規定されるものであると言える。このことを企業の視点から見ると，商品やサービスの販売と関連付けて捉えられる行動として理解される。そして，消費者行動論は，企業の視点と関連付けられることが常に意識されるという点で，心理学や社会学とは異なる学問領域となっている。

3 消費者行動の種類

個人行動としての消費者行動

消費者行動は，消費者の個人的な目的や動機を満たすための行動であるが，消費者は社会において他の多くの消費者と関係を持ちながら生活を営んでいるため，社会との関わりをどのように考えるかによって，消費者行動の捉え方を３つの種類に分けることができる。

なお，研究の対象をどのような単位で考えるかという意味での分析単位の問題や，調査においてどのような水準で捉えるのかという意味での集計水準の問題で言えば，この種類は，消費者行動を捉える分析単位や集計水準の違いにもなっている。

まず基本となるのが，個人行動としての消費者行動であり，消費者の個人的な行動だけに焦点を合わせて，他者と共同して購買の意思決定をする行動は考慮しない考え方である。そして，個人行動としての消費者行動を捉えるときに，代表的・平均的な消費者の行動として考えることがよく行われる。この場合，特定の人物の行動における固有の行動を記述するのではなく，その背後には同じような行動をする多数の消費者がいると考えて，それらの消費者のグループにおける代表的で平均的な消費者の個人としての行動を捉えるのである。したがって，ある国の消費者が別の国の消費者とは違うことを説明するときには，それらの国の平均的な消費者像を想定して比較し，個人の平均的な支出や選択といった行動パターンの違いから推測することになる。このような個人行動としての消費者行動は，ミクロ的な消費者行動として，消費者行動論で最も典型的な行動となっており，そこでは，個人が商品やサービスを選択し購買する行動が主な分析対象になっている。

集団行動としての消費者行動

2つ目の種類は，集団行動としての消費者行動である。消費者の集団行動とは，2人以上の消費者のグループが共同で購買の意思決定などを行うことであるが，消費者という個人的な目的で購買行動を行う前提で考えると，家族という単位での集団行動がその典型である。また，この場合の分析単位や集計水準は家族になる。

このように家族の集団行動を捉えるのは，家族の構成員のさまざまな考えを反映して，共同で意思決定を行うという過程を重視することに基づいている。例えば，子どもの好みを考えて夕食の食材を選択する行動や，旅行の行き先を家族で話し合って決める行動は，自分の目的や満足だけを考えて決める場合とは，違った選択になることが予想される。

また，こうした集団行動を捉えるもう1つの理由として，総務省統計局が公表している『家計調査年報』のデータの利用可能性が挙げられる。『家計調査年報』には，家族（家計）を調査単位とする日本の統計調査データが収録されており，この調査データを使えば，どの地域のどのような世帯がどのような品目にいくら支出しているかを知ることができる。このデータは無作為抽出された家族の家計簿データに関する標本調査であるために，家族という集団行動としての消費者行動における購買データから，消費の違いや変化を金額的に捉えられる有用な統計となっている。そして，このデータは家族という単位で調査されるデータであるために，分析単位も家族となり，集団行動としての消費者行動と関連付けて考える必要がある。

ただし，こうした集団行動としての消費者行動の過程を考えるためには，家族の構成員の間で繰り広げられる複雑な情報処理の過程を包摂する理論モデルを考え，家族の内部での情報処理や意思決定の方法についての情報を集めなければならない。しかし，それでは問題が複雑になりすぎるということになるため，家族による集団行動が想定される場合でも，その集団行動を主導する1人の構成員による個人行動として分析することもある。

集合行動としての消費者行動

消費者行動の3つ目の種類は，集合行動である。詳しくは第8章で扱うが，これは消費者同士が社会的に相互作用を及ぼし合うことに基づいて，社会全体の消費者行動の特徴やその変化を捉えるものである。マクロ的な消費者行動とも呼ばれ，消費者の商品やサービスの購買に関わる流行や新商品・新サービスの普及といった社会的な過程の全体像を分析するときに分析単位として想定される。

例えば，SNSにおける商品やサービスに関するeクチコミ（オンラインのクチコミ）は，消費者の個人行動で捉えるなら，消費者の外部情報の収集と購買後の評価という段階での行動として説明されることになる。それに対し，消費者の集合行動としてeクチコミを捉えるなら，eクチコミの情報が社会的に広がる過程が説明されるようになり，個人行動では捉えられなかった「炎上」といった現象も考察できるようになる。このように個人ごとの購買行動だけでなく，社会全体で消費者間や消費者と企業の間の相互作用を伴って展開される行動や現象を説明するのが，消費者の集合行動である。

4 消費者行動の特徴

消費者行動の多様性

誰もが消費者であるために，消費者の行動は十分に理解できていると思うかもしれない。仮にそうであるならば，消費者行動についての専門的知識に頼らなくても，企業においても個々人の経験に基づいて適切なマーケティング活動を行えるはずであるが，実際にはそうならない。むしろ，専門的知識に基づいて考えなければ，消費者行動を適切に捉えることができず，望ましいマーケティング活動を導けないことが多い。というのは，消費者行動には次のような特徴があり，その理解を困難にさせているからである。

まず1つ目には，消費者行動の多様性という特徴である。消費者はきわめて多数存在していて個々に違う行動を取る。つまり，人によって特定の商品を必要と考えるかどうか，どのブランドが好みか，ある広告にどう反応するかといったことは，多様に異なっている。とりわけ，企業がターゲットとしている消費者層が，年齢，性別，居住地域などで自分たちと異なる場合には，その違いが大きくなると予想される。そこで，企業とすれば，どのような消費者が商品や広告に興味を持ってくれそうかといったことを知りたいと思うとき，それを考える手がかりとして消費者行動論の知識に基づく分析が必要になるのである。

消費者行動の不安定性

2つ目の特徴として，消費者行動の不安定性がある。状況に関してはTPOという和製英語があり，これはtime（時間），place（場所），occasion（場合・場面）を表す略語である。消費者がなぜTPOによって違った行動を取るかと言えば，まず，消費者行動が微妙なものであるために，そのときの気分や雰囲気によって行動が変わりやすいことが考えられる。さらに，別の理由としては，消費者行動はさまざまな企業のマーケティング活動や他の消費者の行動による影響を受けて変化しやすいことが考えられる。そこで，企業は，消費者行動の不安定性を「気まぐれな行動」と捨象してしまうのではなく，行動のパターンや影響する要因などを分析することで，この不安定な行動に関わる問題を回避しようと考えるのである。

消費者行動の複雑性

3つ目には，消費者行動の複雑性という特徴がある。この複雑性は，消費者行動のプロセスには多様な要素が存在すること，それらの要素が多義的で曖昧であるために表現が難しいこと，そして，それらの多様な要素の間の因果関係が複雑に絡み合っていることによって発生すると考えることができる。例えば，消費者がある商品をなぜ選好し，購買したのかを考えるとき，選好や購買に至るいくつもの段階において，それらを規定する多様な心理的・行動的要素を考えることができるが，それらの要素があまりにも多いことから，選好・購買の消費者行動を説明する難しさが発生する。

しかも，これらの多様な要素のそれぞれは，多義的で曖昧であることが多い。というのは，特に潜在的な意識のもとでの行動では，1つの要因により表現しようとしても適切な表現が見つからないために，うまく説明できないことになるからである。

さらに，これらの多様で曖昧な特徴をもつ要素の間において，その因果関係が複雑に絡み合っているために，どの規定因がどのような行動をもたらし，選好や購買に至ったのかを説明することが難しくなっている。具体的に言えば，ある食料品のブランドを欲しいと思ったときには，ただ食欲を満たすという単純な目的ではなく，その商品の消費でもたらされる多様な価値を求める行動になっており，その多様な価値も複雑に絡み合った状態となっている。そのうえ，ある商品だけを単独で考えているのではなく，それと代替できる他の商品やそれと一緒に消費する補完的な商品に対して，どのように思ったのかということとも絡み合っている。

企業としては，こうした消費者行動の複雑性を理解できないと，マーケティング活動を通じた需要の喚起などをうまくできないことになりかねない。そこで，ある商品についての消費者の情報処理のプロセスを切り出して，その複雑なプロセスを整理して考えるといった工夫を行うことになる。このとき，消費者行動論の知識を使って，消費者行動に関する多様で曖昧な要素や要素間の因果関係を整理し，理解することが必要とされるのである。

5 消費者行動論をなぜ学ぶのか

企業にとっての消費者行動論

消費者行動論は，消費者の行動を捉える理論であり，企業の視点から見れば，消費者は商品やサービスの買手として認識されるものであることから，消費者行動論の受益者として，最初に企業が想定される。

前節で説明したように，消費者行動には多様性，不安定性，複雑性という特徴があるために，企業におけるマーケティング担当者の消費者としての経験や感覚だけでマーケティング活動の意思決定を行うことには限界がある。具体的な活動として説明するなら，製造企業における新製品のマーケティング戦略を考えるときに，消費者行動を分析したうえで，どのようなターゲットを狙うべきかを決めたり，選択されたターゲットに対してどのような広告・販促活動を展開すべきかを検討したりすることが行われる。このとき消費者行動論の知識に基づいた分析を行うことで，新製品開発や広告・販促活動の計画の有効性を高めることが期待されるのである。消費者行動の多様性，不安定性，複雑性から，企業はターゲットとする消費者の行動について十分に分かっていないことがあると考え，消費者行動論の知識に基づく分析を通じて，消費者の新製品や広告・販促活動などに対する反応を予測しようと努めているのである。

そして，企業の視点からは，消費者行動論のもう1つの重要な役割がある。企業活動は，組織としての意思決定を通じて行われ，さまざまな職能部門と連携して業務を遂行することが重要になる。したがって，マーケティング活動も1人の担当者の判断や業務で行うものではなく，組織として合意を形成し，他者と連携して活動を行うことが求められている。そこで，消費者行動論に基づいた論理的な根拠や調査・分析手法に依拠することは，合意の形成や活動の連携における知識の共有に役に立つと考えられる。

例えば，1人の製品開発担当者が消費者のある行動に注目した新製品開発の企画を社内で提案しようとする際に，前述のように消費者行動には多様性，不安定性，複雑性といった特徴があるために，その担当者が捉えた消費者行動を上司や他部門に対して正確に伝えることの難しさが予想される。そのため，新製品開発の合意形成も困難になりやすい。そこで，消費者行動論の諸概念や理論的枠組みを利用して消費者行動を論理的に説明したり，確立された手法や測定尺度で表したりすることができれば，このような知識の共有における認識のずれを小さくすることができる。それは，組織としてマーケティング活動を行ううえで，その有効性をより高めてくれるという期待に繋がる。

消費者の声を聞くことにおける課題

企業がマーケティング活動を展開するうえで消費者行動論を重視するというのは，企業が消費者の声を聞いてマーケティング活動を行うこととは異なる。まず，消費者の声を聞くというのは，目の前にたまたまいる消費者や接触機会がある消費者から話を聞くことになりやすく，行動の多様性を意識していないという問題がある。また，現時点で聞いた消費者の声から，変化しやすい消費者行動を予測するのは難しく，時間を超えてどこまで有効かということが問われることになる。さらに，消費者は自分の潜在的な意識をうまく表現できるとは限らないために，消費者の声として表現されたものから消費者の動機や潜在的な需要を読み取ることも容易ではない。

これらのことは，消費者の声を聞くことが無意味なものということではない。消費者行動の多様性，不安定性，複雑性という特徴を軽視すれば，せっかく収集した情報が効果をもたらさないということである。そして，消費者行動論の知識に基づくことで，消費者の声の収集や利用において，消費者行動のこれらの特徴を踏まえた適切な方法を考えることができるようになるだろう。

消費者行動論とマーケティング論の補完的な関係

消費者行動論は，消費者の行動を分析して，企業のマーケティング活動のあり方を考えるというプロセスを想定しているが，企業のマーケティング活動は，消費者行動だけで決まるものではない。消費者行動論は，マーケティングの意思決定に影響を与える要因のうちで，販売市場の要因を捉えることに貢献するものであり，それ以外の要因を無視してよいとは主張していない。他方で，消費者志向の経営において販売市場の要因が過度に強調され，他の要因が軽視される場合があれば，消費者の声だけに依存すべきではないと言われることもある。

消費者行動論では捉えにくく，マーケティングにおいて重要な要因の１つとして，競争という要因が考えられる。例えば，消費者の反応から有効な販促内容が導かれたとしても，同じような内容を競合企業がすでに展開しているときには，その有効性は薄れると考えられる。つまり，消費者行動論に基づいてマーケティング活動への示唆を導いても，その競争状態によって有効性が変わるということになってしまう。

このような課題は，競争を明示的に考察するマーケティング論において議論すべき課題になるが，その課題においても消費者行動論が果たしうる役割や貢献がある。それは，消費者行動論の知識に基づいて，競争関係を消費者の認識に基づいて説明することであり，競合するブランドを知覚マップ上に位置付けたり，差別化と模倣を通じて形成される製品カテゴリーの認識を説明したりすることである。こうした説明は，企業におけるマーケティング論での議論をより精緻にすると期待される。

また，企業における革新も，マーケティングにおいては重要だが，消費者行動論では扱いにくい要因となっている。なぜなら，企業において，革新的な新製品を開発するとき，その新製品を消費者が受け入れるかどうかを事前に判断することが課題となるが，消費者行動論の知識を使ったとしても，消費者がまだ市場に出ていない未知の新製品について，どう評価するかを予測することがそもそも難しいからである。むしろ，消費者行動論での調査や分析では，既存の製品の認識に基づく行動を捉える傾向があるため，革新に対して保守的な示唆を導き出してしまう危険性がある。このときも革新のために消費者の声に依存しないことが主張されやすい。

しかし，この課題に対しても，消費者行動論の役割や貢献を考えることができる。消費者行動論に基づく分析では，既存の製品に対する顕在的な行動しか捉えられないのではなく，言葉や行為として表れていない潜在的な需要や動機を探ることも可能となっている。したがって，消費者行動の複雑性に含まれている行動の曖昧さや多義性から，消費者行動における購買動機を考え直して，その課題解決の可能性を探り，革新へと結び付けることが期待できる。

賢い消費者になるための消費者行動論

これまで述べたように，消費者行動論は企業のマーケティング活動においてターゲットとなる消費者を分析して，適切な行動を取るための考え方や知識を提供するものであるために，企業は，消費者行動論の最も主要な受益者となることが理解できるだろう。その一方で，消費者自身も，消費者行動論の受益者となりうる。

ただし，消費者が行動の多様性，不安定性，複雑性という問題に直面して，自分の行動を論理的に分析するという機会はあまりない。自分の経験を振り返って，自分のやり方で考えを整理すればよいからである。しかし，消費者がもっと賢くなるべきと考えるなら，話は別である。企業の販売する商品やサービスに対する消費者評価を分析し，企業のもたらす広告・販促活動の影響を検討する必要性が生じるからである。その際に，自分の今の行動を他人の行動や以前の行動と比較して，行動の改善を図ることも重要になる。こうした場合，消費者行動論が有用になるはずである。

企業が行うマーケティング活動は，消費者行動を分析して行うとしても，消費者の利益になるとは限らない。消費者にとって不利益がもたらされる状況の1つとしては，企業の販促活動を通じて，消費者個人や社会全体にとって不利益になることを消費者が選択してしまう場合がある。それは，たとえ企業に消費者をだますといった意図がなくても，競争や情報の格差を通じた「市場の失敗」によっても発生しかねない問題である。

しかも，その問題が消費者行動の多様性，不安定性，複雑性という特徴から分かりにくくなることが多い。例えば，消費者は販促情報に対して多様で不安定な反応をすることから，企業による販促活動に影響を受けやすい消費者がいたり，たまたま反応してしまった消費者がいたりすると，そうした消費者にとっての不利益は，販促情報に反応した一部の消費者の自己責任とされる可能性がある。しかし，企業が消費者行動の特徴を利用して，品質の誤認や過剰な期待をもたらすような販促活動を展開していると考えるなら，その不利益をもたらした企業の責任が問われるべきであろう。

したがって，消費者個人としては，そうした問題を回避できる賢い消費者になるために，消費者行動論の知識を習得し，自らの消費者行動における脆弱性を自覚することが必要になる。その一方で，社会全体における消費者にとっての不利益を自己責任で片付けてしまわずに，消費者全体の課題として，企業や行政に対して問題提起していくことも重要になる。そのためには，消費者行動論の知識が問題の理解や解決において有効になる。

また，こうした消費者にとっての有用性と関連して，消費者政策などを扱う国や地方自治体の行政担当者も消費者行動論の受益者となる。つまり，消費者政策では，賢い消費者を増やして，消費者にとっての不利益を回避したり，その問題を解決したりすることが期待されるが，そのような行政の活動では，消費者の行動を適切に理解することが重要になる。とりわけ，新しい情報通信技術の社会への導入などの環境変化において，消費者行動の何がどのように変わったのかということを的確に捉えて，その行政的な対応を考えていく必要があり，もしそれを怠れば，消費者と同じように環境変化に翻弄されることになるだろう。そこで，消費者行動論の知識に基づく，冷静な考察が求められるのである。

演習問題

① あなた自身が何かを買うときに家族で話し合って決めた経験を振り返り，家族による集団行動としての消費者行動が個人としての消費者行動とどのように異なるかを考えてみよう。
② あなたがいつもとは違う購買行動を行った経験を振り返り，そのような消費者行動の不安定性をもたらした要因を考えてみよう。

EXERCISES

COLUMN 1 関連学問としての心理学と経済学

消費者行動論と関連性が最も高い学問領域はマーケティング論であるが，マーケティング論以外にもさまざまな学問領域が消費者行動論と関連している。

その1つが心理学であり，消費者行動における心理的な局面について，消費者行動論は心理学の概念や考え方を援用している。それゆえ，消費者行動に関する研究としては，消費者行動論と心理学とは共通する部分が多く，それらの違いに留意する必要性もほとんどないと言えるだろう。ただし，消費者行動論では，マーケティング論との関連性が強くなるために，消費者間での行動の多様性を重視する傾向がある。つまり，心理学ではマーケティング活動への含意を求めないことから，そのような消費者行動の個人間での多様性よりも一般化への追求が多くなるのに対し，消費者行動論では，年齢階層や性別などによる市場セグメントへの言及が行われやすい。

また，消費者行動の不安定性という特徴について言えば，消費者行動論は，マーケティング刺激による行動への影響を重視しやすい傾向がある。そのために，消費者行動についての実験を行う場合でも，心理学では単純な状況を設定し，商業的な刺激は実験結果を歪める要因と考えるが，消費者行動論では，商業的な刺激を含んだ状態を設定することにより，消費者の現実的な行動としての説明を求めようとする。

そして，もう１つの関連学問を挙げるとすれば，経済学が考えられる。経済学では，消費者の資金や時間といった制約のある中での希少資源の配分問題を捉えることができるため，消費者行動論でも，こうした配分問題を数理的なモデルによって考える経済学的なアプローチが利用されている。こうしたアプローチでの考察では，消費者の心理的なプロセスは省かれて，数量的な配分比率や配分に影響を与える経済的な条件（所得など）との関係で理解されることが多い。これは，第３章で説明する刺激－反応モデルとして考えることもできる。また，消費者の行動は，こうした配分問題として考えられ，基本的に経済的合理性に従った行動を取ることが想定される。そのため，消費者行動の多様性，不安定性，複雑性は，単純化されて説明に取り入れられる傾向がある。

ただし，経済学にもさまざまなアプローチがあり，消費者行動における心理的なプロセスやその複雑性を取り入れた考察を行うような行動経済学も展開されている。そこでは消費者行動の経済的合理性が必ずしも想定されず，消費者行動の不安定性や複雑性についての課題が検討されている。

第2章

マーケティングと消費者行動

1 マーケティングと消費者行動の関係

マーケティングとは

マーケティングについては，これまでにさまざまな定義が行われている（本章の COLUMN 2 を参照のこと）。その1つを挙げるなら，次のようなアメリカ・マーケティング協会（AMA）が2017年に再承認したマーケティングの定義がある。

> Marketing is the activity, set of institutions, and processes for creating, communicating, delivering, and exchanging offerings that have value for customers, clients, partners, and society at large.
> （マーケティングとは，顧客，クライアント，パートナー，社会全体にとって価値のある提供物を創造・伝達・提供・交換するための活動・制度・過程である。）

この定義では，非営利組織や公的機関などの活動も包摂されるようにしていることに加えて，組織が連携して行っている活動全体を含むように制度や過程を定義に含めている。ただし，典型的な企業のマーケティング活動を理解するうえでは，マーケティングを顧客にとっての価値の創造・伝達・提供・交換を行う活動と単純に理解しても問題はない。

そして，マーケティングと消費者行動との関係を理解するうえで，マーケティングの考え方には2つのアプローチがあるということを踏まえておく必要がある。1つは，マーケティング論の中でも実践的な計画や管理の手法を提示するマネジリアル・マーケティング論や戦略的な資源配分を扱う戦略的マーケティング論のように，市場を分析してマーケティングの戦略や計画を構築するという段階別のプロセスで考える方法であり，それは分析－計画型のアプローチと呼ぶことができる。もう1つは，特定の顧客との関係性構築を捉える関係性マーケティングのように，顧客との相互作用を通じてマーケティングの戦略や計画を構築する考え方であり，こちらは相互作用型のアプローチと呼ぶことができるだろう。

これら2つのうちで消費者行動との関連性がより明確であり，消費者行動の知識の有効性が強調されるのは，分析－計画型アプローチであるために，まず，分析－計画型アプローチの考え方に沿って，消費者行動との関わりを検討することにしよう。その後に，もう1つの考え方である相互作用型のマーケティングに関して，消費者行動の理解がどのような役割を果たしているのかを考えることにする。

R－STP－MM－I－C の基本プロセス

マネジリアル・マーケティング論や戦略的マーケティング論のようなマーケティングの分析－計画型アプローチでは，マーケティング意思決定のプロセスを分析・計画策定・管理という段階の順番で考えるという特徴がある。その代表として，コトラー（1999）は，マネジリアル・マーケティング論の視点から，図2-1のようなマーケティングの基本プロセスとしての5つの段階を提示している。

それによれば，企業は，まずR（分析）において市場環境の分析（research）を行い，それに基づいて，セグメンテーション（segmentation），ターゲティング（targeting），ポジショニング（positioning）の3つのマーケティング戦略を考える。これは，セグメンテーション，ターゲティング，ポジショニングの頭文字から STP 戦略と呼ばれる。

次いで，この STP 戦略に基づいて，マーケティングミックス（MM：marketing mix）の意思決定が行われ，マーケティング活動の

図 2-1 マーケティングの基本プロセス

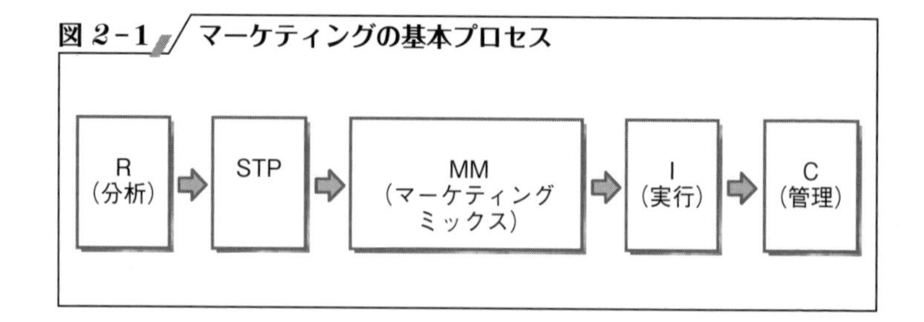

要素戦略が規定される。具体的には，4Ps（フォー・ピーズ）と言われる製品（product），価格（price），流通チャネル（place），広告・販促（promotion）の活動計画を決定する。

そして，この 4Ps に関するマーケティング計画は，製品開発部門，営業部門，広告担当部門などの各職能部門の担当者によって実行されるために，4Ps の計画に続いて，実行（implementation）の段階に移る。また，こうして立てられた計画が現場の担当者によって適切に実行されているかを各部門の管理者が管理するために，管理（control）の段階も必要になる。この管理の段階では，マーケティング計画が成果をあげるように，各職能部門の担当者の活動をどのように評価し，どのような報酬を与えるかを考えたり，その成果に基づいて 4Ps の計画を修正したりすることが行われる。

分析－計画型アプローチの特徴

マネジリアル・マーケティング論では，マーケティング意思決定のプロセスを分析・計画策定・管理という段階の順番で考えることが想定されている。このことは，事業部門への資源配分を考える戦略的マーケティング論においても同様であり，市場環境や内部資源の分析から戦略的計画を策定し，組織の管理体制を考えたり，下位のマネジリアル・マーケティングの分析・計画策定・管理というプロセスに連係させたりするという考え方を取っている。

さて，分析－計画型アプローチには，次に述べるような3つの特徴があり，それが消費者行動の知識との関わり方を規定していると考えることができる。

まず1つ目に，分析－計画型アプローチは，分析を起点として考えるという特徴がある。なぜ分析が起点となるのかと言えば，不特定多数の消費者を相手にするからである。もし消費者が少数で特定できるのであれば，たとえ行動が多様で不安定で複雑であるとしても，その特定の消費者と信頼関係を築いて，好みや不満の情報を直接収集することを考えるだろう。ところが，消費者があまりにも多く存在して，どこにどのような消費者がいるのかさえも分からない状況ではそれはできない。しかも，そうした状況では，製品開発や広告などのマーケティング活動が失敗したことは，市場に出した商品やサービスが売れないことで，ようやく知ることになるため，市場リスクも大きくなる。そこで，こうした問題を少しでも回避するために，マーケティングの計画を立てる前に，消費者行動の分析を行う必要がある。

したがって，分析－計画型アプローチにおいて効果的なマーケティング活動を行うためには，消費者行動の分析が適切に行われたのか，また，その分析に基づいた計画になっているのかということが問題となる。それゆえ，分析－計画型アプローチでは，消費者行動論との密接な関係が想定されている。

分析－計画型アプローチの2つ目の特徴としては，経営者層・管理者層がスタッフ部門の協力のもとでマーケティングの計画策定を行い，現場の担当者がその計画を実行し，管理者層がその活動を管理するという階層的な分担関係がある。この意味において，マネジリアル・マーケティング論や戦略的マーケティング論は，経営者層・管理者層やスタッフ部門にとっての計画や管理の手法的な理論という意味合いが強くなる。

また，その計画についても，上位の経営者層における経営資源の配分や市場の選択に関わる戦略的な計画の策定から，4Psの各職能部門の管理者層におけるマーケティング諸要素の計画策定へと段階が移行するにつれて，上位層から中間層へと意思決定の階層が移ることが想定されている。そして，管理階層で下位となる現場の担当者は，上位層や中間層で策定された計画を実行するという位置付けになり，現場で計画を修正するとしても，限定的な微調整に留まり，計画がきちんと実行されているかどうかを管理される立場になる。そこで，現場の担当者を管理するために，動機づけ，評価－報酬体系，指示系統などの管理の仕組みが重要になり，そうした管理の知識も分析－計画型アプローチのマーケティング論では提供することになる。

分析－計画型アプローチの３つ目の特徴は，マーケティングの意思決定プロセスを分析・計画策定・管理という順番の段階で捉え，ある段階が終わると次の段階にバトンパスするように移行すると考えている点である。また，このように段階を移行することから，マーケティングの意思決定プロセスは，基本的に後戻りしないプロセスとして考えられ，実際に，そのようなプロセスでマーケティング活動が実行されることが多い。

そして，特に大企業では，段階によって担当者や担当部門も異なり，そうしたさまざまな職能の担当者や担当部門による分業によって遂行されることも多い。こうした職能別の専門化が行われるのは，分析や計画策定において，それぞれの専門的な知識が重要であり，担当者や担当部門に知識の蓄積を図ることができるからである。こうした特徴は，マネジリアル・マーケティング論において，各職能に関する実践的な専門知識としての製品開発論，広告論，チャネル論といった各論が展開される基盤となっている。また，各段階における問題に焦点を合わせた考察が可能になり，それがマーケティング論の実践性に寄与しているとも言える。

2 マーケティングの意思決定プロセスと消費者行動

分析段階の消費者行動

これまで述べてきたように，R－STP－MM－I－C の基本プロセス（図2－1）では，マーケティングの意思決定プロセスを次のように理解している。すなわち，市場を分析してマーケティング計画を策定し，その計画を実行し，管理するという非可逆的なプロセスであり，上位の管理階層から下位の管理階層へ，全体的な戦略的計画から職能部門の計画・管理へというように，より下位の職能別に分化した意思決定問題に移行するプロセスである。そして，消費者行動論の知識は，このようなプロセスの各段階において重要な役割を果たすと考えることができる。ここでは，消費者行動論の役割をマーケティングの基本プロセスに沿って説明することにしたい。

まず，R－STP－MM－I－C の基本プロセスにおける R（分析）の段階であるが，この分析には，戦略的マーケティング論の市場分析とマネジリアル・マーケティング論における STP のための市場分析の2つが含まれていると考えることができる。これらのうちで前者の戦略的マーケティング論の市場分析について，先に検討することにしよう。

戦略的マーケティング論は，経営戦略論の経営資源配分に関する理論枠組みをマーケティング論に適用した考え方である。具体的には，複数の事業を展開している企業が外部環境と内部資源の分析を通じて，経営資源をどのように配分するかという戦略的な意思決定の問題を考える理論であり，特にマーケティングに関して，どの製品・サービス事業のどのような活動に資源を配分するのかを考えることになる。

その分析ツールとして有名なものとしては，1つ目にSWOT分析がある。SWOTとは，strengths（強み），weaknesses（弱み），opportunities（機会），threats（脅威）という4つの切り口で，企業の外部環境を把握するための分析ツールである。ここで，強みと弱みは，自社が保有する経営資源と関連付けられる。例えば，市場のグローバル化という環境変化に直面した場合，さまざまな国籍の語学力に長(た)けた社員が多く働く企業にとっては，その人的資源を強みとして市場のグローバル化を機会と捉えるが，そうした社員が少ないという弱みがある企業は，それを脅威と捉えることになる。

2つ目に3C分析がある。3Cとは，customer（顧客），competitor（競争相手），company（自社）の頭文字を取ったもので，これらについて分析を行うことで，自社を取り巻く外部環境や自社の強み・弱みを把握することができる。消費者行動の規定要因には数多くのものが存在しているが，自社製品ないしは競合製品の顧客（あるいは潜在顧客）の特徴をうまく表現できるような規定要因についての情報はとりわけ有用である。なぜなら，後述する市場セグメントごとの特徴を知ったり，ポジショニングにおける競合関係を知るための手がかりとなったりするからである。

そして，3つ目に外部環境を分析するためのPEST分析がある。PESTは，political（政治的），economic（経済的），social（社会的），technological（技術的）な要因を指している。これらのうち，消費者行動の規定要因と特に関係が深いのは，人口動態，ライフスタイル，価値観や文化に代表される社会的要因であろう。しかし，その他の要因についても，そうした環境の変化がもたらす消費者行動の変化に着目することで，新たなビジネスチャンスの発見に繋がることも考慮する必要があろう。

このような分析ツールを用いた外部環境と内部資源の分析の中で，消費者行動が関係するのは，消費者への販売市場の分析になる。この局面における具体的な課題を挙げるとすれば，どのような人たちが何にどれほど支出するのかという課題がまず考えられる。さらに，こうした製品・サービスへの需要が，時間の経過とともに変化したり，特定の消費者層や地域への偏り具合が変わったりすることもあるため，その変化にどのような傾向があるのか，その偏り具合がどのようになっているか，その変化や偏りがどのような要因でもたらされるのかという課題を考える必要もある。とりわけ，企業が製品・サービス事業の戦略的計画として事業への進出や撤退を考えるときや，新製品開発や広告などへの投資額を検討するときには，製品・サービスのカテゴリーにおける市場規模の大きさや将来性を推測することが，最も重要な課題となる。

もし市場が安定的で過去のデータから予測しやすい状況であれば，統計データに基づく製品やサービスに関する家計支出額を分析することで，現在の市場規模を推測することができ，この場合には，消費者行動の知識はさほど重要な意味をもたない。しかし，実際には，需要は変化していたり，消費者層や地域での違いや偏りが生じていたりするために，市場規模を推測することは容易ではない。しかも，特定の製品・サービスの需要は，他の製品・サービスの需要から独立しているわけではなく，補完や代替の関係から，異なる製品・サービスとの間で需要が相互に影響し合うことも考えられる。

このような状況では，消費者行動の知識が有用になる。例えば，ある製品・サービスに関する消費者需要の変化には，その前提となるライフスタイル（生活様式）の変化があることを理解し，どのようなライフスタイルがどのような製品・サービスの購買行動を規定するのかを考慮して，ライフスタイルと消費者行動との関連性から，マーケティング戦略を決めることができる。

また，このようなライフスタイルと消費者行動との関連性の問題は，新たな製品カテゴリーを創造するような革新的な製品のマーケティング戦略においても重視される。経営戦略論の枠組みでは，厳しい競争を避けるために技術革新を展開することが強調されているが，競争や革新といった企業行動の側面を捉えることに関しては，消費者行動論は適していないように思えるかもしれない。しかも，既存の製品カテゴリーにあてはまらない革新的な製品であれば，需要規模を予測するうえで必要な過去の販売額のデータもない。

この場合において，ライフスタイルと消費者行動との関連付けができるならば，ライフスタイルの分析に基づいて，消費者の潜在需要を探ることができる。また，消費者が革新をどのように受容するのかという課題に関しても，消費者は革新的な製品を目にしたとき，どのような行動を取るのか，それに対して企業はどのような対応をするべきかといった知見を提供してくれるだろう。そして，このときに多くのデータを収集・蓄積し，分析のために加工・編集することが求められる。その中には，企業が日常の業務で収集・蓄積する顧客データや，消費者行動の規定要因に関するデータなどが含まれ，分析の目的に合わせてデータが選択され，利用可能なデータ解析ソフトや分析モデルを使った分析が行われることになる。

STP に関する意思決定

R－STP－MM－I－C の基本プロセスにおける R（分析）には，これまでに述べた事業戦略の資源配分における分析に加えて，STP のための分析が含まれている。そこで次に，STP のマーケティング計画を策定するための分析に関する消費者行動論の役割を説明しよう。

STP とは，セグメンテーション，ターゲティング，ポジショニングという 3 つのマーケティング計画の策定であり，最初の S であるセグメンテーションは，市場細分化と訳されるように，市場をいくつかの市場セグメントに分割することである。なお，STP は，マーケティング計画を効果的・効率的に行う順番を示しており，セグメンテーションの後，2番目のTであるターゲティングにおいて，当該企業が狙うべき市場セグメントを決定し，さらに，その選択されたターゲット市場（標的市場）において目指すべきポジション（位置）を決定するポジショニングへと移るという順番で考えることが提唱されている。

そして，セグメンテーションとターゲティングは，ターゲット市場を決める一続きの計画策定と考えることができるが，なぜマーケティング計画において，市場全体ではなく，細分化された市場を狙うことが行われるのだろうか。

その問いに対し，消費者の製品に対する好みや感じ方は多様で，個人差があるからという答えが考えられるが，それだけでは十分ではない。もし消費者の需要の多様性に対応することが重要であれば，個々人の注文に応じたカスタマイゼーションという手法が取られるはずであり，実際に，カスタマイゼーションが行われる製品も一部にある。しかし，カスタマイゼーションは大量生産や大量販売に適さず，生産や販売のコストが高くなるという問題があり，消費者はそれによる高い価格を受容できないと考えられる。その一方で，すべての消費者に同じ製品を提供する標準化対応で生産や販売のコストを抑え，低価格を設定することができれば，消費者は多少の好みの違いは我慢して，同じ製品を選択するかもしれない。

セグメンテーションは，市場の細分化であるために，こうしたカスタマイゼーション対応と標準化対応の中間に位置する戦略である。ただし，中間とは言っても，どれほど細かく分けるかというのは多様に考えられる。

また，コストや価格がその判断に影響するとしても，そのコストや価格については，次のような市場規模や競争による影響を考える必要がある。まず，革新的な製品が開発・販売されてから時間が経過しておらず，市場がまだ成長していない時期では，生産量が少ないために，市場細分化に伴う多品種化を避けて，標準品の生産や販売による効率化で価格を抑えて市場を拡大させることが選択されやすい。しかし，市場が成長し，競合企業が市場に参入する段階になっても，生産や販売の効率性を考えて，市場の平均的な需要に応えるような製品を供給し続けると，競合企業との間で激しい価格競争が発生することになる。なぜならどの企業も平均的な需要に対応する同じような特徴の製品を販売している場合，同質的な製品間での比較になれば，消費者はより低価格のものを選択することになるからである。

そこで，企業は，競合企業と同質的な製品とならないように製品差別化を行い，価格競争を避けようとする。このとき，競合企業がすぐにキャッチアップできないような技術革新を起こすことができれば，市場を独占することができるが，そのような技術革新による差別化はなかなか難しい。したがって，技術革新による市場の独占ができないのであれば，企業は，競合企業が集まっている市場の平均的な需要から離れていながらも，ある程度の需要がまとまって存在する市場のポジションに進出するか移ることを考えるようになる。

このとき性別や年齢階層のような基準で市場を細分化したうえで，どこかにそういう魅力的な市場の候補がないかを探ることが行われる。このようにある基準で市場を細分化するのは，そうして分けられた市場セグメントにおける行動の特徴を推測しやすいからである。また，そうした推測がしやすく，さらに分けた後で，その市場セグメントを識別して，効率的に販促情報を送ることができるような基準が用いられやすい。

このように市場が成長して，参入した企業が平均的な需要に対応した同質的な製品を販売するようになれば，それによって発生する価格競争を避けるために，市場細分化戦略を採用して，平均的な需要から離れた新たな消費者層をターゲットとする戦略を行うようになる。さらに言えば，企業間の競争の展開として，このようなセグメンテーションとターゲティングの重要性が高くなることが最初から予想されるため，企業は，市場が成長した段階を想定して市場細分化戦略を計画するようになる。

ただし，有望な市場セグメントになるほど，競合企業もターゲットとする可能性が高くなるため，その市場セグメントにおける競争が激しくなることも考えられる。このとき，さらに別の市場セグメントを開発することで価格競争を回避することも考えられるが，その市場規模から生産や販売のコストが高くなり，それに伴う価格の高騰を新たな市場セグメントが受容できないという問題が発生しやすい。

この状況においては，市場を細分化し，好みの似た特定の消費者層をターゲットとする戦略の強みを活かして，その市場セグメントにいる消費者の需要を深く分析して，競合企業の製品とは差別化された魅力ある製品を開発したり，その消費者の反応をより意識した広告や販促活動などを展開したりすることが行われる。つまり，市場の平均的な需要に対応することでは，そのような洗練されたポジショニングを取ることは難しいが，特定の市場セグメントにターゲットを絞り込むことで，このようなポジショニングによる差別化が有効に行われるようになる。また，STP 戦略でセグメンテーションとターゲティングの後にポジショニングが設定されているのは，このような計画策定の有効性を考えているからである。

STP と消費者行動論との関わり

これまで説明してきたことに基づけば，企業が STP の計画策定において，有望な市場セグメントを探して選択することと，その市場セグメントにおいて差別化できるポジションを決定することの 2

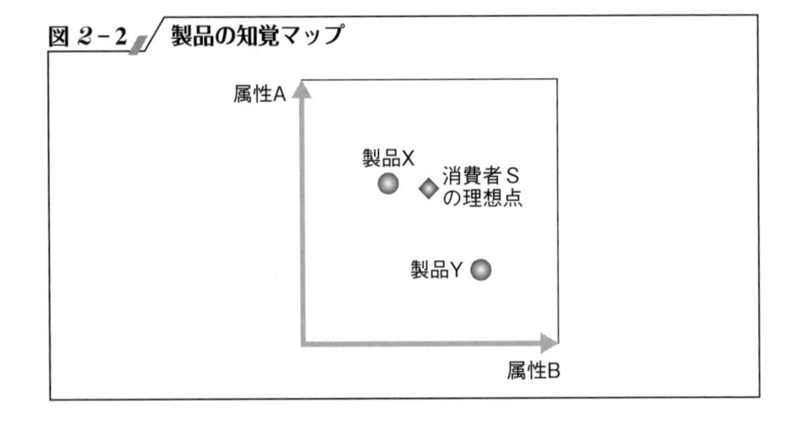

図 2-2 製品の知覚マップ

つの局面において，消費者行動の分析が重要になる。

前者の市場セグメントの探索と選択については，第7章において詳しく検討することとして，この2つの局面においては，企業間の競争が消費者行動においてどのように捉えられるのかを理解しておく必要がある。

まず，競合する製品間の競争関係は，消費者の知覚マップにおける位置関係で仮想的に表すことができる。これは図2-2のように，ある消費者の重視する製品の特徴（これを製品属性と言う）を量的に測ったときの製品の位置として表すものである。なお，製品属性は多数あるが，ここでは図示する都合から，2つの特に重要な製品属性を抽出して，2次元空間で表現している。また，この知覚マップには，消費者の好みやコストパフォーマンスの知覚に基づく消費者にとっての理想点があると考える。

そして，このような知覚マップ上に2つの製品があるとしよう。もしこの2つが互いに近くに存在するならば，消費者は，この2つの製品が似た特徴の製品であると考え，この2つは購買する候補となる。つまり，2製品のうちのいずれかを購入しようと消費者が考えている状態となる。そこで，2製品の他の特徴が同じであるとすれば，企業は，選択されるように価格を引き下げることになる。これが前に説明した同質的な製品による価格競争の発生となるが，これを知覚マップで表現すれば，製品の位置が近接しているということになる。逆に，知覚マップ上で製品が離れるなら，需要において代替的でなくなり，価格競争の厳しさは抑えられることになる。ちなみに，この場合に選好されるのは，消費者の理想点により近い製品になる。

このように製品間の競争を消費者の知覚マップに置き換えて理解すれば，企業は競争条件に対応したSTPの意思決定を行うためには，次のような消費者行動の知識を必要とすることが分かる。すなわち，消費者がどのような製品属性を重視しているのか，特定の製品について製品属性をどう認識しているのか，消費者はどのような製品を理想としているのか，製品需要の価格弾力性はどの程度か，これらは消費者によってどう異なるのか，といったことである。そして，これらの分析に基づいて，適切な市場のセグメンテーション，ターゲティング，ポジショニングを考えることができるのである。

4Psと消費者行動

R－STP－MM－I－Cの基本プロセスにおいて，STPの次に来るのがMM（マーケティングミックス）である。これは先に述べたように，4Psという製品，価格，流通チャネル，広告・販促の活動計画の策定である。これらの4Psの計画策定については，後の章で適宜触れるが，ここでは4Psと消費者行動の分析がどのように関連するかを考えてみよう。

この4Psのための消費者行動の分析については，STP戦略を4Ps戦略にブレークダウンする過程におけるSTPのための分析を製品，価格，流通チャネル，広告・販促の要素戦略に適用するという課題がある。具体的には，製品，価格，流通チャネル，広告・販促のマーケティング計画を策定する基礎には，STP におけるターゲットやポジションの選択があり，それを規定する消費者行動の分析を 4Ps 戦略にも引き継ぐことになる。

そして，もう 1 つには，どのターゲットを選ぶのか，どのポジションを狙うのかにあまり関係しないが，消費者行動の一般的な傾向から導かれる価格，流通チャネル，広告・販促の戦術や手法のあり方というのも存在する。例えば，消費者の一般的な価格への反応行動から導かれる価格設定のあり方として，980 円のような端数価格の利用などがある。こうした消費者行動の一般的な傾向に基づく 4Ps の戦術や手法についても，消費者行動の分析に基づいて，その有効性が検討されたり，その知見が実践において活用されたりする。

マーケティング計画の実施・管理と消費者行動

前に述べたように，分析－計画型アプローチにおいて分析や計画策定を行うのは戦略スタッフや管理者層が中心となり，管理階層で下位層の現場担当者は，立てられた計画を実施し，その活動を管理されるという立場にある。とはいえ，現場の担当者にも次の理由から消費者行動の知識は重要な役割を果たすと考えることができる。

まず，現場の担当者は，課せられた計画をただ受動的に遂行するよりも，計画の根拠となる分析を理解して，積極的に業務に取り組み，計画の微調整にも関与することが望ましい。そこで，現場の担当者にとって，分析の背後にある消費者行動の知識をもつことは重要と考えられる。それゆえ，管理者層としても，現場の担当者が消費者行動の知識を学ぶように動機づけを行うことを通じて，マーケティング計画の実施における有効性を高めようとする。

さらに，4Ps の計画の実行は，専門的職能の担当者・担当部門が行うことになるが，全体として，STP 戦略と整合性が取れていて，一貫性のあるブランド戦略になるように，4Ps の諸活動が相互に調整されていることが望ましい。それに対し，R－STP－MM－I－Cの基本プロセスでは，上位の管理階層による管理（C）で統合することを想定しているが，その一方で，担当者や担当部門の間でのコミュニケーションを通じた相互調整もまた重要になる。

ただし，職能部門の専門化が進行するほど，こうした部門間の連携は難しくなりやすく，非公式なコミュニケーションや共同で業務を行うような経験も少なくなる。そこで，こうした職能部門を越えたコミュニケーションを円滑に行うために，消費者行動論の概念や枠組みに依拠した説明が必要になってくる。

したがって，異なる管理階層や職能部門との連携を行うためには，分析・計画策定・実行に関わる情報を共有することが重要となり，そこに消費者行動論という共通の知識があれば，その階層間・部門間での情報共有が円滑になると考えられる。というのは，消費者行動論に依拠した論理的で客観的な分析であるほど，計画の根拠が明確になり，環境認識の異なる管理階層や部門を越えた情報共有が進みやすくなると期待されるからである。「顧客志向経営」や「お客様第一主義」といった社内で共有されている理念も，消費者行動論を学ぼうという共通認識の醸成に役立っているはずである。

3 相互作用型アプローチと消費者行動

相互作用型アプローチの特徴

これまでR－STP－MM－I－Cのような分析－計画型アプローチによるマーケティングの考え方と消費者行動との関わりを説明してきたが，このアプローチは，マーケティングの戦略や管理に関する手法を提起する志向が強く，「どのようなマーケティング計画を立てるべきか」ということを目指すという特徴がある。これまで説明してきた消費者行動論の役割も，その目的に関わる知識の提供として捉えられてきた。

ところが，マーケティング論においては，「マーケティング計画がどのように決まるか」という視点での別のアプローチも考えられる。そのアプローチが相互作用型アプローチであり，関係性マーケティング論のように，顧客との相互作用を通じてマーケティングの戦略や計画が構築されると考える。

この相互作用型アプローチでは，顧客が少数であるとか，たとえ多数であっても売手から見て特定できる状態でのマーケティングを考える。そうした状況は，消費者を対象とするケースで言えば，個々の顧客の希望に合わせて旅行商品や結婚披露宴の企画を設計する場面や，得意客との関係性を重視する飲食業，宿泊業，小売業などでの顧客へのサービス活動やコミュニケーションにおいて見ることができる。

そして，分析－計画型では，不特定多数の消費者を相手にするために，消費者行動の分析からスタートしなければならなかったが，相互作用型では，顧客から直接情報を収集することができるため，このような分析を起点とする必要がない。その代わりに顧客から直接情報を収集するため，顧客から信頼されることが必要になることから，顧客との関係性の構築が重要な課題となる。

また，相互作用型アプローチでは，顧客の要望に合わせてマーケティング計画を逐次的に修正することが重要になる。もし分析－計画型のように先行的に立てられた計画の実行を優先するのであれば，顧客との関係性は築きにくく，実行段階で顧客からの情報収集をする必要性も薄れるからである。

そして，マーケティング計画の逐次的修正を行うことから，マーケティング計画の意思決定は，戦略スタッフや上位の経営者層・管理者層のみによって行われるのではなく，顧客と接する現場の担当者が交渉を行い，製品開発部門などの他の部門と連携して顧客に対応することも必要になる。それゆえ，相互作用型では分析－計画型のバトンパスのような段階の移行にはならず，部門横断的な連携として意思決定プロセスが進むことになる。

相互作用型アプローチにおける消費者行動論

相互作用型アプローチは，顧客が不特定多数ではない状況で用いられるために，分析－計画型アプローチのように多数の消費者データを集計して定量的に分析する必要性は低くなる。しかし，消費者行動の分析が不要となるわけではない。それは，特定の顧客の行動を分析して関係性を築くために，個々の顧客の行動についての理解が重要になるからである。しかも，管理階層で下位の担当者が顧客との交渉現場において，顧客の行動についての情報を収集して分析することや，関係性構築に向けてその担当者を中心とする職能部門間での連携を行うために，顧客の行動についての情報を部門間で共有することが求められることから，分析能力が現場の担当者レベルで必要になるという特徴がある。したがって，顧客の需要を理解したり，その情報を共有したりするための消費者行動の知識が，現場の担当者において，いっそう重要になると考えられる。

ただし，相互作用型アプローチにおいて消費者行動論が期待されるのは，マーケティング計画の策定や実行に関する手法的な有用性だけではない。相互作用型アプローチにおける企業と消費者との間での相互作用を理解するうえで，社会的・文化的な現象を消費者の集合行動として記述する消費者行動論が重要な役割を果たすからである。

詳しくは第8章や第10章で説明するが，そのような消費者行動論は，社会学や文化人類学を援用した考え方であり，消費者の個人行動ではなく，企業と消費者との間や消費者間での相互作用がある消費者の集合行動を射程に捉えるという特徴がある。そして，因果関係の曖昧さや多義的な要因を含む複雑な相互作用を記述的に考察し，その現象の解釈を行うのである。

こうした消費者の集合行動の記述や解釈は，企業のマーケティング活動において，さまざまな示唆を与える。例えば，市場の動態性を理解し，定量的な変化が起きる前に市場の変化を予測すること，長期的戦略の構築や潜在的な消費者需要の開拓に活かすこと，分析−計画型アプローチによる定型的な意思決定に陥らないようにすることなどであり，それらの有用性を企業にもたらすのである。

演習問題

① 現代における革新的な製品やサービスを1つ取り上げて，その製品やサービスがライフスタイルにどのような影響を与えたのかを考えてみよう。

② 特定の市場セグメントにターゲットを絞り込むことで成功した製品やサービスを1つ取り上げて，企業がなぜその市場セグメントを捉えようとしたのかを考えてみよう。

EXERCISES

COLUMN 2 マーケティングの定義における消費者の位置付け

アメリカ・マーケティング協会（AMA）ではマーケティングの定義を提示しているが，その定義は，環境変化や理論展開とともに適宜，改訂が行われている。ここではその主な定義の変遷から，そこに含まれている意味や消費者行動の位置付けを考えてみよう。

まず，1935年にAMAの前身である全米マーケティング教員協会が策定し，48年にAMAに受け継がれ，60年にAMAが再承認した定義は，次の通りである。

Marketing is the performance of business activities that direct the flow of goods and services from producer to consumer or user.

(マーケティングとは，生産者から消費者または利用者への財とサービスの流れを方向づける事業活動の遂行である。)

この定義では，生産者，消費者・利用者，財とサービスという表現を使っていることから，マーケティングを企業による典型的な事業活動として限定的に捉えていることが分かる。この定義を基礎に消費者行動を考えるなら，消費者行動として最も典型的な製品やサービスの購買行動だけを意識していることが推察される。

次に，1985年の定義になると，次のように変わることになる。

Marketing is the process of planning and executing conception, pricing, promotion and distribution of ideas, goods and services to create exchanges that satisfy individual and organizational goals. (マーケティングとは，個人と組織の目標を達成させるような交換を創造するため，アイデア・財・サービスの概念形成，価格，プロモーション，流通を計画・実行するプロセスである。)

この定義では，活動を4Psに沿った具体的な活動として示している点が特徴的である。その一方で，マーケティングの包摂する範囲の広がりが意識され始め，財・サービスに加えて，アイデアを加えることで，宗教や教育に関わる非営利組織を包摂するようになったと推測される。また，この定義において消費者は，個人の目標の達成のために行動する人として位置付けられ，単なる商品の購買者としてではなく，交換を通じて生活などの目標を実現する主体として捉えられていることが分かる。

さらに，2004年の定義の改訂では，次のようになる。

Marketing is an organizational function and a set of processes for creating, communicating and delivering value to customers and for managing customer relationships in ways that benefit the organization and its stakeholders. (マーケティングとは，組織やその利害関係者に便益があるように，顧客に対し価値の創造・伝達・提供を行

い，顧客との関係性を管理するための組織的機能や一連のプロセスである。)

この定義の最大の特徴は，顧客に価値を創造・伝達・提供する活動と顧客との関係性を管理する活動の両方を取り入れたことにある。この場合における消費者は，創造・伝達・提供された価値を受け入れる人であると同時に，関係性をもつ人という位置付けになる。また，かつての4Psの具体的な活動は，価値を創造・伝達・提供する活動として機能を中心に捉え直されている。

そして，本章の冒頭で示した2017年の定義は，もともとは2007年に改訂された定義を踏襲した内容であるが，組織が連携して行われる活動全体を含むようにマクロ的な制度や過程を取り込んでいるのが特徴である。それに対応して，消費者のマクロ的な集合行動も捉えられるようになる。また，この定義では，2004年の定義で取り入れられた関係性が交換という用語に置き換えられている。関係性が社会的交換という上位の概念に包摂できることに基づいているが，交換に置き換えることで，価値の創造・伝達・提供と関係性管理における活動の重複を解消しようとしたと考えられる。

第3章

消費者意思決定プロセスの全体像

1 消費者意思決定プロセスの考え方

消費者意思決定プロセスと購買意思決定プロセス

消費者行動には多様性，不安定性，複雑性といった特徴があるために，その行動を漏れなく適切に捉えることは容易ではない。そこで，消費者行動論では，消費者による商品やサービスの購買に関わるプロセスを消費者意思決定プロセスにおいて理解する方法を取る。

この消費者意思決定プロセスでは，問題認識，情報探索，代替案評価，購買決定，購買後評価といった各段階での行動が逐次的に行われると想定したうえで，各段階における行動の特徴や段階間での行動の因果関係を理解することになる。そして，その一連のプロセスのうち，商品やサービスの購買に至るまでのプロセスを購買意思決定プロセスと呼び，購買後の評価から廃棄までのプロセスを購買後意思決定プロセスと呼ぶことにする。このような消費者意思決定プロセスの各段階における意思決定課題やその特徴については，第4章と第5章で詳しく説明するが，その概要は次のようになる。

まず，購買意思決定プロセスの起点となるのは，消費者が商品やサービスの必要性を感じ，購買動機をもつことになる問題認識の段階である。次いで，その認識された問題に関して満足のいく選択を行おうと，自分自身のもつ知識や記憶を内省したり，商品やサービスに関するさまざまな情報を集めたりする情報探索の段階に移る。そして，集められた情報に基づいて購入する商品やサービスの代替案を評価し，どの商品・サービスをどこでどのように購買するかを決定する代替案評価と購買決定の段階に至る。さらに，購買した後で，その選択について振り返り，その経験や知識を次の機会に活かしたり，他者にクチコミで伝えたりする購買後意思決定プロセスの段階へと移行する。

このようなプロセスについて，パソコンの購買を例にして説明してみよう。ある消費者が大学入学を控えた3月初旬にノートパソコンの購入を考えるとする。これは，比較的大きな買物であり，どのようなパソコンが学習や研究で必要なのか分からないため，その消費者は一から検討を始め，多様な製品情報を入手しながら，代替的製品を比較し検討していく。ここでの問題認識とは，新学期の授業開始前までには使用を開始したいという時間的制約の中，予算内で最適なパソコンを購入することであり，情報探索では，オンラインや店舗で製品情報を集めたり，パソコンに詳しい友人や家族に相談したりすることである。そして，それらの情報に基づいて，購入するパソコンの代替案評価を行い，購買決定となる。その後，その購買決定が満足できるものであったかを評価することになるだろう。さらにその先では，パソコンを買い換えるときにこの経験を活かしたり，クチコミを発信したりすることになる。

なぜ購買意思決定プロセスを考えるのか

消費者の購買意思決定プロセスは，第2章で述べたマーケティングの基本プロセスのように職能部門や組織階層による分担が行われるのではなく，消費者個人の頭の中で段階が進むものであるために，必ずしも明確な段階の移行が起きるものではない。実際に，購買意思決定プロセスでは情報探索という段階が想定されるが，情報探索という行為は他の諸段階においても行われる。それでも，逐次的な段階を想定することで，各段階の行動を単純に理解できるようになったり，行動の予測をしやすくなったりするというメリットが生まれる。また，このように段階に分けて理解することで，さまざまな行動を段階の中に位置付けたり，行動間の複雑な因果関係を逐次的な段階に基づいて説明したりすることが可能になる。

さらに，このような購買意思決定プロセスの理解に基づけば，第

6章で説明する情報処理モデルの理論的な位置付けを考えることもできるようになる。すなわち，研究において数式や仮説モデルで表現したり，検証したりする基礎にもなる。

2 刺激－反応モデルと刺激－生体－反応モデル

刺激－反応モデル

このような購買意思決定プロセスの役割を知るうえで，次のような刺激－反応モデルとの対比を考えてみよう。その源流を行動主義心理学にもつ刺激－反応モデルは，消費者に対する何らかの刺激がいかなる反応をもたらすのかを捉える理論枠組みであり，刺激と反応に関する観察や測定が可能な要因を使い，刺激と反応の間のプロセスはあえて検討対象にしないという特徴がある。消費者行動論におけるこの考え方は1960年代からあるが，現代においても，有効なECの画面レイアウトやオンライン広告を考えるために，いろいろと刺激を操作し，その反応を測定して，方法を洗練化させることなどでよく利用されている。

そして，刺激－反応モデルにおける刺激を企業によるマーケティング活動の刺激とするなら，企業から見れば，どのようなマーケティング活動の刺激が有効かという実践的な課題に応えるものとなる。しかし，消費者行動論の視点から見れば，企業がもたらす刺激を起点とする消費者行動に焦点を合わせるというのは，企業による刺激にただ受動的に反応する行動しか捉えることができないという限界にもなる。言い換えれば，消費者行動というのは，人間が日々感じている欲求（ニーズ）があり，それに由来する購買動機にマーケティング活動による刺激の情報が加わって購買に至ると考えられるが，刺激－反応モデルは，刺激による行動の局面しか見ていないという問題が発生してしまうのである。

刺激－生体－反応モデルと購買意思決定プロセス

刺激－反応モデルは，あくまで企業にとっての有効な刺激を探るためのものであるから，消費者の購買動機から包括的に考える必要はないのではとも考えられる。しかし，そうした全体的な知識がない状態では，多様な刺激による反応を試行錯誤で見つけ出すことになり，手法としても効率が悪い。そこで，刺激と反応の間に消費者の内的なプロセスを介在させた刺激－生体－反応モデルが考えられることになる。このような考え方は，新行動主義心理学の流れを踏まえたものであり，消費者の内的プロセスとして，購買意思決定プロセスが想定されることになり，刺激と反応の因果関係についても，購買意思決定プロセスに基づいた推論が可能になる。

また，この刺激－生体－反応モデルは，刺激と反応の間に内的プロセスを介在させることで，次のような新しい意味をもたらす。すなわち，消費者の心の中に認知・態度・購買意図のような構成概念を想定し，それを質問紙調査によって測ることで，刺激の影響を心の段階に沿って調べることが可能となる。さらに言えば，企業のもたらす刺激は，モデルの起点というよりも，購買動機や情報探索に影響する要因という位置付けに置き換わることになり，刺激－反応モデルを踏まえたマーケティング戦略への応用という考え方から，購買意思決定プロセスを中心とする消費者行動の説明という議論へ転換する１つの契機となったと言える。

ただし，この考え方に従うと，例えば，刺激と態度の関係は，関数で結び付けられ，目には見えない心の中の影響関係を数量的に捉えることが可能になるものの，同じ刺激に対する消費者の態度変容は，同一のものと想定され，消費者の反応は刺激－反応モデルと同様に受動的なものとなる。この意味では，刺激－生体－反応モデルは，刺激－反応モデルと同類と考えることもできる。なお，企業からの刺激を起点とする消費者の受動的な反応行動だけでなく，消費者が何らかの購買動機（目標）と関与状況に基づき，自らの記憶情報と外部情報の探索・処理によって能動的な意思決定を行うという消費者像については，第6章で詳しく述べる。

3 包括的問題解決行動における購買意思決定プロセス

包括的問題解決行動とは

実際に消費者が商品やサービスの購入で経験する購買意思決定プロセスというのは，人や状況によって多様なものとなる。それに対し，多様な行動を説明できる基本の購買意思決定プロセスが想定されてきた。具体的には，問題認識から購買決定までのすべての段階を含む購買意思決定プロセスを基本とすることであり，その一部が簡略化されることで購買意思決定プロセスの多様性が生まれるという考え方を取っている。

その基本となる購買意思決定プロセスとしては，購買に強く動機づけられて，情報探索の範囲が広く，多くの集められた情報を総合的に評価して購買を決定するというプロセスが考えられている。それは情報探索の広さに注目して，包括的問題解決行動（または広範囲問題解決行動ないしは拡張的問題解決行動）と呼ばれている。

この情報探索の広さについては，収集する情報の種類の多さと考えることができる。第2章で述べた知覚マップのような評価を行うためには，どのような製品属性に基づいて評価するかが分かっていて，評価する個々の製品の属性値や自分の理想とする属性値を理解していることが必要になる。つまり，これらすべての製品カテゴリーに関する知識を持っている状態において，初めて知覚マップでの評価が可能になるため，保有していない知識については，これらの多様な種類の情報を収集する必要がある。

ただし，購買や選択の重要性が低い場合や過去の購買経験から十分に知識を保有している場合には，失敗のリスクが小さくなるため，このような情報収集は動機づけられない。また，何らかの時間的な制約があって情報収集に時間をかけられない場合にも情報収集はあまり行われないだろう。したがって，包括的問題解決行動は，情報収集が動機づけられているとともに，情報収集の制約が少ない状況で選択されることになる。なお，これらが満たされない状況では，後述するように，包括的問題解決行動における購買意思決定プロセスの諸段階が簡略化された限定的問題解決行動や定型的反応行動が取られることになる。

さて，包括的問題解決行動が見られる具体的な状況としては，次のような場合が考えられる。まず，革新的な新製品が開発されて，新たな製品カテゴリーが作られるときや，消費者が初めてその製品カテゴリーの製品を購入しようとする場合である。このとき，消費者は初めて製品の評価・選択に直面するため，製品カテゴリーに関する情報を収集し，その情報に基づいて，製品の評価基準を定めなければならない。また，その情報収集に時間をかけられるという条件も必要である。このような状況は，初めてパソコンや自動車を購入する場合，またスポーツや趣味の初心者が道具を購入する場合などにおいて発生する。

もう1つの状況は，クリスマス・ギフトを選ぶときや次の長期休暇の過ごし方を家族で決める場合のように，ある問題解決のために，多様な製品・サービスが想定され，どのカテゴリーを選ぶかが事前に決まっていない状態で発生する。このときには，個々のカテゴリーについての購買経験や知識があるとしても，カテゴリー間を比較する共通の評価基準を定めないといけないため，どのようなギフトが喜ばれるか，どのように休暇を過ごしたいのかなどを考えて，それぞれの状況に応じた評価基準を一から構築する必要がある。

この状況は，日常生活においてよく経験することであるが，企業のマーケティング活動の視点からも，特定の製品カテゴリーを超える消費者の意思決定が重要な課題になっている。昨今のマーケティングにおいて「モノからコトへ」ということが提唱されているが，これは製品カテゴリー内でのモノの選択ではなく，モノの背後にある消費者が求める問題解決（コト）に注目すべきという主張になる。そして，コトを重視することは，消費者のカテゴリーを超えた意思決定になるため，企業における新製品開発において，消費者行動を包括的問題解決行動の視点から捉えたり，広告・販促活動において，限定的問題解決行動から包括的問題解決行動に移行させるためのコミュニケーションを考えたりすることが重要になるのである。

包括的問題解決行動における購買意思決定プロセスの特徴

包括的問題解決行動のもとでの購買意思決定プロセスは，問題認識，情報探索，代替案評価，購買決定という各段階での行動が周到に行われることになる。まず，包括的問題解決行動では，幅広い情報探索を動機づけるような問題認識がなされていることが前提となっている。そして，その強い問題認識と情報探索を通じて集められた多くの情報から，代替案評価についての総合的で詳細な検討が行われ，購買決定に至ると予想される。

そもそも購買意思決定プロセスによる考え方とは，そのプロセスを段階に分けて，段階別に課題を捉えたり，段階移行に基づいて段階間での行動の因果関係を理解したりするものである。その意味からすれば，すべての段階を含む包括的問題解決行動で購買意思決定プロセスを考えることは，これらの段階別や段階間の課題を捉えやすいという利点がある。そこで，第4章では，包括的問題解決行動を想定した購買意思決定プロセスを考えることにする。

その一方で，限定的問題解決行動や定型的反応行動においては，購買意思決定プロセスがどのように簡略化されるのかを理解しておく必要もある。そこで，以下では，限定的問題解決行動や定型的反応行動での簡略化について説明する。

4 簡略化される購買意思決定プロセス

限定的問題解決行動と定型的反応行動

前に述べたように，情報収集があまり動機づけられていない場合や情報収集の制約が大きい状況では，包括的問題解決行動ではなく，簡略化された限定的問題解決行動や定型的反応行動が取られる。これらのうちで限定的問題解決行動は，限られた範囲での情報収集を行う行動で，典型的には，過去の購買経験やその類推から製品カテゴリーについての知識をすでに獲得しており，評価基準がほぼ定まっていて，あとは製品の特徴（つまり製品の属性値）についての情報収集を行う場合に見られる。これは消費者が日常的に食品や衣類などを購入するときにおいて，店舗の内外で複数の製品を比べて判断するときに行われる。これらの場面では過去の購買経験による知識が豊富であるか，あるいは，価格などから購買で失敗したときのリスクをそれほど大きく知覚しないときに，一から評価基準について見直すようなことはしないため，限定的問題解決行動になる。

さらに，評価基準が曖昧な状況でも，包括的問題解決行動にならずに限定的問題解決行動になる場合がある。それは情報探索に時間をかけられない状況にあるときで，たとえ高価な商品で，失敗のリスクを知覚していても，評価基準に関わる情報を集める余裕がなければ，曖昧な評価基準のまま，限られた製品の情報のみで判断を行うことになる。このような行動は第 12 章で説明する非計画購買行動としての衝動購買において見ることができるが，これも限定的問題解決行動の一種である。

そして，定型的反応行動というのは，包括的問題解決行動や限定的問題解決行動にあった情報探索の段階がほとんどスキップされた購買行動であり，店頭などで商品在庫の存在を認めて，価格などの販売条件がいつもと同じであれば，ルーティン的に購買することである。なお，特売で価格が特別に安いことで即座に商品を購入する場合は，ルーティン的に購買していないために定型的反応行動には該当しない。この場合は，店頭の価格情報を収集して，他の条件と比較したうえで価格の安さを基準に選択を行っているために，上記の衝動購買という限定的問題解決行動になる。

購買意思決定プロセスの違い

これまで説明したように，包括的問題解決行動・限定的問題解決行動・定型的反応行動の間での購買意思決定プロセスの違いは，まず情報探索段階の違いとして表れる。すなわち，包括的問題解決行動では，評価基準の情報を収集するなど，幅広く念入りな情報探索が行われる一方で，限定的問題解決行動では，限られた情報探索となり，定型的反応行動では，外部の情報探索がほとんど行われないという特徴がある。言い換えれば，限定的問題解決行動や定型的反応行動では，情報探索の段階が簡略的になると考えることができる。

そして，情報探索段階の違いは，その前の問題認識段階の行動を反映したものになる。つまり，問題認識の段階において，強い購買動機やリスクが知覚されるほど，情報探索が動機づけられるために，包括的問題解決行動になりやすく，逆に，購買動機が弱ければ，限定的問題解決行動や定型的反応行動になりやすい。

さらに，これらの段階の特徴は，その次の代替案評価段階の行動に影響を与えると考えられる。まず，包括的問題解決行動においては，評価基準の情報や商品の属性情報を幅広く収集しており，しかも購買動機が強いために，それらの多面的な情報を利用した総合的な評価を下すことになる。それに対して，限定的問題解決行動では，限られた情報が収集されるため，総合的な評価よりも部分的な比較・評価を行う傾向が強くなる。そして，定型的反応行動として，いつもと変わらない価格で商品が入手可能であれば，ルーティン的に購買を決定することから，ごく限られた情報の確認に基づく評価になってくる。これらのことは第4章で意思決定方略としてあらためて説明することにしたい。

以上のことから分かるように，包括的問題解決行動のもとでは購買意思決定プロセスがすべての段階を通して念入りに行われるが，限定的問題解決行動や定型的反応行動では，段階によって，簡略された方法に置き換わると理解することができる。それゆえ，限定的問題解決行動や定型的反応行動を捉えるときには，包括的問題解決行動の知識をベースとして，それがいかに簡略化されるのかという視点で考えることになる。

「知情意」の消費者意思決定プロセス

購買意思決定プロセスには，購買動機を踏まえて購買問題を認識する局面，製品ブランドに対して好き嫌いの感情（態度）を醸成する局面，情報収集に基づいて選択代替案（製品ブランド）を理性的に比較検討する局面の3つが含まれている。この3つの局面を知性（認知），感情（態度），欲求（意図）の3つの心の動きとして捉えるなら，それは知情意として表現することもできる。すなわち，購買意思決定プロセスというのは，知（認知），情（感情），意（意図）の3つが含まれ，基本型としては，この知情意の順番でプロセスの段階が移行すると理解できる。

この考え方に基づけば，ある1つの製品を巡る消費者行動というのは，単に購買するかどうかを決める瞬間のアクションを意味するのではなく，ニーズの発生から，最適な製品を選ぶという問題認識，問題解決のための情報探索，製品に対する態度・購買意図の形成といった段階を経て，最終的な選択・購買へと進むことになり，知情意という心理プロセスを経ることを意味する。

このような知情意のプロセスとの対比で，意情知という順番の異なるプロセスが取りあげられることもある。それは，第12章で説明する非計画購買の場合において，特に購買問題を認識していない消費者が，店内の販促陳列や値引き情報によって衝動的に製品の購入を行うという行動で見られる。この場合には，購買リスクが低いこともあり，消費者は，製品情報を事前に集めることはなく，品質や性能評価に基づいて好意的態度を十分に形成していないため，その意思決定プロセスは，店頭での購買意図の形成，つまり「意」が起点となるとされている。そして，その後に，その購買が良かったのかどうかという意味で初期の態度が形成され，使用による製品情報の収集と学習を通じて，製品知識が増大していく。つまり，意の次に情と知へと続くと解釈される。

日常的な買物は，主にスーパーマーケットで行われるが，過去の調査によるとスーパーマーケットで購入される商品の80％程度は，店内で購買意図が自覚される非計画購買であると言われている。また，定型的反応行動も日常的な買物としてよく経験する行動であるが，この場合でも，消費者は，綿密な情報探索や好意的態度形成を行い，購買意図をもって来店し，購買しているわけではない。これらの非計画購買や定型的反応行動を考えるうえで，このような意情知というプロセスが想定されているのである。

では，この意情知というプロセスは，これまで説明した購買意思決定プロセスにおいて，どのように解釈されるのだろうか。意情知のプロセスの課題は，前半における「知」・「情」の省略と後半における「情」・「知」の追加の2つの課題を含んでいるため，前半と後半のそれぞれについて，次のように考えてみよう。

まず，知情意のプロセスの前半にあった「知」・「情」の省略については，すでに説明したように，購買意思決定プロセスとしては省略ではなく，短縮化・簡略化と捉えられる。つまり，たとえ非計画購買であっても，商品の存在や価格などを認知していないとか，好意的な態度を形成せずに購買するということはありえないために，これらが短い時間で簡略化された形で行われると考えるのである。

そして，意情知のプロセスの後半に追加されている「情」・「知」については，消費者意思決定プロセスにおける購買後意思決定プロセスをクローズアップさせたものと理解することができる。すなわち，購買経験の良し悪しという感情をまずは認識し，その後の使用を通じて，製品に関する認識を深めていく行動と考えられる。なお，このような購買後評価の行動については，第5章であらためて議論するが，非計画購買や定型的反応行動だけに見られる現象ではない。包括的問題解決行動においても，購買後に認知的不協和（詳しくは第5章を参照）を避けるために，製品情報を収集することもよく発生する。非計画購買や定型的反応行動が意情知のプロセスの典型とされているのは，前半の「知」・「情」の短縮化・簡略化に伴って，後半の「情」・「知」の比重が増したためと考えることができる。

また，消費者は，感情的反応がきっかけとなって購買行動を起こし，情意知というプロセスを経る場合もある。これは，製品の機能・性能ではなく，見栄えが良いとかおもしろそうといった感情が購買時に優先する快楽的消費とも考えられる。感情と購買の後に，その製品の内容を知るため，最後に「知」が来ると考えられる。

5 マーケティングへの応用

購買意思決定プロセスとの関連性

消費者行動には，多様性，不安定性，複雑性といった特徴があるものの，購買意思決定プロセスは，上述のようないくつかのパターンとして整理・把握できることが分かった。以下では，そうしたプロセスの理解が，どのようにマーケティング意思決定に活かされるのかについて簡単に説明する。

まず，包括的問題解決行動のもとでの購買意思決定プロセスは，問題認識，情報探索，代替案評価，購買決定という各段階での行動が周到に行われ，そのプロセスにおいて，問題認識や代替的製品ブランドの認知，好意的態度および購買意図の形成といった意思決定が行われる。これを刺激－生体－反応モデルとして捉えれば，刺激は企業にとってマーケティング・アクション（例えば，価格，品質）に該当し，反応は企業がそのアクションによって期待する成果（例えば，購買，満足）を意味している。そして，生体の部分では，分析者が消費者の認知，態度，購買意図といった消費者心理に関わる変数を想定し，刺激，生体，反応の統計的関連性を明らかにする課題が生まれる。

ここで，刺激および生体に関する変数を多く取り上げるほど，変数間の関係性は複雑になり，マーケティング・アクションが困難になったり，現実的ではなくなったりする傾向がある。したがって，反応としての購買を取り上げるのではなく，生体内に想定される認知，態度，購買意図をそれぞれ被説明変数として，説明変数としてのマーケティング・アクションの効果を識別するといった手段が採用されることが多い。

すなわち，購買意思決定プロセスという包括的な把握方法を取りながらも，消費者行動を説明することが主眼となっているために，刺激－生体－反応モデルは，マーケティングへの応用面では，分析的で部分的な対応に留まりがちである。そこで，ハワード（1989）は，消費者意思決定モデルの構成概念を情報，ブランド認知，態度，確信，購買意図，購買の6つに絞り，それら全体の関連性を統計的に明らかにすることによって，実務への貢献を模索したのである。

カスタマージャーニーへの展開

消費者行動の包括的なモデルに依拠しながらも，その出自として
マーケティングへの応用をはじめから狙った考え方の1つとして，
カスタマージャーニーがある。第14章でも述べるが，カスタマージャーニーとは，直訳すれば「顧客の旅」という意味で，顧客が製品・サービスと出会い，そこから購買に至るまでの道筋を指す。また，これを描いて可視化したものを「カスタマージャーニー・マップ」と呼ぶ。

この考えは，顧客の経験価値を高めるために，顧客と企業の接点（タッチポイント）を多面的に捉え，それぞれのタッチポイントにおいて適切なマーケティング対応を行おうとするものである。したがって，前述の購買意思決定に関する刺激－生体－反応モデルのように消費者行動論の構成概念を説明したモデルとは異なり，カスタマージャーニー・マップは，企業が顧客とのタッチポイントにおいて考える消費者の認識や行動をプロセスの構成要素として位置付けている点と，顧客の経験価値の視点から「顧客の旅」全体の管理を目的としている点がその特徴となっている。

演習問題

① あなたが包括的問題解決行動をした経験を1つ取り上げて，購買意思決定の段階ごとにどのような行動をしたのかを考えてみよう。また，あなたが限定的問題解決行動をした経験を1つ取り上げて，購買意思決定において，どのような簡略化をなぜ行ったのかを考えてみよう。

② あなたが，大学に入学するまでの意思決定プロセスをカスタマージャーニーとすれば，それはどのような「旅」であったのか，志望校の選択に大きな影響を与えた人（家族，教員，友人など）や組織（大学，高校，予備校など）との接点を多面的に捉え，図を用いて説明してみよう。

EXERCISES

第4章

購買までの意思決定プロセス

1 問題認識と購買動機

購買動機と購買課題

前章では，消費者意思決定プロセスの全体像について学んだが，本章では，その前半部分の購買意思決定プロセス，すなわち購買動機を踏まえた購買問題の認識から購買決定までのステップについて説明する。

まず，最初の購買動機について，前章で述べた大学入学前におけるノートパソコンの購入の例で考えてみよう。パソコンのように機能が重視される製品の場合，購入の動機は，一般的に仕事や勉強を効率的・効果的に行いたいということであろう。そういった動機を踏まえつつも，ゲームも楽しみたいという快楽的欲求，新入生となる友人が購入するのと同じ機種にしようという社会的欲求，さらには有名ブランドを持ち歩くことで友人から称賛されたいという承認欲求をもつ消費者もいるはずである。

有名なマズローの欲求5段階説によれば，人間には，5つの階層的な欲求，すなわち，生理的欲求，安全の欲求，所属（社会的）欲求，自我（承認）欲求，自己実現の欲求がある。人間行動における動機は，これらの欲求が満たされないときや自己実現の目標を強く意識したような場合に認識される。

上の例で言えば，消費者はパソコンに対してさまざまな欲求を潜在的にもっているが，これは，入学前に購入する必要が出てきたという購買課題が発生して初めて顕在化し，課題解決の目標に影響を与える。また，購買動機は購買理由の「なぜ？」に答えるものであるが，それを表面的なものから深層心理的にさらにたどっていくことも可能であり，そういう意味で，購買動機は多元的で重層的である。

購買課題の特徴

マーケティング用語で,「ニーズ」と「ウォンツ」という言葉がある。ニーズとは,何かが欠乏している状態を指し,私たちは喉が渇けば,何か飲みたいという欲求をもつ。この喉の渇きは前述のマズローの生理的欲求に相当するが,喉が渇いていない状態を理想とすれば,喉が渇いてきたという現状とその理想に隔たりが生じていることになる。その差が大きいほど,問題認識のレベルは深刻化し,問題解決への動機づけが強く働くことになる。

ただ,喉の渇きの癒(いや)し方は人それぞれで,しかも,そのときの状況によって方法が異なるかもしれない。ここで,消費者が特定ブランドの飲料を購入して喉の渇きを癒したいと考えれば,その消費者は,そのブランドに対してウォンツがあることになる。すなわち,ウォンツというのは,ニーズを満たす具体的な解決策を求めることであり,特定の製品カテゴリーやブランドに対する欲求のことを言う。

さて,ニーズをどのように満たすのか,つまり,どのような方法で喉の渇きを癒すのかということは,その消費者にとって,1つの問題を認識したことを意味する。それを購買課題と言うが,その購買課題を解決するために消費者は,多様な製品ブランドについての製品属性情報を入手し,代替的製品を比較検討し,最適と期待できる製品ブランドを最終的に購入することになる。

ただし,購買課題を認識しても,製品購買以外での解決方法が見つかれば,問題解決行動が次なるステップに進むことなく,そこでいったん中断されることもありうる。パソコンの例で言えば,兄や姉からお下がりのパソコンをもらうことになったといった場合などである。また,大学から機種の推奨や指定があった場合には,パソコンの製品属性情報に関する情報探索やその比較検討は行われず,推奨や指定の製品の購買を決定するという段階に移る。他方で,消費者がすでにノートパソコンを持っていて，それを買い換えるといった状況では，第３章で述べた限定的問題解決行動になり，その消費者が保有する知識と経験に基づいて，購買課題はより具体的で明確なものになるとともに，情報探索段階で比較する製品数および探索情報量が少なくなることが予想される。

なお，たまたま店内で見たバッグを衝動買いするような非計画購買の場合では，購買課題が店頭の商品，販促情報，価格などによって誘発されたことになる。この場合も購買課題は具体的で明確なものとなり，特定の製品に結びついたものとなる。ただし，衝動的とは言っても，短い時間の間に情報探索が行われている。つまり，購買課題を誘発した情報を確認したり，自分自身の記憶や経験を内省したり，追加で販売員から情報を得たりしているのである。

さらに，食品などでの反復的・日常的購買のような定型的反応行動では，購買課題はより単純になる。例えば，いつも使っている調味料が残り少なくなっていることに気がついて，いつもと同じ製品ブランドを購入する場合では，特定の製品を補充することが購買課題となる。この場合には，店頭での情報探索や比較検討はほとんど行われず，その特定ブランドがいつも通りの価格で入手可能であれば購入することになる。

2 情報探索

内部情報探索と外部情報探索

情報探索は，その次の段階である代替案の評価・選択において，最適な選択や満足のいく購買を実現するために行われるが，主に次の２つの側面で行われる。

１つは，内部情報探索である。これは，自分自身の記憶や知識から情報を集めることを意味する。具体的には，過去の購入・使用経験を振り返ったり，これまでに接触したマス媒体による広告，友人・知人からのリアルなクチコミ情報，小売店舗から得られた情報（チラシ広告，店内 POP，販売員の接客），インターネットで得た製品情報や e クチコミ情報などを思い出したりすることである。このように購買課題を認識した消費者は，その解決に向けて，まず内部情報探索を行う。もし，ここで十分な情報があると判断できれば，そこからさらに情報探索を行うことはなく，代替案評価の段階に進むことも可能である。

しかし，包括的問題解決および限定的問題解決の場合には，記憶内にある情報だけでは不十分と考え，追加の情報探索が始まることが一般的である。これが次に述べる外部情報探索である。なお，外部から収集される情報には，このような購買課題の解決のために追加で収集される情報のほか，将来の何らかの購買課題の解決のために記憶として蓄積される情報や，ウィンドーショッピングのように情報探索それ自体を楽しむためのものもある。そして，これらの情報は，記憶に取り込まれて，将来の内部情報探索で利用される。したがって，以下で論じる外部情報探索は，直面する具体的な購買課題の解決のために追加的に探索する情報に限定する。また，最適な選択に導くという意味において，入手した情報は，購買した商品の期待価値を高める働きをもっていると想定される。

購買のための情報源

消費者が内部・外部情報探索を行う情報源としては，次のようなものがある。第1は，上述の消費者の記憶内に貯蔵された経験的情報源である。当該製品や類似製品の過去の消費体験，試供品や無料体験に基づく自分自身の評価などがこれに当てはまる。第2が，個人的な外部の情報源であり，家族，友人，知人，同僚などから発信された情報で，リアルなクチコミのみならず，SNS でのやりとりや書き込みなどもこれに含まれる。第3の情報源は，企業（小売業を含む）であり，広告，パブリシティ，ホームページ，販売員，製品表示などの情報の発信源である。第4の情報源は，各種メディア（テレビ，ラジオ，新聞，雑誌，インターネット）である。

これら4つの情報源による情報は，購買課題を認識する前にいったん記憶に取り込まれ，後で内部情報探索を通じて利用される場合もあれば，購買課題を認識してから追加で行われる外部情報探索で収集される場合もある。例えば，1つ目の経験的情報源は，通常は内部情報探索の情報源となるが，購買動機が発生してから，店舗で提供された試供品や無料体験を試すなら，外部情報探索の情報源になる。

外部情報探索を規定する条件

外部情報探索は，情報探索によって得られると期待される価値と，情報探索にかかるコストとが同じレベルになるまで続けられる。つまり，情報探索の期待価値に見合うまで外部情報探索のコストをかけていると考えることができる。情報探索を通じて期待される価値とは，追加的な情報探索を行うことで，さらに良い選択ができる可能性が高まるということに基づいている。これは購買課題の重要度や失敗のリスクの大きさによって規定され，製品関与（第6章参照）と密接に関連する。

また，保有している製品知識の量がすでに十分にあれば，選択で失敗するリスクが小さくなるため，追加的な情報探索による期待価値も高くはならない。つまり，他の条件が同じなら，製品知識が多いほど，外部情報探索の程度が少なくなると考えられる。ただし，製品知識が豊富であるというのは，製品カテゴリーについて強い関与をかねてからもっていたと考えられるため，その製品関与からの影響で外部情報探索が多くなっている可能性もある。

そして，情報探索にかかるコストは，買物での情報収集に対する時間的制約の影響を受ける。例えば，ある製品が急に必要になったときやオンライン店舗でタイムセールをしているときには，時間的制約を強く意識し，買物に時間をかけられないために，外部情報探索のコストを高く知覚する。その場合には，たとえ購買課題が重要であっても，外部情報探索の程度が少なくなる。

また，インターネットにおいて価格や製品属性の情報を利用することができれば，情報探索を効率的にできるために，外部情報探索の程度が増えると予想される。特に価格比較サイトなどでは，価格や品質・性能など，製品属性についての比較情報が一覧表の形で表示されていることが多い。それによって，昔であれば消費者が自分の足で店舗を回ったり，広告などから集めたりした情報に比べ，圧倒的に多くの情報を短時間に集めることができるようになった。したがって，インターネットの普及という技術環境の変化は，外部情報探索の程度を飛躍的に増加させたと言える。

さらに，製品に関する情報の収集と処理の仕方は，製品関与や購買状況関与の度合いによっても異なる。例えば，それは前に述べたように，消費者における製品関与の高さが購買課題の重要度や失敗のリスクの大きさと密接に関連するからである。消費者行動での関与というのは，製品や購買状況に対して消費者がもつこだわりや関心のことを言うが，それが強いほど，特定の製品の購買に関わり，その購買目的を達成する行動が動機づけられる。つまり，製品関与が高いときには，その製品カテゴリーや製品ブランドの購買という目的に向けて，消費者は努力を払おうとすることになる。したがって，外部情報探索のようにコストがかかることも積極的に行われることになる。また，購買課題の重要度や失敗のリスクが大きいときほど，こうした動機づけが高まるため，製品関与も高いと想定されるのである。そして，詳しくは第6章で述べるが，このような製品関与は，外部情報探索の程度だけでなく，収集する情報の内容や収集した情報の処理方法にも影響を与えることが知られている。

3 代替案評価と購買決定

代替案の数と評価

購買意思決定プロセスにおいて，情報探索の段階の次は，代替案評価の段階である。ハワード（1989）のモデルによれば，情報探索の後に，特定の製品ブランドに対する態度，確信，購買意図が形成され，最終的な購買へと導かれる。ここで，態度は，特定の製品ブランドに対する好意度を指し，確信は，特定製品ブランドに対する自分自身の評価に対する確信度を意味し，購買意図は，その製品ブランドに対する購買の意欲・可能性の程度を表している。そして，代替案評価の段階では，これらの態度，確信，購買意図の形成が行われる。なお，態度と購買意図には，正の相関関係はあるものの，好意的態度が必ず購買意図につながるとは限らないため，両者は互いに独立した構成概念として捉えられる。

この代替案評価において，まず課題となるのが，どれぐらい多くの代替案を検討するのかということである。購買目的を達成するためには，概して選択肢が多いほうが，消費者の購買満足度は高くなると考えられる。なぜなら，消費者の要求水準が高く設定されている場合では，検討する代替案が多いほど，それを満たす代替案を見つけられる可能性が高くなり，意思決定の失敗のリスクが減るからである。

しかし，消費者が自分自身の好みをよく自覚していない場合や評価すべき製品属性が多い場合には，選択代替案が多くなればなるほど，情報の収集と処理に時間と手間がかかることになり，簡単には決められない状況，すなわち，情報処理能力の限界を超えた状況に陥ることもある。アイエンガー（2010）は，「選択肢が多ければ多いほど，顧客の購買意欲は低下する」という研究結果を発表して話題になった。買手の製品関与や製品知識レベルが高い場合であっても，店頭の商品数に圧倒されて選ぶことができなかったという経験をした消費者も多いはずである。消費者行動論では，こうした状態を情報過負荷（information overload）と呼んでおり，消費者は，この状態から脱却するために，簡便的にそれを軽減するための経験則や判断のためのルールを心の中にもっているとされている。

購入製品の選択プロセス

消費者が購入製品の候補を絞り込んでいく際のステップを表すものとして，ブリゾー＝ラロッシュ（1980）のブランド・カテゴライゼーション・モデルがよく知られている（図4-1）。例えば，ノートパソコンで考えるなら，購入可能なすべての製品ブランド（入手可能集合）のうち，ある消費者はその一部の存在を知っているにすぎず（知名集合），仮に知っていたとしても選択の際には意識に上らないかもしれない（非処理集合）。また，よく知っている製品ブランドでも，その購入を決して望まない場合（拒否集合）や明確な判断が下せない場合（保留集合）もある。そうした選別を経て，残された製品ブランドは，具体的に検討がなされ（考慮集合），それらの中から最終的に購買されるパソコンが決まる。したがって，このモデルは，消費者が情報収集を行いながら製品ブランドに対する認知，態度，購買意図を形成し，それらを下位集合へと類型化していくプロセスを図式化したものと言える。

パソコンに限らず，住宅や自動車などの高額商品の販売にあたっては，ブランド・カテゴライゼーション・モデルを踏まえた消費者アンケート調査を行っておけば，企業と消費者との接点のどの段階に問題があるのかを知ることができ，企業にとって有用である。つ

図 4-1　ブリゾー＝ラロッシュのブランド・カテゴライゼーション・モデル

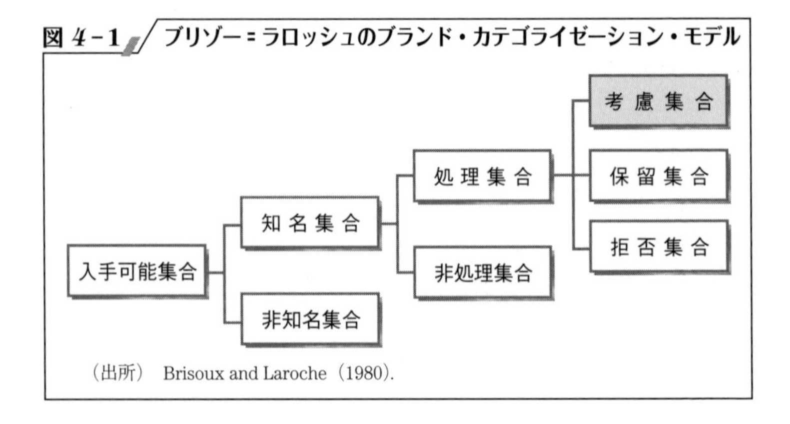

（出所）Brisoux and Laroche（1980）.

まり，知名度に問題があるのか，または，考慮集合に向けた情報提供が不十分であるのか，さらには，保留されたり，拒否されたりして，購入の候補にならないのはなぜか，といった問題が明らかになってくる。オンライン・ショッピングでは，購入を検討するためにとりあえずショッピングカートにいくつかの製品ブランドを入れておくことがあるが，これも考慮集合ということになる。

このモデルは実務的示唆に富んだモデルであるが，考慮集合の中から購入製品ブランドがどのように選ばれるのかについてまでは言及していない。この点に関しては，次に述べるヒューリスティクスと呼ばれる意思決定方略の理解が必要になる。

意思決定方略としての補償型ルール

製品は，さまざまな製品属性の束から成り立っている。ノートパソコンで言えば，画面のサイズ・解像度，重量，CPU，メモリ，ハードディスク，搭載されたOSとソフトウェア，ブランドの知名度，価格，修理サービス体制や保証などがある。ノートパソコンを買う消費者にとっては，大きな買物であるため，そうした製品属性について情報を集め，総合的に製品間比較を行って，購買する製品を決めるはずである。

考慮集合内にある代替案を評価し，それらの中から1つの製品ブランドを選ぶ際に，こうした評価や選択をどのように行うかは，消費者行動論では意思決定方略の問題となる。そして，意思決定方略にも多様なものが考えられるが，共通して言えることは，消費者には情報処理能力の限界があるために，何らかの簡略化された手がかりや判断の拠り所とする独自のルールが用いられるということである。この簡略化されたルールは，ヒューリスティクスと呼ばれ，以下に述べるように補償型と非補償型とに分けることができる。

まず，補償型ルールは，ある属性がマイナスの評価でも別の属性がプラスであれば，それで補うことができるという意思決定方略である。消費者は各製品に備わっている製品属性の1つひとつを吟味し，それぞれの長所・短所を把握したうえで，総合的な評価を下すことがあるが，この総合的な評価において，長所と短所の評価を相殺して合算するなら，それは補償型ルールになる。

フィッシュバイン（1963）の提示したモデルは，補償型の代表で，以下の数式のように複数の属性に対する評価を統合したものが，その製品に対する全体的態度（好意度）となることを示している。なお，消費者行動論において態度とは，購買決定の前に学習によって形成される心理状態を意味し，このモデルでは全体として好きか嫌いかという好意度で測定されている。

製品に対する全体的態度
　　=Σ(そのブランドの各属性についての信念)×(その属性の評価)

製品に対する全体的態度が複数の製品属性に対する評価を総合することで決まると考えるモデルのことを，多属性態度モデルと言う。ここで，信念とは，各属性についてそのブランドがその性質をどの程度持っているかについての消費者の信念で，評価とは，その属性に対する消費者の好意度ないしは重視度を意味している。ただし，この多属性態度モデルには，上記のモデル以外にも，属性別の評価を単純に加算するものや，理想点との差異の絶対値を加算し，少ないほど好意的と判断するといったルールも存在する。

なお，今述べた補償型のルールは，情報処理負荷が消費者にかかりすぎ，実際の意思決定方略としては非現実的に思えるかもしれない。なぜなら，例えば包括的問題解決行動においてさえ，多くの属性の束を抽出し，個々の評価値を算出して合算するという複雑な情報処理を行っているとは考えにくいからである。しかし，厳密にそのような計算をしていないとしてしても，それに近い総合評価をしていると見なして分析を行うことは，消費者が何をどう評価するのかを理解する手がかりになる。

他方で，個々の消費者は，時間制約や製品関与の低さのために，すべての代替案について綿密な情報処理をするとは限らない。上述の補償型ルールでは，このような点を考慮に入れておらず，現実には，もっと簡便なルールが多様に存在し，それに従って各人が購入ブランドの選択を行っているのかもしれない。そうした視点に立つ意思決定方略は，総じて非補償型のルールとして位置づけられ，第6章の消費者情報処理アプローチの中で詳しく説明を行うこととする。

購買意思決定の内容

上に述べた意思決定方略を経て，消費者は1つの製品ブランドに絞り込んで，最終的にそれを小売店で購入しようとする。このとき，特定製品ブランドを選択するというメインの意思決定は，それでほぼ完結するが，そのプロセスにおいては，関連するいくつかの意思決定を併せて行っていると考えられる。例えば，ノートパソコンの例で言うなら，選択した製品ブランドの購入先（店舗）の決定と購入のタイミングの問題がある。店舗や購入のタイミングは，各店舗が行っているキャンペーンの内容にも左右される可能性がある。また，店頭での値引きや下取りなどの取引条件も考慮するであろう。さらに製品によっては，購入数量を決めなければならないケースもある。実際，エアコンなどの製品では，同時に複数台購入・設置すると追加値引きの特典が得られるケースもある。

また，付属品の購入，設置サービス・保証延長・配送等の有無，決済手段の決定といった意思決定も必要になる。売手側からすると，こうした一連の意思決定が，スムーズに行われないと，顧客が購買を中断したり，変更したりすることがあるため，注意が必要となる。したがって，購買意思決定プロセスにおける情報収集と選択代替案の評価は，これらの関連する意思決定の影響も受けている。

演習問題

① あなたが購買した高額の商品について，どのような購買動機が関連しているかをできる限り多く挙げてみよう。

② あなたがスマホを購入したとき，どのように製品の候補を絞り込んだのかについて，ブリゾー＝ラロッシュ（1980）のブランド・カテゴライゼーション・モデルに沿って考えてみよう。

EXERCISES

COLUMN 3　財のタイプと情報探索

消費者の情報探索を論じる際に有用なのが，探索財，経験財，信頼財という分類である。本章で例示してきたノートパソコンのような製品では，あらかじめパンフレットやメーカーのウェブサイトを見ることによって機能の詳細を知ることができる。このように，買手が使用したり購買したりする前の情報探索によって，品質を把握・評価することができる製品・サービスを探索財と呼ぶ（Nelson, 1970）。探索財の選択は，店頭の情報にも左右されやすく，さらに，同一製品ブランドがECでも販売されているケースでは，インターネットの価格比較サイトやECのレビュー・評価などによる情報にも影響を受けやすい。

これに対し，事前の評価が困難で，購入・消費という経験を通じて初めてその品質を評価できる製品・サービスは，経験財と呼ばれている（Nelson, 1970）。ワインや飲食店のサービスなどは，利用後にどの程度の満足を得ることができるか事前に予想することが難しい。したがって，企業は，この利用経験というハードルを消費者に乗り越えてもらうために，試飲や無料クーポンの配布といったプロモーションを実施することがよくある。

ただし，インターネットが発達した昨今では，自分自身に利用経験がなくても，飲食店の検索サイトなどで他者の経験に基づくレビュー・評価の蓄積を見ることによって，おおよその品質を予想することが可能になった。レビュー件数が少ない場合には，その評価に偏りがある可能性もあるが，登録件数が増えるにつれて，平均的な評価の信憑性も高まり，消費者にとって信頼に足る情報源となる。さらに，インフルエンサーと呼ばれる評価者のコメントをとりわけ信頼し，購買行動に役立てている消費者も多い。このようにインターネットの発達によって，経験財と探索財の境界は次第に曖昧になりつつあると言える。

最後に，購入後もその品質の評価が難しい製品・サービスとして，信頼財がある（Darby and Karni, 1973）。信頼財の例としてよく取り上げられるのは，弁護士・医師・会計士・自動車修理工などの専門家によるサービス，大学等の教育機関のサービス，健康食品・サプリメント，低タールのたばこなどがある。信頼財の場合，専門家による評価や科学的根拠に基づいた情報などに消費者は信頼を寄せる。特に専門性の高い外科手術などでは，信頼できる出版社が特集した日本の名医や病院の情報を患者は参考にするであろうし，大学などの教育機関の評価にあたっては，在学生の主観的な満足度情報よりも，資格試験の合格者数や，客観的数値と専門家の評価から算出されたランキング情報などに信頼が置かれるようである。

信頼財の定義からも分かるように，消費者自身，利用後の評価が難しいため，単なる利用者のレビュー・評価の信憑性は怪しい。しかし，最近では，専門家の意見もオンラインで頻繁に発信されるようになってきており，それらを探索し，参考にすることができるようになってきた。それらの中には信頼に足らない情報もあるが，全体として信頼財についても，経験財と同様に探索財との垣根が低くなりつつあると考えられる。

なお，信頼財に関する知識を買手が十分に持ち合わせていない場合には，対象となる製品・サービスに対する事前の期待が高ければ高いほど，利用後の満足度が高くなるという研究結果も報告されている。つまり，実際の品質水準にかかわらず満足水準が高まるため，製品・サービスに対する知識が乏しい場合には，専門家による情報は，買手の期待を高めることになるので，売手が発出する情報には，消費者もそれなりの注意が必要である。

第5章

購買後の意思決定プロセス

1 購買後評価としての顧客満足

顧客満足の対象

購買後の意思決定プロセスには，まず，実行した購買に関する評価，すなわち購買の結果，満足したかどうかという認識の段階がある。なお，顧客満足とは，購買に対して顧客が感じる快・不快で表現されるような心理状態を表しており，満足した顧客は，再購買・再利用の確率が高まるだけでなく，そのクチコミによって新たな顧客を呼び込むという力をもっている。顧客満足の実現は，マーケティング活動の重要な目標の1つであるため，企業は提供した製品やサービスに対して顧客が満足しているかどうかを常に確認する必要がある。また，顧客満足がどのような心理的メカニズムによって形成されるのかを知っておくことも有用である。

ここで，満足の対象について説明すると，第1に，購入したものが有形財（モノ）か無形財（サービス）かという視点がある。なぜなら，満足の形成プロセスが有形財と無形財では異なるからである。無形財では，一般にサービスの提供と消費が同時に行われるのに対し，有形財では，商品の購買と消費の局面が別になる（詳しくは第14章で述べる）。無形財として，例えば，レストランでの食事を考えると，入店から退店までの間にサービスの提供が行われ，同時に顧客はその時間内にサービスを消費する。そして，顧客満足は，レストランの退店後に把握するのが一般的であるが，サービス提供は，接客要員との相互作用プロセスの中で行われているため，満足感をその時間的経過の任意の時点で把握することも可能である。しかも，サービスの場合，その時間的経過の初期段階で不満を抱くと（例えば，入店時の接客に問題があるなど），その後のサービス提供に満足感を抱きにくくなるという特徴がある。そのため，企業は，顧客との一連の相互作用を踏まえたサービス提供プロセスの管理が重要になる。

これに対し，有形財の場合，購買と消費が分離しているため，満足の把握も大きく2つの局面に分けて把握することが可能である。すなわち，ニーズに合った商品を選択し，少ないコストで入手できたかという購買満足と，次に，実際にその商品を使用し，期待する効用（価値）が得られたかという消費満足である。より具体的に言うなら，前者は買物の満足度や店舗に対する満足度として，また，後者は購入した製品ブランドの消費経験に対する満足度として，それぞれ捉えることができる。したがって，購買段階では大いに満足していたとしても，消費段階では，必ずしも満足が得られないという場合もある。そうしたことは，前章の **COLUMN 3** で述べたように，事前の情報探索では品質評価がしにくい経験財に多いと考えられる。また，自動車などの耐久消費財では，購入店によるアフターサービスへの満足度が，当該製品の消費（使用）満足度と相まって，当初抱いた「買ってよかったかどうか」という購買満足度に関する認識を後に変容させるケースもある。

顧客満足の対象として，第2に指摘できるのが，満足の集計水準の視点である。例えば，同じ製品・サービスでも，ある1回の購買に対する満足なのか，複数回の購買によって形成された累積的取引に基づく満足なのかという違いがある。また，顧客満足は，ある製品ブランドを対象に集計することもできれば，それを提供する企業全体を対象に集計することもできる。こうした視点は，企業が顧客満足を的確に捉え，そのマーケティング戦略を改善するうえで，非常に重要なポイントと言える。

満足形成のプロセス

それでは顧客は満足感をどのような心理で形成しているのであろ

うか。それを説明する代表的なものとして，期待不一致モデル（expectancy disconfirmation model）がある。これは，満足が事前の期待と事後的な評価の不一致度（乖離度）によって決まるという理論モデルである。つまり，対象となる製品・サービスに対する購買前の期待を購買後の評価が上回れば，顧客は満足し，逆に下回れば，不満を感じることになる。ここで，事前期待が非常に低く，事後評価が高ければ，満足度はかなり高くなると考えられるが，そもそも期待が低ければ集客は見込めないため，そうした状況を狙う戦略は非現実的である。したがって，競合する製品・サービスに対する優位性を主張しつつも，顧客には正しい期待を抱いてもらい，それを確実に実現するということが正しいコミュニケーション戦略となる。

次に，自社製品・サービスのどのような側面に期待を抱いているかということも重要である。とりわけ，期待不一致モデルで事前期待として一般に想定されているものとしては，製品・サービスの品質がある。例えば，ファストフード店と高級ホテルのレストランとで，同等のサービス品質を期待する利用者はいないであろうし，ノートパソコンであれば，30 万円以上するものと 5 万円程度のものとで，機能的に同質と考える顧客はいないはずである。

顧客満足の観点から品質を類型化したものとしては，狩野モデルが有名である。これは品質の要素を 5 つに分類し，品質と顧客満足度の関係を説明したモデルである。第 1 に，「当たり前品質」で，これは満たされているのが当然と考えられ，もし不十分であれば，大きな不満を生むと考えられる品質要素である。パソコンで言うなら，電源が入るというのは当然であり，購入直後にこれが入らないのであれば，不良品ということになり大きな不満を生じさせる。

第 2 は，「一元的品質」である。これは満たされているほど満足が得られるものの，そうでなければ不満が生じるという品質要素である。パソコンで言えば，処理速度が該当し，価格が安いと衝動的に購入してしまったパソコンのデータ処理速度が，買い換え前のパソコンに比べて遅い場合には，大きな不満を生むはずである。

第3は，「魅力品質」で，満たされていれば満足を引き起こすが，そうでなくても不満にはならないと考えられる品質要素である。例えば，通常の液晶画面でも十分と考えていた消費者が，たまたまキャンペーン対象となったパソコンが解像度の高い4K液晶画面を備えていたというようなケースが考えられる。

第4は，「無関心品質」であり，これは備わっているかどうかは満足度に影響を与えない品質要素である。例えば，パソコンには，出荷時にいくつかのソフトウエアがバンドルされていることがあるが，それらについては無関心である消費者も多い。

そして最後が，「逆品質」である。今述べた添付ソフトがパソコンの処理速度を遅らせるとの懸念を消費者に与える場合があり，これは，それが備わることでかえって消費者の不満を呼び起こす品質要素を意味している。

顧客満足の把握

冒頭に述べたように，企業は顧客満足を常に確認しておく必要がある。そのためには，次のような方法がある。

第1の把握法は，従業員からの報告である。製造企業であれば，小売店舗を巡回する営業担当者の報告内容から，また，小売企業やサービス企業であれば，店舗で働く従業員の報告内容から，それぞれ顧客満足に関する情報を得ることができる。具体的には，満足は，賞賛や感謝のコメントの形で従業員に伝えられるはずである。

第2は，顧客が発するコメントを収集するシステムの構築である。製造企業であれば，「お客様相談室」のような対応窓口を設置したり，小売企業やサービス企業であれば，店内に顧客からのコメント・ボックスを設けたりすることによって，顧客の声を収集する方法がある。また，最近では，自社製品・サービスに関するネット上のクチコミ情報やレビュー情報を収集し，それらをテキストマイニングすることによって満足水準とその理由を把握することができる。さらには，ロイヤルユーザー専用の電話回線や対応窓口を設け，常にそれらの顧客とのコミュニケーションを維持するという方法も考えられる。

第3は，顧客満足度調査を実施して情報を集める方法である。これは，調査会社を利用するなどして，製品やサービスについて大規模な消費者調査を実施し，そのデータの分析に基づいて満足の実態と改善点を明らかにする方法である。なお，来店客など自社顧客だけからデータを集めて分析すると，離反した不満顧客からの情報は集めることができない。また，一時点だけの調査であれば，景気変動，季節・気候，競合関係などの影響を排除することが困難となるため，定期的に調査することが望ましいと考えられる。

第4は，サービス業などでしばしば採用されるゴースト・ショッピング（ミステリー・ショッピング）という方法がある。これは，自社の店舗に覆面調査員が出向き，顧客になりすましてサービス品質を調査し，「顧客」の視点でサービス対応の適否をチェックし，満足度を推定し，問題点を発見するという調査方法である。専門の調査会社が実施するだけでなく，顔を知られていない社員が店舗に出向き観察を行う場合もある。

2 購買後評価としての顧客不満

不満の認識

製品の購買に満足した消費者が，その製品の使用段階において，「こんなはずではなかった」と不安になることがある。例えば，購入したばかりのパソコンの新モデルがすぐに発売になったり，競合他社から魅力的なモデルが出たりすれば，自分の選択が誤りだったのではないかと不快感を抱くことがある。すなわち，自分が評価し選択したことと，さらに良い選択ができたこととの間に認知的不協和が発生するのである。しかも，行動経済学のプロスペクト理論によれば，人間は同じ程度の利得と損失があった場合，損失のほうに，より大きな心理的影響を受けるとされる。つまり，消費者は，満足向上よりも不満低減のほうに動機づけられやすいのである。

それでは，認知的不協和を感じたとき，消費者はどのように対処するのであろうか。この場合，購入してしまったという事実は変えることができないため，消費者は正しい選択をしたという気持ちを補強するような情報を集めることによって，この不協和を解消しようとする傾向がある。具体的には，新モデルや競合他社の製品の広告情報を回避し，自分自身がすでに購入した製品の広告情報や推奨情報を選択的に収集する。これは，不快になる情報は回避し，快感を覚える情報は積極的に集めるということから，選択的な情報の収集（あるいは回避）と言える。

購買後の広告情報は，本来であれば，その消費者にとってもはや不要なはずである。したがって，このような局面における広告は，顧客満足を維持する機能を果たしていると考えられる。また，自動車のような耐久消費財の場合には，車検やメンテナンスのたびに購入店を訪れることがある。この場合も，購入店やそこの販売員によるアフターサービスが不協和を解消し，顧客満足を維持させる機能を果たしていると言える。

不満後の顧客の行動

以上のような購買後の対応にもかかわらず，不満を抱いた顧客はどのような行動を取るのであろうか。そのうち最も多いと言われているのは，何も行動を起こさないという，いわゆる「物言わぬ顧客」である。ただし，このような状況が続けば，次第にその企業への信頼は低下していく。

次に，不満に対する顧客の別の対応としては，購買を中止するなどの行動を取るケースがある。先の物言わぬ顧客は，不満が積み重なれば，無言でその製品・サービスの利用を止め，他社にスイッチしてしまう。こうした場合，企業はそれに気づくことができないことが多いため，顧客が苦情やコメントを言いやすい環境を作ることが肝要である。なぜなら，そうした情報は，製品・サービスの改良や新製品の開発にとって有用だからである。また，家族・知人・友人にその製品・サービスに対する不満を伝えたり，オンライン上に用意された製品・サービスのレビュー欄やSNSにネガティブなコメントを書き込んだりする顧客も多い。最近では，「ネット炎上」の言葉にもあるように，問題のある製品・サービスや企業に対して，ウェブ上で批判が殺到し，収まりがつかなくなる事態も散見される。ネット社会においては，それによって販売ができなくなった製品や廃業に追い込まれた店舗もあり，その影響は絶大である。

さらには，公的な対応を取る顧客も存在する。一般的なケースとしては，苦情を述べ，企業や購入店に返品や返金を求めるという行動がある。製品に瑕疵(かし)がない場合には，実店舗は，自己都合による返品を受け入れる法的な義務はないが，サービスの一環として，一定の条件を提示したうえで返品や交換を受け付けている小売企業も多い。また，まれなケースではあるが，大きな不満を抱いた顧客の一部には，消費生活センターに訴え出たり，訴訟を検討したりするケースもある。

3 顧客ロイヤルティの形成

顧客ロイヤルティとは

製品・サービスを購入し，十分に満足を得た顧客は，次なる購買機会においても再び，同一の製品・サービスを選択する可能性が高い。その延長線上にある顧客ロイヤルティは，特定の製品・サービスに対する強い選好度をもって，繰り返し購入するという現象を意味し，そうした特性をもつ消費者をロイヤルユーザーと言う。ロイヤルティは，忠誠心や忠実性という意味をもつ用語であり，特定の製品ブランドに対するものをブランドロイヤルティ，店舗に対するものをストアロイヤルティと呼ぶ。満足が，ある特定の製品・サービスの購買経験に対する満ち足りた感情を指すのに対し，ロイヤルティは，そうした対象への強い選好と反復的な購買行動とが相まった中長期的な消費者特性を意味している。

ロイヤルティの高い消費者は，製品・サービスの選択において，競合他社のブランドはもとより，当該ブランドについてもさまざまな製品属性の情報をはじめから収集する必要はなく，その製品・サービス（ブランド）を信頼して購入することができる。つまり，ロイヤルユーザーは，必要最低限の情報に基づいた限定的問題解決行動，ないしは，なかば惰性や習慣的な購買としての定型的反応行動を採用していると考えられる。

企業が顧客ロイヤルティの獲得を目指すのは，次のような理由による。第1に，ロイヤルユーザーは，リピート率が高く，安定的な売上の確保が期待できるためである。そこでは，パレートの法則，または2：8の法則と言われるように，購買金額の多い上位2割のロイヤルユーザーによって，売上全体の8割が説明できるといった効果が期待できる。第2の理由は，ロイヤルユーザーは，当該ブランドに対する好意的態度と反復購買行動傾向を有しており，価格感度が鈍くなるため，高価格（すなわち，価格プレミアム）を享受しやすいということがある。第3に，ロイヤルユーザーは，当該ブランドへの愛着や選好度が強く，その豊富な購買経験に基づいて，他者への推奨（好意的なクチコミ）を行う傾向があるという理由がある。

顧客ロイヤルティの把握

顧客ロイヤルティには，態度的側面と行動的側面の2面性がある。つまり，特定の製品・サービスを心理的に選好する態度的ロイヤルティと，反復的に購買する行動的ロイヤルティである。したがって，それらを組み合わせることによって，ロイヤルティの視点から4つのタイプの消費者像を描くことができる。

第1に，態度的ロイヤルティも行動的ロイヤルティも低いケースは，ロイヤルティが形成されていない状態である。このケースにおいて，企業は顧客満足の獲得をまず考え，その延長線上にあるロイヤルティの獲得を目指すことになる。

第2に，態度的ロイヤルティは高いが，行動的ロイヤルティが低い状態は，「潜在的ロイヤルティ」と見なすことができる。このケースにおいて企業は，好意を抱く製品・サービスであっても消費者が購買に移れない理由や障害を探し出して，それを克服する方策を見いだすことになる。例えば，経済的に入手困難な消費者には，ローンや分割払いでの購入方法を提案したり，店舗が近くになく，物理的に入手が困難な消費者には，通信販売（ECを含む）を提案したりするといった方法が考えられる。

第3は，態度的ロイヤルティは低いが，行動的ロイヤルティは高い「見せかけのロイヤルティ」の状況である。この場合は，何らかのスイッチングコストが働いていて，ブランドスイッチが起きずに済んでいる（ロックインされた状態）と考えられるため，企業は消費者の好意的態度を獲得するための方策を準備する必要がある。

第4は，態度的ロイヤルティも行動的ロイヤルティも高い「真のロイヤルティ」の状況である。これは，ロイヤルティについて理想的な状態にあり，顧客と当該製品・サービス（ブランド）の関係は，中長期的に良好な関係にあると言える。

顧客ロイヤルティ・プログラム

近年，顧客満足の実現のみならず，顧客ロイヤルティの獲得を目指す企業も増えてきた。それは，顧客は満足しただけでは，まだ離反する可能性があり，企業はリピート率の高いロイヤルユーザーと長期安定的な取引関係を結ぼうと考えるからである。需要が拡大しつつある市場では，新規顧客を獲得するための販促活動に力を入れることに意味があった企業も，需要拡大が止まった中で競争が続く市場では，新規顧客獲得のために多額の販促費用を投資するよりも，既存の優良顧客を維持するためにより多くの投資を行う方が効率的と判断するようになってきたのである。

アメリカの航空会社で始まったフリークエント・フライヤー・プログラムは，飛行機の搭乗者にマイレージポイントを付与し，マイル数に応じて特典航空券を提供するもので，マイレージサービスとも呼ばれている。それまでは，航空会社を問わず少しでも安いチケットを購入していた消費者も，このプログラムに参加することによって，特定の航空会社に取引が集約（ロックインないしは囲い込み）されていく。また，このプログラムの会員は，累積マイル数や取引回数に応じて，ステータスが上がって行き，上位ランクの会員になると，空港ラウンジの利用やコンシェルジュ・サービスなど一般会員にはない特別なサービスが得られる仕組みになっている。ある種の特別待遇という上質な顧客体験は，ブランドに対する愛着や信頼感を醸成する効果を生み出す。

ただ，この仕組みを維持するには，データベースの構築と維持管理に加え，マイルに応じて提供される各種特典という莫大なコストがかかる。しかしながら，先に紹介したパレートの法則の例にもあるように，ごく少数の優良顧客が売上の多くを占めているような業界では，優良顧客の維持（カスタマーリテンションとも言う）が有効な戦略とされている。

その後，このようなポイント制度は，小売業，ホテル，クレジットカードなど多岐にわたって普及していった。また，クレジットカードのポイントが，小売や金融・証券などの他の関連事業における取引でも獲得・使用ができるといった形に進化しつつあり，カスタマーリテンションは，さまざまな形態で進みつつある。

以上のように，製品・サービスのロイヤルユーザーとしての優良顧客に対し，企業が特典を与えることによって顧客を囲い込み，長期的な関係性を維持するマーケティング上の施策を顧客ロイヤルティ・プログラムと言い，関係性の構築と維持に主眼をおいたマーケティングをリレーションシップ・マーケティングと呼んでいる。

4 消費・所有・廃棄行動

消費における経験学習と価値認識

本章の冒頭から説明してきた消費満足・不満足と顧客ロイヤルティは，購買した製品の使用価値・所有価値，あるいは利用したサービスの経験価値に基づいている。使用経験は，消費者にとって学習のプロセスであり，その過程で得られた情報は，消費者の記憶に蓄積されていく。例えば，包括的問題解決行動として，事前の綿密な情報探索によって高い価値が期待される製品を購入した消費者は，実際にそれを消費・使用することによって，製品属性の内容や判断基準が形成されるとともに，それらが事前の期待通りのものであったのかについて多くを学習する。そうした消費経験は，満足・不満足の認識を醸成するだけでなく，それを記憶に留めることによって，次回の購買にも活かされる。そのため，場合によっては，次回の情報収集の範囲が簡略化されて，限定的問題解決行動へと移行することになるかもしれない。

では，消費者は製品の使用段階でその使用価値をどのように認識しているのであろうか。この点に関しては，バーゴ＝ラッシュ（2004）が提唱したサービス・ドミナント・ロジックという視点が参考になる。まず，彼らは，あらかじめ製品に価値が内包されていて，消費者は対価を払い，それを入手・享受しているという視点をグッズ・ドミナント・ロジックと位置付けている。これに対し，サービス・ドミナント・ロジックは，有形財であっても無形財のサービスと同様に，それを消費する段階で初めて価値を体感すると考える。

例えば，自転車という製品は，それを運転するという消費経験を享受することで快適に移動するという価値を得ることができるのであって，自転車そのものに使用価値が埋め込まれているわけではない。その際に，重要となるのがスキルと知識である。つまり，自転車を運転するための知識とスキルを消費者がもっていることによって，経験価値が享受できる。BMX（bicycle motocross）という自転車競技があるが，競技用自転車に関する専門知識と高いスキルをもった選手だからこそ，高いパフォーマンスを発揮でき，自転車の使用価値を最大限に引き出すことができる。また，自転車を乗りこなすための知識やスキルは，暗黙知と呼ばれ，文章や口頭の説明（これは形式知）ではなかなか伝授・習得できない。

このように，サービス・ドミナント・ロジックの考え方によれば，自転車の使用者は，自身の学習によって得た知識とスキルをもって自転車と相互作用することによって使用価値を体感・享受できる。

そうした現象を価値共創と呼んでいる。価値共創というと，企業の商品開発に消費者が参画し，共同で価値を生み出すことを指す場合もあるが，サービス・ドミナント・ロジックの論理では，使用段階における，このような経験価値の認識を意味している。これは，無形財のサービスにおいて，顧客が企業の従業員や設置された機材（ATM，顧客用の注文・支払端末，接客ロボットなど）と相互作用しながら経験価値を享受しているのと同様の考え方に基づいている。

このような視点に基づくと，いくら多くの機能を備えた家電製品であっても，それを使いこなすだけの知識とスキルが消費者に備わっていなければ，使用価値を体感することができず，顧客満足には繋がらないことが分かる。また，移転が容易な形式知となるように，マニュアルを分かりやすくして，使用方法が簡単に覚えられるようにするだけではなく，暗黙知で対応ができるように，マニュアルを見なくても直感的に操作ができることが，使用価値や経験価値の享受には重要になるのである。

経験価値の共有と発信

第11章で詳述するように，インターネット社会の到来を踏まえて，コトラー＝カルタジャヤ＝セティアワン（2016）は，認知（aware）⇒訴求（appeal）⇒調査（ask）⇒行動（act）⇒奨励（advocate）という5Aフレームワークを，また，電通は，注意（attention）⇒興味（interest）⇒検索（search）⇒行動（action）⇒情報共有（share）というAISASモデルを示している。5Aフレームワークの「行動」を購買と捉えるなら，両モデルとも購買で終わりではなく，推奨や情報共有というステップがその後ろに加わっていることが分かる。スマホが普及した社会では，写真や動画の撮影が容易になり，人によっては，四六時中SNSを使って友人・知人さらには不特定多数の人々と情報の共有を行っている。企業のウェブサイトにも商品やサービスについて評価コメントを投稿できる仕組みが整っている。このように，購買後の消費体験がリアルなクチコミに限定されていた時代とは異なり，今日では，スマホとSNSというツールが普及したことで，製品・サービスの購買経験および消費・利用経験に関するｅクチコミでの情報発信が，購買後の意思決定プロセス上に１つのステップとして顕在化してきたと言えよう。

所有行動

購買し所有されている製品は，本来の使用目的が果たされれば，処分・廃棄される運命にある。しかしながら，製品の中には，使用価値に加えて所有価値を有するものもある。例えば，分譲マンションは，居住のために購入したものであっても，将来の資産価値を予想して購入することが多い。同様に自動車の購入の際にも，一定期間使用した後の予想買取価格を考えて，製品ブランドの選択を行うこともあるだろう。すなわち，住宅にしても自動車にしても，購買・所有か賃貸・レンタルかという判断が，前章で述べた購買意思決定プロセスの初期段階であるかもしれない。また，シェアリング・エコノミーが発達したことで，居住スペースなどの遊休資産や自己の所有物を他者に貸し出したり，共有したりすることが容易になってきた。このほかにも，金（きん）などの投資対象商品では，もともと使用価値は想定せず，資産価値の変動から利得を得ようという場合もある。このように，所有価値をめぐっても，さまざまな消費者意思決定が存在している。

また，SNSが普及した今日では，フリマアプリで購入した洋服を着て写真を撮り，写真投稿サイトに上げると，すぐさまその洋服をフリマアプリで販売・処分するといった行動を取る消費者も存在する。つまり，長期間の所有を前提とせず，一時的な使用価値だけを享受するのであり，従来は所有が基本であった製品でも，このような一時的所有やレンタルなど，所有に価値を見いだすことなく，使用価値を重んじる，リキッド消費と呼ばれる傾向が強まってきている。

ただ一方で，使用というよりは，所有に価値を見いだそうとする消費者も存在する。例えば，ビジネスに成功した実業家が高級スポーツカーを所有したり，セレブ御用達のスポーツジムや名門ゴルフクラブの会員券を所有したりするケースがある。このような状況において所有される製品・サービスは，その実業家自身の社会的地位を象徴するものであり，自己表現の手段となっている。つまり，自分自身と親和性・同一性の高いモノやサービスを所有することは，自己拡張（self-extension）の一環とも言える。

処分・廃棄行動

食品や日用雑貨品などの一般消費財は，比較的短時間のうちに消費・使用され，包装や容器などがゴミとして廃棄される。しかし，使用期間の比較的長い耐久消費財になると，その処分・廃棄が大きな意思決定の対象になる。こうした意思決定の局面として次のようなものがある。第1に，自動車や家電製品が故障した場合，修理するか買い換えるかという意思決定がある。この判断に影響を及ぼすのは，メーカーがその部品をいつまで保有しているかという点や，修理費用がいくらになるかという点である。また，自動車であれば，そもそもいつまで乗り続けるのかという問題もある。

第2に，そうした耐久消費財を何年間で買い換えるのか，また，同じ年であってもどのようなタイミングで買い換えるのかという意思決定がある。例えば，自動車であれば，モデルチェンジや車検が買い換えのタイミングかもしれないし，家電製品であれば，ボーナスセールや下取りキャンペーンのタイミングで買い換えるかもしれない。企業は，買い換えを促進するために頻繁にモデルチェンジを行うことがあるが（それを計画的陳腐化と言う），ユーザーからしてみると，せっかく購入した商品が短期間のうちに旧モデルとなってしまうため，買い換えを促進するどころか，消費者の失望感や資源の浪費という社会的批判を招く場合もある。

第3は，中古品としての処分方法に関する意思決定局面である。使用後であってもまだ価値がある製品については，中古品買取り店やリサイクルショップに持ち込んで買い取ってもらう方法がある。また，最近ではフリマアプリを利用して，消費者間売買を行うこともできる。前者の場合は，業者の利幅が大きいため，消費者の収入はその分，減るものの，訪問買い取りなどのサービスを利用することもでき，消費者にとっての労力は相対的に少ない。これに対し，フリマアプリを利用する場合は，ある程度自分で値段設定ができ，場合によっては収益性も高いが，反対に郵送費の負担や梱包・配送の手間がかかるというデメリットもある。

第4に，いよいよ廃棄となった場合にも，いろいろな意思決定がある。パソコンについては，ハードディスク内の情報が気になり，なかなか廃棄できず，自宅の物置に積み上げられているかもしれない。大型の家具などを廃棄しようとすれば，地方自治体のルールに従って，粗大ゴミとして廃棄しなければならない。粗大ゴミの回収には一定の料金がかかる地方自治体が多いが，スプリングの入ったベッド・マットレスなど，品目によっては，廃棄物処理法の適正処理困難物に指定されていて回収不可のものもある。廃棄の煩わしさから解消されるために新規にベッド・マットレスを購入して，その小売業者に使用済みの古いベッド・マットレスを回収してもらうという消費者も多い。このように，廃棄行動には悩ましい意思決定が求められるため，前章で述べた購買意思決定プロセスの段階で廃棄のことまで意識して購買を行うこともあるであろう。

最近，中高年の消費者を中心に，「断捨離」と呼ばれる身の回り品の処分が浸透しつつある。モノから解放されたすっきりとした住空間で暮らすというライフスタイルを求める消費者の意識は，処分や廃棄の意思決定と無縁ではない。他方で，詳しくは第16章で述べるように，地球温暖化などの環境問題がクローズアップされる中で，サステナビリティを意識した消費を実践する倫理的な消費者も増えてきた。このようなムーブメントは，廃棄の問題が，生産・販売にも影響を及ぼしていることを示唆している。

演習問題

① 商品のレビューサイトやSNSにおいて購買後の不満を表明したコメントを多数取り上げて，どのようなことについての不満の表明が行われるかを調べてみよう。

② あなたが利用しているポイントプログラムを1つ取り上げて，企業がどのようなカスタマーリテンションを行っているかを調べてみよう。

EXERCISES

第6章

情報処理としての消費者行動

1 購買意思決定プロセスと消費者情報処理アプローチ

消費者情報処理アプローチとは

第4章で述べた購買意思決定プロセスは，購買を問題解決行動と考え，その意思決定プロセスの全体像を表すものである。それは，ある消費者における思考プロセスの一局面を説明するというよりは，買物問題の認識から解決としての購買までの一般的なステップを描写するものとして理解することができる。

他方で，第3章で説明した刺激－生体－反応モデルは，刺激と反応を媒介する要因として「生体」を位置付け，それらの関係について論じるものであった。ただし，刺激－生体－反応モデルは，態度や購買意図といった構成概念が心の中に存在するという認識のもとで，刺激から反応までの関係を関数として結び付けられるという点で，刺激－反応モデルと同類と考えることができる。また，刺激と反応が関数で表されることによって，反応の数量的な予測が可能になり，マーケティング意思決定にとっての有用性も高まる。しかし，刺激－生体－反応モデルにおいては，消費者は刺激に対して受動的なものとして位置付けられており，消費者の能動的な側面を心の動きや心理の点から明らかにできないという点で限界があった。

これに対し，以下で述べる消費者情報処理アプローチは，情報源からの刺激を起点とする受動的な反応だけではなく，動機や目標をもった消費者が自ら情報を収集するという能動的側面を重視するとともに，個々の消費者には情報処理能力の限界があることも前提としている。また，この消費者情報処理アプローチでは，購買や購買後までの全過程を視野に入れる消費者意思決定プロセスというよりは，購買意思決定のうちの1つの局面を抽出して，そこでの情報処理を考えるという特徴があり，そのことがブランド選好や広告知覚などにおける具体的な情報処理の問題への展開を可能にしている。

ベットマンの消費者情報処理モデル

消費者情報処理アプローチは，第4章で述べた購買意思決定プロセスにおいて展開される消費者の認知・思考を情報処理メカニズムとして捉え，説明しようとするもので，さまざまな研究成果に基づく知識体系を包摂している。その具体的な説明枠組み（すなわち，消費者情報処理モデル）としては，認知心理学の研究成果を踏まえた1970年代のベットマン・モデルが有名であり，その後，消費者情報処理アプローチは，消費者行動の中心的な研究アプローチとして位置付けられてきた。

上にも述べたように，消費者情報処理モデルは，刺激－反応モデルや刺激－生体－反応モデルのように，刺激と反応を関数で結び付けるような受動型の説明モデルとはなっていない。それは刺激と反応の間に存在する消費者の内部処理に着目しており，ある刺激に対する消費者の能動的な情報処理によって，さまざまな反応が生まれることを前提としている。つまり，動機づけや目標階層，記憶の状態，情報処理の仕方などによって個人差が生まれることを説明できる。言い換えるなら，現実の消費者は何らかの目標に従い，自ら能動的に情報を探索・処理するとともに，情報処理能力や置かれた状況の違いなどもあいまって，選択ブランドや広告評価といった意思決定プロセスの帰結に多様性が生まれることが説明される。繰り返しになるが，一般的に関数型で捉えられる刺激－反応モデルや刺激－生体－反応モデルでは，同じ刺激であれば，基本的に同じ反応を生み出すと想定している点で，情報処理アプローチとは大きく異なっている。

図6－1は，消費者情報処理アプローチに関して先駆的業績を残したベットマン（1979）によるモデルを一部修正したものである。

図 6-1　記憶を介した情報の流れ

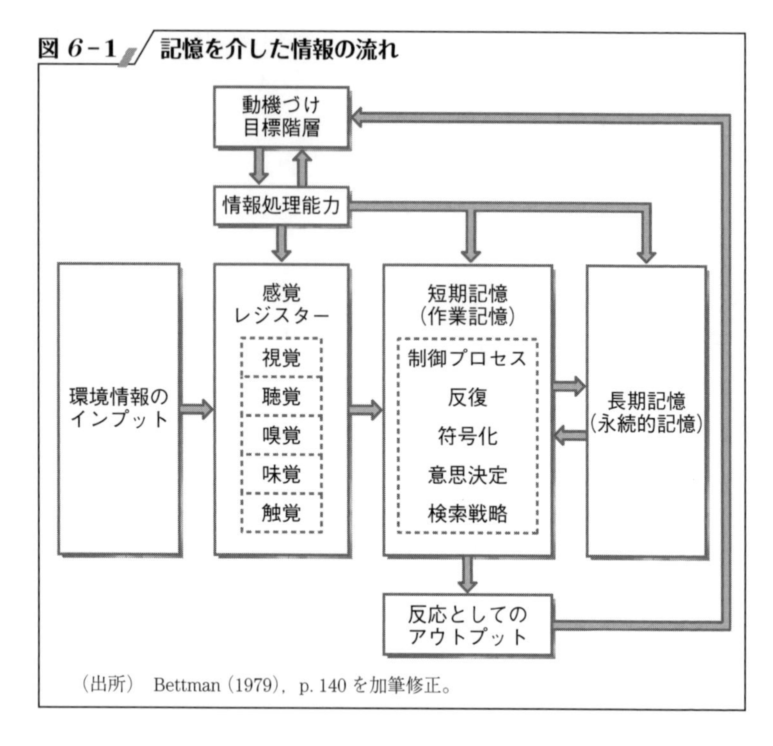

（出所）Bettman (1979), p. 140 を加筆修正。

ここでは，消費者の心理外にあるものを環境として捉え，そこからの情報のインプットがこのモデルの起点になっている。刺激としての情報は，一般的に五感と呼ばれる感覚レジスターを通して知覚される。ただし，すべての情報に消費者が注意を向けるとは限らない。なぜなら，消費者の動機づけが十分でなかったり，消費者の情報処理能力が低かったりするからである。そのような場合には，注意が向けられることはなく，入手した情報の理解がなされないため，記憶にも残らない。

　また，この図が意味するもう 1 つの重要な点は，記憶が反応としてのアウトプットに果たす役割である。ここでは，記憶の二重貯蔵モデルという考えに基づいて，2 つのタイプの記憶が示されている。

消費者は，感覚レジスターから得た外部情報を短期記憶に一時的に蓄える。短期記憶は，電話をかけるために一時的に番号を覚えているような記憶を意味しており，他の情報とあわせて処理することで入手した情報を解釈し，後の判断が行われるためのスペースと考えられるため，別名，作業記憶とも呼ばれている。

第4章の情報探索のところで触れたが，商品の選択時に過去の経験から得られた情報だけで判断できるのであれば，購買や使用に関する経験情報は，長期記憶（または永続的記憶）に蓄えられているので，そこから検索すればよい。しかし，長期記憶から検索した情報では足りない場合には，追加的に外部情報を収集して，それもあわせて活用するであろう。その際，入手した情報を忘れないように短期記憶内で反復し（維持リハーサル），さらに，符号化という情報処理（精緻化リハーサル）によって，その情報に意味付けを行う。

さらに，意図せずに飛び込んできた店頭の情報などに，長期記憶から呼び戻した情報を短期記憶内であわせて処理し，意思決定が行われることもよくある。「特売」などの店頭情報に触発されて，普段よく購入している製品ブランドを購入してしまうという非計画購買行動などもその例である。

以上のように，ベットマン・モデルは，周囲の環境情報を起点に，感覚レジスター，動機づけと目標階層，記憶，情報処理能力が連係して，着目するアウトプットを生み出すという内部情報処理システム（すなわち認知プロセス）を説明するものとなっている。

2 消費者情報処理における記憶と関与の役割

記憶の役割

次に，記憶と情報処理の関係をさらに詳しく見てみよう。外部からの刺激に消費者がさらされると，消費者は，視覚，聴覚，嗅覚，味覚，触覚という感覚レジスターを通じてその刺激を受容する。具体的には，売手からの情報（マスメディア，インターネット，店頭情報）や消費者間のクチコミ（リアル，オンライン）といった刺激に消費者が接すると，そこに消費者の注意が向けられる。

しかし，注意は意識して向けられるものであり，その意味で選択的なものである。つまり，感覚レジスターからもたらされたすべての情報に注意が向けられるとは限らないし，受容されずに拒否される情報も存在する。通常であれば，近所を走る自動車には注意を向けない消費者でも，ある特定ブランドの自動車の購買を検討している際には，その自動車に目がくぎ付けになったりする。そのとき，目にした自動車の印象は，消費者によって何らかの意味付けがなされ（例えば，思っていた以上に格好がよい，大きすぎる，など），長期記憶内に保持される。また，注意を払って受け入れた刺激が，自分にとって重要な情報か，あるいは意味のないものであるのかの判断は，それを正しく理解できるかどうかにかかっており，それにはすでに保持している記憶や情報処理能力の果たす役割が大きい。

先にも述べたが，消費者情報処理アプローチにおける記憶には，短期記憶と長期記憶という2つのタイプが存在する。例えば，ある店舗で980円と表示された商品があったとする。このとき，通常は1200円で販売されていたと記憶している消費者は，いつもより安いと判断するであろうし，また，他店のチラシ広告では890円であったという記憶をもつ消費者は，それを高いと感じるであろう。つまり，980円という外部情報は，長期記憶内から検索された情報と短期記憶内で比較検討された後に，どちらの店のほうが安いかといった意味付けがなされ，その情報が長期記憶に貯蔵される。

このように，店頭情報や広告メッセージに対して十分に注意が向けられることによって，広告メッセージの受容（ないしは拒否）や購買意思決定が促進される。ただし，製品ブランドの最終的な購買意思決定は，完全なる情報を入手してからというよりは，状況や情報処理能力に従って，納得すれば途中で収集を中断することを想定している。また，そうした情報処理とそのときの判断は長期記憶に残り，それがまた将来の情報処理にも活かされることになる。

さらに，製品に関する知識もブランド選択に影響することが明らかになっている。例えば，歯磨きに関する知識構造として，メーカー名がピラミッド型の製品知識階層の最上位にあり，その下にそれぞれの機能（口臭予防，歯石除去，歯肉炎予防など）が位置付けられている消費者と，機能が最上位にあって，その下に各メーカーが位置付けられている消費者とがいるとする。ある企業が，自社製品としては，今までになかった機能をもつ新製品を開発するとき，もし歯磨き市場の消費者の多くが，最上位にメーカー名が来るような知識構造をもっているなら，自社間での市場の共食い現象（カニバリゼーション）が起きるかもしれない。

以上のように，消費者情報処理アプローチでは，消費者は外部から情報を取得し短期記憶に保持すると，必要に応じて長期記憶から情報を引き出して，判断の材料にすると想定されている。また，短期記憶にある情報を反復したり，解釈し意味付けを行ったりすることによって，その記憶を知識として長期記憶内に保持したりすることもできる。したがって，消費者情報処理アプローチは，刺激－反応モデルや刺激－生体－反応モデルでは，十分に説明がなされなかった消費者の内面を具体的に説明し，意思決定における個人差についても扱うことができるという利点をもっている。しかも，このアプローチは，記憶というプロセスを明示的に取り込むことから，ブランドや製品カテゴリーの形成や価格に対する判断などについても認知心理学的な分析を行うことができるという特徴がある。

関与の役割

先の図6−1でも見たように，消費者情報処理の起動時において重要なのは，動機づけと目標階層である。そして，これらに大きな影響を及ぼすのが関与（involvement）である。消費者行動研究における関与概念の起源は，社会心理学のコミュニケーション研究で用いられてきた自我関与概念にあると言われている。例えば，自動車に関心の高い人であれば，さまざまな自動車の種類や特徴について多くの知識をもっているはずであり，このような概念を製品関与と呼ぶ。

これに対し，免許はもっているものの，自動車は所有しておらず関心もあまりない人が，地方勤務を命じられたことを機会に必要に迫られて自動車を購入しなければならないという状況を想定してみよう。自動車は金銭的にも大きな買物となるため，新車か中古車かに始まり，車種やメーカー，さらに価格に至るまで慎重な判断が求められるかもしれない。これは，包括的問題解決行動の状況と考えられ，このように購入に至るまでのプロセスに大きな関心がある場合を購買関与と呼ぶ。これらの例では，製品関与も購買関与も，ともに高関与ではあるが，情報処理開始時における動機づけと目標設定には，違いが生じるかもしれない。

消費者行動研究において，関与は消費者をその高低によって場合分けする変数として用いられることが多い。それは，着目する効果や因果関係を踏まえた仮説（あるいはモデル）において，関与レベルで消費者を2分類すると，うまく説明ができることが多いからである。つまり，関与は，消費者情報処理モデルの起点としての刺激（情報）と終点としての反応の関係に対し，それを左右する動機や目標階層に影響を及ぼす重要な変数であると考えられる。

また関与概念には，購買関与のほかにも，認知的関与，感情的関与，状況関与など，さまざまなものがあり，しかもその測定方法も定まっているとは言い難い。しかしながら，以下に説明するモデルや理論にもあるように，関与は消費者の情報処理の違いをもたらす変数として重要な役割を担っている。

精緻化見込みモデル

製品ブランド選択において重視される情報は，消費者によって異なる。そして，重視される属性は，製品に対する消費者の関与レベルに依存する。ペティ（Petty）とカシオポ（Cacioppo）が提唱した精緻化見込みモデルは，製品関与の高低によって，広告などの説得的なコミュニケーションに接した消費者が，その情報を精緻化する（入念に解釈する）度合いに違いが生じるという二重過程理論に基づく考え方である。つまり，高関与の消費者ほど高い情報処理能力をもっており，一層深い情報処理が動機づけられると想定している。したがって，そうした消費者は，中心的経路の情報処理（製品であれば，品質や機能などの本質的な属性を吟味）に基づいて態度を形成していく。逆に，低関与の消費者は，周辺的経路の情報処理（友人が推奨しているとか，よく売れている商品であるといった副次的情報を活用）によって態度を形成すると考えられる。

アサエルの購買意思決定プロセスの4類型

アサエル（Assael）は，意思決定プロセスにおける関与水準（高／低）と複雑性（意思決定／習慣）によって4つの類型を示し，図6-2のような意思決定プロセスのタイプが存在することを明らかにした。

類型1（関与水準の高い意思決定）――複雑な意思決定。住宅など比較的価格が高い製品で，包括的問題解決行動に該当。

類型2（関与水準の高い習慣）――過去の満足に基づくブランドロイヤルティ。限定的問題解決行動に該当。

図 6-2 アサエルの購買意思決定の 4 類型

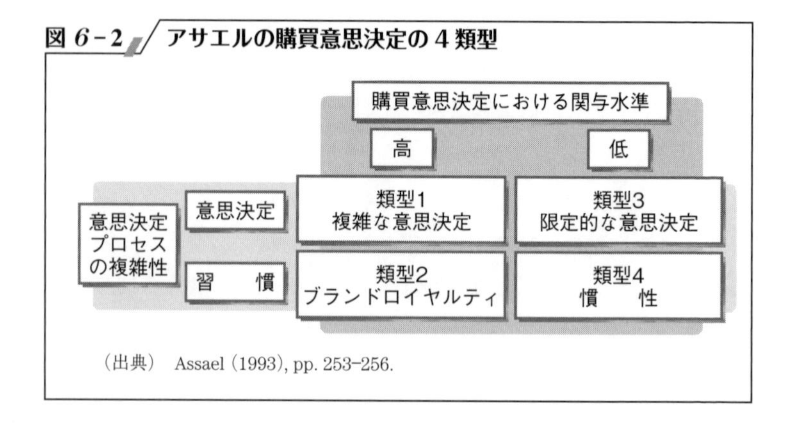

（出典） Assael (1993), pp. 253-256.

類型 3（関与水準の低い意思決定）——限定的な意思決定。これも限定的問題解決の一種だが，関与度が低いため，さまざまなブランドを試すバラエティシーキングが起こりやすい。

類型 4（関与水準の低い習慣）——慣性。一見，ブランドロイヤルティが高く見えるが，単なる惰性による定型的反応行動に該当。

なお，アサエルのモデルには，関与水準の高低と製品間の知覚差異の大小で 4 類型したものもある。

3 ブランド選択と感情

意思決定方略

考慮集合内にある代替案を評価し，それらの中から 1 つの製品ブランドを選ぶ際に，具体的に評価や選択がどのようなルールのもとで行われるのかは，意思決定方略の問題である。ただ，消費者には情報処理能力の限界があるため，何らかの簡略化された手がかりや独自の選択ルールが用いられる。つまり，過剰な情報によって情報処理が追いつかない情報過負荷の状態では，精緻な情報処理を行うことが難しくなるため，簡素化された選択ルールを用いて意思決定を行う可能性が高くなる。先のベットマンの情報処理モデルで言えば，そうした方略は長期記憶に貯蔵されており，適宜，短期記憶に呼び戻されて選択代替案の情報処理がなされる。

この簡略化されたルールは，ヒューリスティクスと呼ばれるが，それには補償型ルールと非補償型ルールが存在している。補償型ルールとは，ある製品属性の欠点を別の属性の長所で補えるという考え方で，第4章で詳しく説明した多属性態度モデルは，各属性に対する評価の合計，ないしは各属性評価に重み付けをして合計したものとして態度が決まるという意味で補償型ルールに分類される。しかし，考慮集合内の全ブランドの製品属性1つひとつを丹念に調べて，総合的に評価するというこの方略は，消費者にとって情報処理負荷がきわめて高く，必ずしも現実的ではないのかもしれない。

これに対し，ある製品属性の評価を別の製品属性の評価で補うことがないというルールが非補償型ルールであり，これは，上述の多属性態度モデルや包括的問題解決行動が想定していたような十分な情報収集が行われない状況下でも，ブランド選択が比較的容易にできるという意味で現実的と言える。非補償型のルールとしては，次のようなものがある。

(1)　連結型ルール

製品属性について何らかの必要条件を設定し，それを満たさない属性がある場合には，その製品の購入を行わないというルールである。例えば，ノートパソコンの購入に10万円という予算制約がある場合，考慮集合にある製品ブランドのうち，それを満たさないものは，他の属性がどれだけ優れていても購入しないことになる。ただし，考慮集合を決める過程で，すでに10万円以下という連結型ルールが適応されていた可能性もある。いずれにしても，このルールだけで，1つに絞り込めないケースでは，他のルールを併用して選択を行うことになる。

(2) 分離型ルール

製品属性について1つでも十分条件を満たす属性があると，その他の属性の評価に関係なく，その製品ブランドを選択するというルールである。例えば，ノートパソコンで言うなら，持ち運びを重視し，1 kg以下の機種という条件を満たす製品を考慮集合内から選んで購入するというケースが当てはまる。つまり，持ち運びに便利な1 kg以下のノートパソコンが欲しいと考える消費者が，他の属性についてはたとえ希望の条件を満たしていないとしても，それを購入するという場合である。

(3) 辞書編纂型ルール

最も重要な属性について最も優れているブランドを選び，もし複数のブランドがその属性について同程度であれば，次に重要な属性で代替案を比較していき，最終的に1つに絞り込めるまで逐次比較していくというルールである。この名称は，辞書では重要な意味から記載されているということにちなんでいる。ノートパソコンで言えば，価格を重視する消費者がまず一番価格の安いブランドを選択し，もし同じ価格のものが複数あれば，次に重視する重さの点で軽い機種を選ぶというようなケースである。

(4) 逐次削除型ルール

複数の属性について必要条件を設定し，条件を満たさない製品を逐次削除していくというルールである。有名メーカーかどうか，価格は10万円以下，さらにはCPUやメモリに関する基準も同様に定め，基準にはずれた製品を順次除外しながら候補となるパソコンを絞り込んでいくというケースが該当する。

(5) 感情依存型ルール

これは，製品属性の評価は行わず，記憶の中の製品イメージから，好き・嫌いで選ぶというルールである。過去の利用経験から好感度が高い，親友が持っている，好みのタレントがテレビで宣伝している，などといった主観的理由でパソコンを直感的に選ぶケースが該当する。

■ 感情の位置付け

消費者情報処理アプローチでは，人をコンピュータに喩(たと)え，ハードディスクとしての長期記憶，メモリとしての短期記憶，それにCPUとしての個々人の情報処理能力などによって意思決定がなされるという，きわめて理性的な人間像を描いている。とはいえ，コンピュータが感情をもつことができないように，情報処理モデルで人の感情を扱うことは難しいとされてきた。しかしながら，心理学の分野では，認知と感情の関係性に着目する研究も多く生まれてきている。また，第4章で論じた態度概念についても，認知的成分，行動的成分に加えて，感情的成分もその構成要素として扱うという考え方もあり，そこでは，製品ブランドに対する消費者の態度は，良い悪い，購入意図の有無，好き嫌いという3次元で捉えられる。

消費者にとって，感情や気分といった心理状態が，ブランド選択や顧客満足に及ぼす影響も無視できない。高級自動車の販売店では，ゴージャスで落ち着いた雰囲気の中で，まさにVIP待遇の商談が行われる。他方，気分が落ち込んでいる消費者は，気晴らしに買物をしたり，衝動買いをしたりすることもある。

さらに，実務的示唆を目的に，前述の関与との関係で感情面についても組み込んだFCBグリッドと呼ばれる枠組みが存在している。これは，アメリカの広告代理店のFCB社によって提案されたコミュニケーション戦略モデルのことで，関与の高低，および思考型か感情型かという製品タイプの違いによって，2×2の4タイプの製品に分けて，望ましいコミュニケーション戦略を提案している。具体的には，類型1：高関与で思考型の製品では，情報提示が必要，類型2：低関与で思考型の製品では，習慣形成が重要，類型3：高関与で感情型の製品には，イメージの訴求が有効，類型4：低関与で感情型の製品には，欲求充足のアピールが求められる，といった指摘がなされている。

理性消費と感性消費

理性消費とは，品質や性能が良い（または悪い）という基準で製品やサービスを選択・消費することを意味する。その判断基準は，品質の良し悪しに加え，経済性や社会規範といった理性的で客観的な要素が中心となっている。これに対し，感性消費とは，好き（ないしは嫌い）といった感覚や気分を基準にして選択・消費を行うことである。その判断基準は，好き嫌いのほかにも，楽しい，美しい，おもしろい，心地よいといった感情的で主観的なものとなる。衣料品で喩えるなら，実用性の高い作業着などは，動きやすいか，価格の割に丈夫で長持ちするかといった客観的な品質水準を考慮して購入が検討されるが，ファッション性の高い洋服の場合，おしゃれなデザインか，流行のスタイルか，好みの風合いかといった主観的基準に基づいて製品選択がなされるであろう。

どちらのタイプの消費であれ，先のベットマンの情報処理モデルにあてはめるなら，何らかの情報に接した消費者は，購買経験や使用経験にまつわる情報についても長期記憶から検索するなどして，製品ブランド選択を行うはずである。そして，その際に依拠する動機づけや目標階層に対して，上述の判断基準（客観的ないしは主観的）が大きな影響をもつことになる。

現代の日本は，物質的な豊かさと消費の多様化が強まるにつれて，機能性や丈夫さを選択基準として消費するスタイルから，個人の感覚や気分を選択基準として消費するというスタイルへと移行してきた。特に，衣料品分野においては，ファッションに対する顧客の嗜好性が強いため，製品間で品質や機能にほとんど差異がなくても，個別製品間の需要に大きな違いが生じることが多く，需要予測や小ロット生産が重要視されてきている。

消費者情報処理アプローチは，消費者行動研究の中核的なアプローチとしてその守備範囲を広げつつあり，実務的示唆の点でも大いに貢献している。なお，感性消費に似た言葉として，快楽的消費がある。これは，芸術やスポーツの鑑賞，ファッション，ゲーム，ウインドーショッピングなどのように快楽を伴った消費体験のことであり，その研究にあたっては，第10章で述べる定性的な解釈的アプローチが採用されることが多い。このように，消費者行動研究は，物財の購買行動のみならず経験や体験という時間消費にもその対象を拡張しつつある。

4 消費者行動に関するさまざまな説明理論

上に述べた消費者情報処理アプローチでは，知覚から購買意思決定に至る心理プロセス内の情報処理行動について説明を行ったが，情報処理や認知フレームをベースにした消費者行動の説明理論はほかにもいろいろある。これらは，伝統的な経済学のように合理的で効率的な選択を行う存在として消費者を認識するという視点では，現実の非合理的で多様な消費者行動をうまく説明できないと考えている点で共通している。現実の消費者は，「経済人」の想定とは違った非合理的な行動を取ることが多いため，人々の実際の行動の中に何らかの規則性を見いだし，別の理論的枠組みを用いて説明しようとしているのである。以下では，行動経済学や心理学を踏まえた比較的新しい消費者行動の説明理論をいくつか紹介する。

プロスペクト理論

客観的には同じような条件であっても，判断すべき問題に対する焦点の当て方（すなわち，決定フレーム）によって，人は違った意思決定を行うことがあり，これをフレーミング効果と呼ぶ。プロスペクト理論は，このフレーミング効果の一例を説明した理論と言えるもので，1979年に行動経済学者であるカーネマン（Kahneman）とトベルスキー（Tversky）によって提唱された。それによれば，人は与えられた情報をもとに期待値（事象の発生確率）を計算して合理的判断を行うと思われがちであるが，実際には，その期待値は状況や条件によって歪められてしまうことがある。つまり，利益や損失の可能性に関して不確実な状況下で意思決定を行うと，利益や損失の見込み（prospect）によって，期待値としての価値が歪められてしまうというのである。具体的には，人間は利得よりも損失に焦点が当てられると，それをより重く受け止めてしまうという損失回避性が指摘されている。

制御焦点理論

プロスペクト理論に類似したものとして，社会心理学や教育心理学などの分野で発展してきた制御焦点理論（regulatory focus theory）がある。そもそも動機と目標達成の関係について言えば，従来より人間は快楽を求め，苦痛（不快）を避けるという「快楽原則」が基本原理とされてきた。これに対し，コロンビア大学の心理学者ヒギンズ（Higgins）は，目標に対して個々人が抱く焦点の状態として促進焦点と予防焦点の2つが存在すると考え，制御焦点理論を提唱した。

ここで，促進焦点を採用する人は，利得を得ることが「快」で，利得が得られないことは「不快」と感じるのに対し，予防焦点を採用する人は，損失を回避することが「快」で，損失を生じさせてしまうことは「不快」と考える。したがって，すべての場合で快楽が優先するという快楽原理とは異なり，制御焦点の違いによって異なる快・不快の状態が存在するという主張がなされたのである。

これを企業の立場で捉えるなら，消費者が促進焦点と予防焦点のいずれを採用するかということによって，快・不快の認知が異なるので，それぞれに合った戦略を立案することが求められる。化粧品の例で考えるなら，促進焦点を採用する消費者は，さわやかな香りで一日を活動的に過ごせることを訴求するデオドラントスプレーの広告を好み，予防焦点の人は，汗の嫌な臭いを防ぐことで周囲に不快感を与えないと訴求する広告を好むはずである。したがって，制御焦点という目標とそれを追求する手段（広告で取り上げる製品属性や訴求方法）が適合することがマーケティング上で重要となる。このように，制御焦点理論は，消費者情報処理メカニズムの解明に有用であると期待されており，広告における説得的コミュニケーション研究などに多く援用されている。

解釈レベル理論

社会心理学において発展してきた解釈レベル理論（construal level theory）は，1990年代後半以降，消費者行動研究に大きな影響を与え，2007年にはアメリカの消費者心理学会誌で特集が組まれるほどの存在となった。トロープ（Trope）とリバーマン（Liberman）に代表される解釈レベル理論によれば，時間，空間，社会的距離といったことへの心理的距離が遠い場合，人は高次の解釈レベルを用いるが，心理的距離が近い場合には低次の解釈レベルを用いるとされている。ここで高次の解釈とは，物事について本質的，抽象的，構造的，脱文脈依存的にものを考えることを意味している。つまり，why（なぜ）という質問に関わるものであるのに対して，低次の解釈とは，副次的，具体的，非構造的，文脈依存的に考えるため，how（どのように）の質問に関わるものとされている。

したがって，製品・サービスの購買で言うなら，心理的距離が遠い場合には，本質的な機能で優れていることが，反対に心理的距離が近い場合には，使いやすさや入手容易性といった副次的要素が，それぞれ重要視される傾向にある。これを企業の立場で考えるなら，自動車や進学塾の選択など，ある程度，大きな買物において，購入や利用をかなり先の問題と考えている見込み顧客の問い合わせには，本質的機能やサービスの質の高さを伝え，契約までの期間が短い見込み顧客には，新規契約キャンペーンや価格などの具体的な問題に関する情報提供が望ましいと判断できる。また，将来に備えて来年から英会話学校に通おうと考えていた大学3年生が，4年生になると就職活動や卒業論文執筆といった目の前の目標に追われて，英会話学校への入会をあきらめてしまうというような選好の逆転現象は，この解釈レベル理論でうまく説明できる。

なお，解釈レベルで言う心理的距離は，対象に対する距離であるため，前述の関与にも似た概念と考えられる。精緻化見込みモデルが対象への関与レベルの違いによって，その後の情報処理が異なってくることを説明した点でも共通点が多い。

ナッジ理論

ナッジ理論は，2017年にノーベル経済学賞を受賞したアメリカのセイラー（Thaler）とサンスティーン（Sunstein）によって提唱されたものである。そもそもナッジ（nudge）とは，「注意を引くために肘で軽く突く」という意味をもっている。ナッジ理論は，伝統的な経済学では非合理的とされるような行動を扱う行動経済学に属する考え方で，ナッジという小さなきっかけを与えることで，消費者の態度を変えることなく，こちらが期待する行動を促すことができるという点でユニークである。

ナッジには，さまざまなものがあるが，例えば，デフォルト（初期設定）といって，通信サービスの契約書で，あるオプションについて「入会後1カ月間無料キャンペーン」というチェック欄にあらかじめチェック（✓）が入っていると，何もチェックが入っていない契約書を提示した場合に比べて，当初のオプションの加入率のみならずその後の継続率も高くなるという。また，スーパーマーケットやコンビニのレジ前に足跡を模したシールが貼られていると，来店客は整然とそれに従って並ぶといったことがある。

通常の意思決定プロセスでは，広告などの情報が行動対象（入会や入会後の継続）への好意的態度を生み出し，それが行動に繋がるというステップを経るが，ナッジを活用したケースでは，ナッジという刺激（契約書にあらかじめチェックが入っている）が，行動対象（通信サービスのオプション）に対する態度とは無関係に，期待される行動（加入および継続）を生み出す。ナッジの応用例は，枚挙にいとまがなく，企業や行政がそれを援用する場合の戦術はいくらでも考案できる。ナッジ理論に基づくと，行動対象に対する消費者の態度形成とは無縁なところで行動を促してしまうため，ナッジを活用する企業などにおいては，後々に顧客不満が発生しないようなナッジを考案することが求められる。

演習問題

① あなた自身にとっての関与の高さが異なる製品をいくつか取り上げて，関与が高くなるほど，長期記憶がどのように使われているかを考えてみよう。

② あなた自身がある製品購買で複数の製品候補を比較した経験を1つ取り上げて，その評価において，どのようなヒューリスティクスを用いたのかを考えてみよう。

EXERCISES

COLUMN 4　価格知識と参照価格の関係

ある商品を見たとき，その価格が安いかどうかを判断する局面では，消費者は何らかの価格と比較して判断するが，その比較対象となる価格のことを参照価格と呼ぶ。もし商品の価格が以前購入したときの価格と比べて高いと感じて購入をやめたとすれば，参照価格は記憶内（つまり内部情報）の価格ということになり，これが大きな役割を果たしたことになる。また，記憶内に比較可能な価格情報がなければ，新たに外部情報探索を行い，例えば，店舗内で並記して表示される通常価格やインターネットで検索した最安値価格などを参照価格とするはずである。ただし，家電製品などでは，旧モデルを通常価格の半額や80％引きなどで販売すると，新モデルの価格に対して消費者が懐疑的になるため，通常価格と販売価格を並記して割安感を出すのではなく，通常価格を設定しないオープン価格表示とするケースが増えてきている。

また，画期的な新製品が発売された場合，消費者はその価格が適当かどうか判断するために，記憶内にある類似した製品の価格と比較する場合がある。ミートローフという新製品が肉売場に並んだ際に，ソーセージの隣に置くと割高に見えて売れ行きも悪かったのに，ハムの隣に並べ替えたところ割安に見えて売上が上がったという話もあり，消費者がどのような価格情報を参照価格とするかは，マーケターにとって重要な着眼点と言えるだろう。

第7章

消費者行動の個人差を考える

1 消費者行動における個人差
2 デモグラフィック要因
3 サイコグラフィック要因
4 社会的要因
5 マーケティング意思決定への影響

1 消費者行動における個人差

個人差のもつ意味

企業はマーケティング活動によって消費者の購買を促そうとする。優れた機能・品質，手ごろな価格，店頭での販促活動，魅力的な広告メッセージなどが決め手になって消費者が購入に至ることは多い。この点から言えば，消費者行動は，企業のマーケティング戦略によって影響を受けている。しかし，企業が同じマーケティング活動を行ったとしても，個々の消費者によって，その反応はさまざまである。このことは，消費者行動について個人差が大きく，消費者によって異なる行動が取られることを意味している。第3章で述べた消費者意思決定プロセスのモデルでは，その基礎的で平均的な傾向を説明することはできても，個々の消費者行動における違いまでも細かく説明することは難しい。

ただ，だからといって個人差による影響は説明できないと考えてしまうのであれば，マーケティング戦略をやみくもに展開することになってしまう。基本モデルや理論に依拠しながら，そうした人々や事例をさらに集めて眺めてみると，その中に新たな規則性を見いだすことができたり，消費者行動における特定の場面や心理についての個人差をうまく説明する要因や仮説が見つかったりするかもしれない。

そして，消費者行動に影響を及ぼす要因はさまざまである。そうした要因のことをここでは，消費者行動の規定要因と呼ぶ。この章では，個人差をもたらす消費者行動の規定要因を概観したうえで，第2章で述べたマーケティング意思決定プロセス，とりわけ消費者行動を中心としたセグメンテーション，ターゲティング，ポジショニング（STP）との関係について述べてみよう。

個人差を規定する諸要因

第3章から第5章で概観したように，消費者意思決定プロセスには，購買までの意思決定段階と購買後の意思決定段階がある。ただし，第1章で述べたように，消費者行動には，多様性，不安定性，複雑性といった特徴があり，同じ消費者であっても異なる状況下では，必ずしも同じ選択や判断をするとは限らないため，消費者行動の個人差を説明する必要性が生まれてくる。

そこで，消費者行動論やマーケティング論では，以下で取り上げるような消費者のデモグラフィック要因，サイコグラフィック要因，社会的要因の各視点から消費者行動の個人差や状況差が生み出されると考える。これらの要因は，購買意思決定プロセスにおける問題認識，情報探索，代替案評価，購買決定といった各段階での行動での違いをもたらす要因として考えることができる。

個人差と状況差

消費者行動の多様性は，ここで説明する個人差に加えて，さまざまな状況要因によって生じる状況差というのもあり，状況要因を細かく捉えるのであれば，差異は無限にあるとも考えられる。同じ個人であってもTPOによって違った行動をすることは，一般的によく言われる。例えば，レギュラーコーヒーの豆にこだわり，毎朝，好みの豆を挽(ひ)いて飲む消費者でも，勤務先では冷えた缶コーヒーを好んで飲むかもしれない。また，一人で食べる昼食では，牛丼店やラーメン店を好んで選択する大学生でも，友人と一緒という状況ではハンバーガーショップやファミリーレストランを選ぶことが多いだろう。

では，消費者行動の個人差を考えるときに，このような状況差や状況要因による影響をどのように考えればよいのだろうか。つまり，マーケティングの意思決定において，消費者行動の個人差に注目したとき，同じ個人の中での状況差をどのように考慮すべきだろうか。この問題に関してマーケティングの意思決定では，このような状況差も，ある製品カテゴリーに関する個人差の問題として考えることが多い。つまり，状況によって動機づけが変わることに基づいて個人差が生み出され，それが状況差に見えるということである。例えば，普段は質素な生活を好む人が旅行にはお金を使うという傾向を捉えたい場合，まず旅行という商品の購買者にどのような消費者属性の人がいるのかを考えるのである。そして，その購買者の中に質素な生活を好む人が含まれていることが分かれば，そのような市場層もターゲットに含めるべきかどうかという検討を行うことになるのである。

2 デモグラフィック要因

性別と年齢

デモグラフィックとは，人口統計的と訳され，その要因として人口統計で収集されるような性別，年齢，家族構成，居住地域などがある。デモグラフィック要因は，市場を細分化（セグメンテーション）する基準としてよく使われるが，なかでも，性別と年齢は，個人の差異を最も顕著に表す属性として，しばしば利用される。

例えば，男女で異なる製品の仕様，10 代の若者をターゲットにしたサービス，60 代以上の高齢男性向けの製品など，枚挙にいとまがない。これを消費者行動の側面から見ると，それだけ，男女間や年齢の違いによって，使用する製品・サービスが異なることが分かる。

また，性別や年齢は，何らかの別の要因でセグメンテーションを行った際に，各セグメントのプロフィールを描き出すために用いられることも多い。さらに，ターゲットとなる顧客層を想定する場合においても，性別や年齢は，企業にとって把握しやすく，アプローチも比較的容易である。あるコンビニエンスストア・チェーンでは，来店客の性別とおおよその年齢階層をレジで入力しているが，これは店員にとっても性別・年齢階層の認識は比較的容易であり，店舗の利用者像を把握することで，顧客ニーズに合った品揃えを実現するというメリットがあるからである。

家族構成と居住地域

家族構成は，その世帯の購買品目や買物金額と密接な関係がある。例えば，単身世帯と夫婦・子どもからなる世帯とでは，日常の買物における購買品目や飲食店の利用頻度が異なるかもしれない。スイカの切り売りや惣菜の少量パックは，単身者を狙った商品と言えるし，単身の高齢者は，平日の午前中にコーヒーショップのモーニングサービスを利用する習慣があるかもしれない。また，消費者のライフステージを考えると，単身者が結婚し，子どもが生まれ，その後，子どもたちが結婚を機に家を離れ，再び夫婦２人の世帯となり，どちらかが亡くなって最後に単身世帯となる。それらのステージにおいて利用される製品・サービスには，それぞれ特徴があるはずである。マーケターが顧客のみならず，その家族構成を把握しようとする動機は，世帯を消費単位と認識し，ライフステージに合った製品・サービスをタイムリーに提供しようと考えるからである。

さらに，そうした世帯がどのような地域に住んでいるか，つまり居住地域に関する情報もマーケターにとって有用である。特に小売企業にとって各店舗の商圏内の世帯数とその家族構成を知ることは，品揃えを考えるうえで重要である。また，来店客がどこから来ているのか，つまり実際の商圏を把握できれば，チラシ広告の配布効率も高まる。ただし，不特定多数の来店客の居住地域を知ることは，小売企業が発行するハウスカードを来店客が使用してくれない限り容易ではない。

海外のスーパーマーケットなどでは，レジでの決済時に郵便番号を尋ねられることがあるが，そうした質問を不快に思う顧客も多いはずである。日本のあるホームセンターでは，入口に大きな周辺地図が掲げられていて，来店客に虫ピンを自宅の場所に刺してもらうことによって，来店客の居住地域の把握を試みている。おもしろがって虫ピンを刺す顧客も多く，コストのかからないちょっとした工夫によって顧客に強要することなく，情報提供行動を促すことができており，これは，第6章で説明したナッジ理論に基づく方法と言える。また，ショッピングセンターやアウトレットモールなどの大型商業施設の商圏については，駐車場の車のナンバーを調べることによっておおよその商圏範囲を知ることが可能である。

学歴，職業，所得

学歴は職業選択に影響を及ぼし，職業は所得と関連すると考えられる。製品・サービスの需要は，これらの要因を反映することが多く，例えば，不動産や自動車などの高額商品は，ターゲットとする顧客層の所得の多寡や職業によって，売れ筋商品の価格帯が異なってくる。その際，金額的な壁に直面した顧客の購買意欲を少しでも高めるために，売手はローンや分割払いといった方法を提案することもある。いずれにしてもこれら3つの属性は，相互に関連性が高く，前述の性別，年齢，家族構成などとともに，ターゲットとなる顧客層のプロフィールを描くために利用されることが多い。

3 サイコグラフィック要因

パーソナリティとセルフイメージ

サイコグラフィック要因は，消費者の内面に関わる属性であり，その代表の1つが，パーソナリティである。このパーソナリティは，一般に人の性格を意味し，人々の消費性向や消費スタイルに少なからず影響をもつ。

性格特性を説明する際によく用いられるのが，アメリカの心理学者ゴールドバーグ（Goldberg）が提唱したビッグ・ファイブ・モデルである。それによれば，人間の性格は，開放性，誠実性，外向性，調和性，神経症傾向の5次元で捉えることができる。これらの次元は，もともと性格を表現する膨大な数の変数に因子分析を施すことによって抽出されたものであり，多くの研究で広く使われている。

ここで，開放性とは，新規の経験に対する積極性を意味し，誠実性は，勤勉性とも呼ばれている。外向性は，社交性や外部との関わりへの指向性を，調和性は，他者と協調的に振る舞う程度を，神経症傾向は，否定的な感情に対する敏感性を，それぞれ意味している。このようなパーソナリティは，製品・サービスの選択はもとより，広告などに対する反応にも影響するはずである。また，後述するライフスタイルにも少なからず影響していると考えられる。

セルフイメージは，しばしば自己概念とも呼ばれるサイコグラフィック要因であり，自分自身の性格や能力などをどのように認識しているのかを表し，過去の経験を踏まえて形成されるある程度堅固な認知構造を意味している。そして，人々は，店舗選択やブランド選択において，それらのイメージとセルフイメージが一致しているものを選ぶ傾向があると言われている。

ライフスタイル

ライフスタイルは，年代，パーソナリティ，価値観など，個人が所属する集団の諸要因を反映した生活パターンのことである。それは，個人的要因であると同時に，ある社会の構成員に共通する生活様式とも言える。

ライフスタイルの分析では，まず，パーソナリティや価値観などのサイコグラフィック要因に関する消費者調査データを用いて消費者の類型化を行う方法が一般的である。その代表的アプローチとして，AIO や VALS（values and lifestyles）がある。

AIO アプローチによれば，ライフスタイルは，活動（activities），関心（interests），意見（opinions）という 3 つの次元で測定される。具体的には，活動は，仕事，娯楽，交際などの質問項目によって，関心は，家庭，余暇，ファッション，食べ物などの関心の質問項目によって，さらに，意見は，仕事や自己実現などに対する意見の質問項目によって，それぞれ把握される。

また，アメリカ・カリフォルニア州にある SRI（Stanford Research Institute）インターナショナルによって開発された VALS アプローチは，AIO と同様，サイコグラフィック変数に関する質問項目を用いて測定され，得られたデータから回答者を類型化することで一般的なライフスタイル・パターンの把握が行われている。

なお，ライフスタイルに似た言葉に次の 2 つがある。第 1 に，ライフステージである。これは，幼年期，少年期，青年期，壮年期，中年期，高齢期といった人生の段階を示したものであり，それぞれの段階で典型的な生活パターンや消費行動が見られる。この概念は，世代論に通じるところがあり，前に述べたデモグラフィック要因にライフスタイルを投影させたものと考えることができる。

第 2 に，ライフコースという言葉がある。これは，人々の人生について，就学，就業，結婚，出産，子の独立，家族の介護，家族との死別などのライフイベントをきっかけに生活パターンが変化していく様子を筋道として記述的に捉えた概念である。同じ 40 歳の女性でも，結婚や出産の有無によって異なるライフコースを歩み，また，同じ 18 歳の男性でも，今後の大学への進学や就業のタイミングによってまったく異なるライフコースを歩む可能性が高い。このように，ライフスタイルやライフステージが，ある1時点における消費者の姿を描こうとするのに対し，ライフコースは，人生の時間的経過に伴って枝分かれしていくコースの中で消費者のライフスタイルを捉えようとする点が特徴的である。

4 社会的要因

家族と準拠集団

これまで述べてきたデモグラフィック要因とサイコグラフィック要因は，消費者個人やその心理にまつわる要因であったが，消費者行動は，その消費者を取り巻く他者によって左右されることも多い。そうした要因は，社会的要因と呼ばれ，やはり消費者行動の個人差を生み出している。

この社会的要因の中でも，最も身近な社会的集団は家族であり，家族は個人の消費者行動に対して一定の役割を果たしている。第1章で説明したように，家族自体は，集団行動としての消費者行動を行う主体でもあり，何らかの製品・サービスの購入に家族全員が直接関係することもあるが，他方で，ある家族メンバーが，家族内のメンバーのライフスタイル，価値観，好みなどに一定の影響を及ぼすこともある。例えば，家族で同じ食事をしているうちに子どもの食べ物の好き嫌いが親に似てしまったりすることがよくある。このような傾向は，家庭内で消費されるあらゆる生活用品やサービスにも影響する。なお，時間経過を伴うこのような学習過程は，消費者の社会化（socialization）と呼ばれている。

そして，もう1つの身近な社会的要因としては，準拠集団による影響がある。準拠集団は，消費者が所属したり，意識のうえで結び付いたりしている社会的集団のことである。日本人は同調圧力が強いとよく言われるが，自分が所属する集団の価値観や行動が，消費者の行動に影響を及ぼすことを意味している。これは，若者のファッションセンスや好まれるブランドが，所属する学校やサークルなどの集団の影響を受けるといった現象に繋がる。準拠集団の影響は，必ずしも実際に所属していなくても，応援するスポーツチームのユニフォームや帽子を着用するといったことにも表れる。

社会階層と文化

個人行動としての消費者行動は，上で述べた身近な家族や準拠集団だけでなく，より広い範囲の社会的・文化的背景によっても影響される。まず，社会的背景については，その消費者が属している社会階層からの影響が考えられる。

社会階層とは，所得，職業，教育水準，家柄などに基づいて個人を階層的に分類したものであり，社会階層が消費者行動の個人差を規定するとすれば，こうした社会階層間での消費者行動の違いとして理解されることになる。なお，高度経済成長を経験した日本の社会では，一億総中流社会という言葉に象徴されるように，欧米に比べて社会階層の違いを意識する国民は相対的に少ないと考えられてきた。

しかし，アメリカなどでは，社会階層に関する自己認識も比較的強く，また，利用する小売店などにもそうした階層の違いが表れている。例えば，同じ百貨店という小売形態であっても，上流層の消費者が利用する店舗と，中流層が利用する店舗が異なったりすることも多く，また，身に付ける装飾品やブランドにも社会階層の違いが表れるとされている。

そして，文化的背景の違いについては，典型的には，国や民族などの違いによって捉えられることが多い。すなわち，ナイフやフォークを使う文化圏もあれば，箸(はし)を使う文化圏もある。文化の違いによって食べるもの食べないものが異なるという場合もある。フランスではカタツムリやカエルを食べるが，日本ではあまり食べることはない。他方，フランス人を家に招いて，朝食に，生卵，納豆，海苔を出したらどうだろうか。反対に，そのフランスでも，日本の寿司やラーメンを好む人々が出てきているように，グローバリゼーションの進展によって，文化の壁を乗り越える社会になってきている。

ただし，このような文化的背景による消費者行動の違いは，個人差という観点では，異なる国や民族の間での個人差として説明されることになる。このような国や民族による消費者行動の異質性という課題は，企業が海外の市場を開拓しようとする場合に直面することになるため，第 15 章において消費者行動のグローバル化として詳しく説明することにする。

社会からの影響様式

これまで説明したように，家族や準拠集団，それに社会的・文化的背景の影響を受け，消費者行動の個人差という現象が生まれてくると考えることができる。ここでは，消費者が外部からどのように影響を受けるのかについて考えてみよう。

まず，影響の受け方として考えられるのは，会話に基づく対人コミュニケーションであり，消費者行動に影響を与えるような商品や企業に関する対人コミュニケーションのことをクチコミと呼ぶ。このクチコミには，以前からあるような会話として行われるものに加えて，第 13 章で説明する e クチコミがある。そして従来のクチコミは，リアルなクチコミと呼ばれることもある。このリアルなクチコミは，家族や友人など，情報の入手範囲は狭いが，その分，その情報の信頼性は比較的高いと考えられる。これに対し，e クチコミは，情報源の範囲が SNS で繋がっている友人・知人から不特定多数までと広範囲である。そのため，情報の信頼性に対する懸念，例えば，フェイクニュースかどうかという心配も発生する。他方で，オンライン店舗内のレビュー情報は，件数の多さによって，ある程度，情報の信頼性を担保することができる。このようなｅクチコミの特徴については，第13章で詳しく検討することにしたい。

そして，たとえ消費者はこのような言語情報がなくても，観察や経験の共有を通じて，他人の行動の影響を受けることもよくある。例えば，準拠集団に属する誰かのファッションや街で流行している商品を見て，参考にしたり，取り入れたりするのである。つまり，このような準拠集団の影響は，自分がその集団と同化するという形で発現すると解釈できる。

5 マーケティング意思決定への影響

企業にとっての消費者行動の個人差

消費者行動の個人差を規定する要因に関するデータは，顧客ニーズの差異やマーケティング戦略への反応の違いを把握するうえで重要となる。とはいえ，個人差を示すデータはいろいろある。例えば，銀行の口座番号も個人差を示すデータではあるが，それが奇数か偶数かで消費者を２つに分類したとしても，何らかの製品・サービスへのニーズの違いを表すことにはならない。これに対し，性別という個人差は，ある化粧品へのニーズの違いを説明する際に基本的な変数となるであろう。ただし，たとえそれが消費者行動の規定要因と一般的に言われるものであっても，そうした変数群の中から，当該のマーケティング意思決定に関して本当に有用なものだけを選別することが重要である。

では，どのような要因に注目して，消費者行動の特徴を捉え，マーケティング意思決定において，どのように活用すべきであろうか。それについては，第２章で述べたSTP（セグメンテーション，ターゲティング，ポジショニング）の意思決定問題が深く関わることになる。

セグメンテーションへの展開

STP のうちのセグメンテーションにおいては，消費者行動の個人差を規定する要因が，市場を分類する際の変数としてよく用いられる。これは，企業のマーケティング活動に対して，ある消費者層が似たような反応をすることに起因する。詳しく言えば，消費者行動の規定要因が分類変数として有効であるためには，次の 3 つのことが必要になる。すなわち，第 1 に，類型化された各グループ内の消費者ニーズが同質的であること，第 2 に，グループが異なる消費者同士のニーズは異質的であること，第 3 に，同一グループ内の消費者は，同じマーケティング刺激（例えば，価格や広告など）に対して同様に反応することである。

これら 3 つの条件を満たすようにセグメンテーションの分類変数となる消費者行動の規定要因を選択し，細分化された市場に合わせたマーケティング活動を展開することができれば，消費者行動の個人差に配慮しつつ，1 人ひとりへの個別対応に伴う不効率さという問題を克服できる可能性が高まる。

言い換えれば，セグメンテーションで分類する消費者グループの数というのは，理論的には，1 から消費者全体の人数までの分類が可能である。1（最小値）は，分類をしないということであるため，それはマス・マーケティングを意味し，消費者全体の人数（最大値）までということであれば，一人ひとりへの個別対応，すなわち，ワントゥワン・マーケティングを意味することになる。市場細分化戦略は，その中間のどこかにグループ数を定めて消費者分類を行い，そこから選別した 1 つないしは複数の市場セグメントでマーケティング活動を行うことを意味している。

そして，分類の方法としては，次の 2 つの方法が考えられる。第 1 に，先験的（アプリオリ）方式と呼ばれるものがある。これはあらかじめ定めた分類変数を用いて行うもので，例えば，化粧品で言えば，性別で市場を細分化したり，自動車では，寒冷地に居住する消費者かどうかで市場を細分化したりすることである。これらは，製品を開発するときから，特定の市場セグメントが考慮される。第2に，クラスター・セグメンテーションという方式があり，これはある製品市場の消費者の違いを説明すると考えられる複数の変数をクラスター分析にかけて，統計的に分類するという方法である。

さらに，いずれの方式においても，分類のために用いた変数とは別に，プロフィール変数を用意することによって，各グループの特徴を明らかにすることができる。例えば，パソコンの市場を学生層，社会人層，高齢者層などで分類し，それぞれの市場セグメントについて，利用目的（学習，ビジネス，ゲーム，文書作成，通信，情報収集など），所有率，価格意識，媒体接触率，過去の購入場所，性別，年齢などのプロフィール変数についてグループの平均や人数比率を算出することで，各市場セグメントに属する消費者の特徴を具体的に明らかにすることができる。このような分析は，これまで捉えていなかった新しい市場層を発見し，その新しい利用者像を掘り下げるためにも有用である。

ターゲティングとポジショニングへの展開

次のターゲティングでは，これまで説明したような消費者行動の規定要因を用いて市場を分類し，それらの市場セグメントの特徴を把握したうえで，そこからどの市場を選ぶのかという意思決定を行うことになる。このとき企業は，販売規模，成長性，収益性，リスクの低さなどの基準に基づき，各市場セグメントを分析・評価することになる。

ただし，魅力ある市場であっても，企業がその市場セグメントに適切にアクセスできなければ，この市場を開拓することはできないので，こうした市場要因だけではなく，あわせて企業における内部資源からの制約も考える必要がある。具体的には，資金，研究開発能力，生産能力，チャネル，広告能力などを考慮することになる。これは，企業としての経営資源の視点から，消費者に対応できる能力が備わっているかどうかを考えるものである。なお，この市場セグメントの選択における企業の内部資源の制約については，競合企業に対する優位性を構築できるかどうかも考慮に入れておく必要がある。この問題を考えるためには，後で述べるポジショニングの考え方が必要になってくる。

さらに，このターゲティングにおいては，複数の市場セグメントを捉えるかどうかという意思決定も行われる。この意思決定に関しては，複数の市場セグメントを選択して，市場を包括的に捉えようとする戦略は，分化型マーケティング戦略と呼び，1つの市場セグメントを選択して，そこに経営資源を集中させる戦略は，集中型マーケティング戦略と言う。

そして，このターゲティングに続いて，競合企業に対して競争優位を確保するためのポジショニングが行われる。ただし，競争を考慮するとは言っても，競合製品のポジションを避け，受動的にそれと重ならないポジションに位置付けるという意味ではなく，あくまでも能動的に顧客の支持が得られる差別的なポジションを探ることが重要であり，ポジショニングは，それを実現していくための手段と考えることができる。

第2章で説明したように，消費者の知覚マップにおける位置関係から自社製品が狙うポジションを考えるという方法がよく用いられる。知覚マップにおいて，製品属性は2次元のマップの縦横の軸にそれぞれ用いられ，それらは売手側がコントロールできる要因で，しかも消費者の選択を左右する重要なものである必要がある。また，知覚マップの軸には，デモグラフィック要因などの消費者行動の規定要因が用いられることはないが，男女別ないしは年代別などの形で知覚マップを作成することによって，自社が狙うポジションを顧客層ごとに示すことも有効であろう。このように，ポジショニングでは，競争的地位の探索が目的であったとしても，自社製品の価値や特性を顧客の頭の中に位置付けることになるため，その基礎として消費者行動の分析が重要な役割を担っている。

演習問題

① 消費者のデモグラフィック要因に基づくターゲティングで成功したと思われる製品を1つ取り上げて，その製品のマーケティング活動がどのように効果的であったかを考えてみよう。

② あなた自身の購買行動に影響を与えていると思われる準拠集団について考えてみよう。

EXERCISES

第8章

消費者行動のマクロ的変化

1 マクロ現象としての消費

消費者行動のミクロとマクロ

消費者行動のミクロの視点は個人の消費者行動を捉えるものであるのに対し，マクロの視点は多数の消費者の行動を集合的に捉えるものである。一般的なマーケティング論では，個人や家計レベルの消費者を対象としたミクロ的な消費者行動が重要視されるが，その一方で，国や民族などの集団や一般的な消費者を指すマクロの視点も存在する。

ここで，消費者行動と消費行動との概念上の違いに触れておこう。消費者行動は，これまで述べてきたように，購買前の意思決定に始まり，購買後の消費・廃棄に至るまでのプロセスを認識の対象としている。そこでは，1人の消費者の意思決定プロセスを想定していることが多く，それはミクロ的な視点と言える。これに対し，消費行動は，購買およびその後の消費を認識の対象としており，以下の議論のように，マクロ的視点に基づいて把握可能である。

近年の消費行動の変化は，量的な変化と質的な変化とに分けて考えることができる。まず，量的な変化は，総需要の変化と言い換えられる。マクロ経済学では，個人ないし家計は，企業が生産した製品・サービスを消費する経済主体であり，GDP（国内総生産）の大きな部分を占めている。そのため，消費を喚起することは，産業の発展や景気循環に寄与するとされている。

総務省統計局の発表によれば，2022年の日本の総人口は約1億2495万人であり，ピークとなった2008年の1億2808万人から大幅に減少している。しかし，IMF（国際通貨基金）が推計した2022年の名目GDPは，556兆7024億円であり，2008年の527兆8238億円に比べて増加している。また，経済産業省発表の2021年の小売業販売額は，150兆4620億円であり，やはり2008年の135兆4770億円と比べて増加している。このように人口減少にもかかわらず，国全体の消費は，必ずしも減少しているわけではない。その理由としては，人口減少によって世帯数や世帯人数は減少するものの，女性の就業機会の増加により1人当たりの所得が上昇傾向にあること，技術進歩による生産性の向上，外国人観光客や外国人労働者による需要の増加などが考えられる。

次に，消費行動は質的にも変化している。それは，少子高齢化という人口動態と深い関係にある。少子化が進むと，子どもの絶対数は減少し，それに伴う消費も減衰するはずである。しかし，世帯当たりの子ども数の減少は，子ども1人当たりにかけることのできる教育費を増加させる。また，豊かな高齢者の中には，孫に向けた消費や経済支援を行う者も多い。他方で，高齢者について言えば，人口全体に占めるその割合は増えている。厚生労働省が発表する「簡易生命表（令和3年）」によると，2021年の日本人の平均寿命は男性が81.47歳，女性が87.57歳で，過去最高を更新した。1990年には，男性が75.92歳，女性が81.9歳であったことから，それぞれ6歳ほど伸びたことになり，最近では人生100年時代とも言われている。医療・介護費用，健康維持・増進関連費用，旅行・レジャー・余暇関連費用，高齢者向け住宅や介護施設費用が，消費増となって表れてくる。このように若年層の減少と高齢者の増加は，消費量的には若干の増加をもたらすだけであるが，質的にはその内容が大きく変わりつつある。また，消費の質的側面は，後述する消費文化論の視点からもさまざまな指摘が可能である。

消費意欲とその測定指標

消費行動を量的ないしは質的に左右する大きな要素は，消費や購買に対する意欲である。消費意欲を測るマクロ的な指標として消費者信頼感指数（consumer confidence index）や消費者態度指数が有名である。これらは，消費者センチメント（consumer sentiment）や消費者マインドとも呼ばれ，一般的に個人消費やGDPとの相関性が高く，消費の先行きを占ううえで重要な指標とされており，企業，シンクタンク，投資家，政府など，さまざまな組織や機関で用いられてきた。

消費者信頼感指数は，アメリカの民間経済研究所である全米産業審議委員会（The Conference Board）が現在の景気・雇用情勢や6カ月後の景気・雇用情勢・家計所得の見通しについて毎月発表するもので，5000世帯の消費者に対して現状や半年後の景況感についてアンケートを実施し，1985年を100とする指数で公表している。同様の指標として，ミシガン大学が毎月公表する消費者センチメント指数がある。これも，アメリカの消費者マインドを表す経済指標で，ミシガン大学のサーベイ・リサーチセンターが300〜500人に対して行うアンケート調査結果を，1966年を100として指数化したものである。

一方，日本では，1977年に経済企画庁（当時）が初めて算出し，以降，内閣府が消費動向調査の一環として毎月発表している消費者態度指数がある。消費者態度指数は，将来の消費者の意欲や心理状況を示す指標であり，この指数が高いほど，消費者の消費意欲が強いことを表している。指数50は消費の判断の境目であり，50を超えれば消費意欲が高まり，50を下回ればそれが低下していることを示している。具体的には，「暮らし向き」「収入の増え方」「雇用環境」「耐久消費財の買い時判断」「資産価値」の5項目に関し，今後半年間の見通しを「良くなる（1点）」「やや良くなる（0.75点）」「変わらない（0.5点）」「やや悪くなる（0.25点）」「悪くなる（0点）」の5段階評価で回答してもらい，それらに基づいて指数を算出している。全回答者が「良くなる」と回答すれば指数は100になり，全員が

「悪くなる」と回答すれば0になる。また，全員が「変わらない」と回答すれば指数は50となるように設計されている。この消費者態度指数も消費や景気の先行指標とされ，2001年からは政府の景気動向指数の先行指標に採用されている。

消費の先行きの見通しは，第2章で述べたマーケティングの基本プロセス（R－STP－MM－I－C）のR（分析）において重要な情報となる。それゆえ，定期的に発表される経済指標を常に監視するとともに，新規市場への参入のタイミングや既存市場におけるマーケティング・プログラムの修正にそれらを役立てることが重要である。

マクロ的消費者行動の諸側面

マクロ的な消費者行動は，個人としての行動を捉えるのではなく，複数の消費者による集合行動を全体として捉えるという考え方に基づいている。例えば，家族は複数の人間から構成されているが，意思決定単位としては1つと考えられるため，1世帯の家計をマクロ的な消費者行動としては捉えない。つまり，マクロ的な消費者行動とは，個々の意思決定主体としての消費者が多数集まった集合，あるいは，その集合における消費者一般の行動を指す概念である。そこで問題となるのは，着目した消費者集団が特異な性質を有したり，一定の行動傾向を示したりする場合である。

消費者は，一定の時空間の中で，ある程度，同様の価値観をもち，似かよった行動を取ると考えられる。例えば，高度経済成長期以降の日本では，消費価値観の変化に伴って消費多様化が進むとともに，最近ではコト消費が進展している。また，消費者の集合行動として，流行現象やブーム現象が時おり発生するが，それは，後述するように消費者間のインタラクションやコミュニケーションによって引き起こされる。

さらに，マクロ的消費者行動は，地域や民族に特有な消費文化を形成する。消費を単に個人の需要として量的に捉えるのではなく，文化，価値観，社会的構造などとの関連で理解しようとする消費文化論においては，消費を社会構造や文化との相互作用プロセスと認識することから，例えば，若者文化における消費動向が商業集積や地域の経済発展に及ぼす影響を分析することができる。

2 消費価値観と消費多様性の変化

消費に対する価値観の変化

消費行動は，消費者が本来もっている価値観を反映しやすい。価値観は多元的であり，人によって重視する次元も異なるはずであるが，ここでは，消費者意識の根本にある価値観の次元を3つ取り上げ，その変化について考える。

第1に，消費そのものに対する価値観として，それ自体が美徳であるのか，それとも浪費と考えるのかという次元である。浪費と考える人々は，質素さや倹約を重んじ必要最小限のものだけを購入し，無駄遣いを避けることを良しとする。多くの場合，物質的な豊かさよりも心の充足や人間関係を重要視する傾向がある。これに対し，消費を美徳と考える人々は，消費をそもそも個人の自由に基づく行動と認識し，快楽や満足感を得ることを重視したり，自己表現や社会的地位を向上させたりするために消費を行う傾向がある。したがって，ローンを組んだり，クレジットカード払いを行ったりするのは，消費を美徳と考える人たちに多いと考えられる。また，この価値観は，景気の動向や所得の上昇の影響を受けやすい一方で，ライフステージや消費費目に関して，消費を美徳と考える人々の間でも異なる場合がありうる。

第2の消費価値観は，利己主義か利他主義かという次元である。利己主義の消費者は，自分の欲求やニーズを満たすことを最優先し，商品やサービスの選択においては自己の利益の最大化を図ろうとする。そのような人々は，価格，品質，機能などについて個人的なメリットを重んじる傾向がある。これに対し，利他主義の人々は他者の利益や幸福を重視する。そうした人たちは，自己の利益だけでなく，他人や社会全体の利益も考慮して行動するため，企業に対しても公正な取引や社会的責任を求めたり，第16章で述べるエシカル消費に対する意識が高かったりする。そして，サステナビリティに対する意識が高まるにつれて，利他主義の重要性は高まりつつある。

第3の消費価値観は，モノ消費とコト消費のいずれを重視するかということである。モノ消費は，高級衣料品，家電製品，家具など物理的な製品の購入・所有によって物質的な満足を得ようとする消費行動である。これに対し，コト消費では，経験やサービスの消費を好み，例えば，旅行，レストランでの会食，コンサートやイベントへの参加などの経験に価値を見いだす。日本では，多くの人々が，新たな体験や感情の共有，学び，エンターテイメントなどを選好し，そこから満足感や豊かさを追求するようになってきた。特に最近では，日々の暮らしぶりや旅行体験をスマホで写真に収め，SNSを使って発信することに喜びを感じる消費者も多い。コト消費の増加は，第3次産業における消費が伸びていることの証左であり，第5章で述べたサービス・ドミナント・ロジックが示唆するように，製造業も製品の使用価値を高めることに注力すべきことを示唆している。

以上のような価値観は，いずれも一朝一夕に形成されるものではなく，家庭や学校での教育や社会生活の中で少しずつ養われていくもので，これは消費者の社会化にほかならない。また，価値観の形成自体は個人の心の中の問題であるが，マクロ的な消費者行動の変化という意味では，社会の変化や企業が提供する製品・サービスの影響によるところも大きいはずである。

消費多様化の進展

今述べたように消費価値観は，時代の変化に伴って少しずつ変化している。消費価値観がさまざまな方向に変化すれば，その結果としての消費も多様化が進むはずである。日本は，戦後の高度経済成長を踏まえ，世界有数の経済大国になった。それは，国民が経済的に豊かになったことを示しており，その過程において消費者のニーズや購買行動は多様化してきた。田村（1989）によれば，日本の消費多様化は，次のような3つの側面から捉えることができる。

第1の側面である消費多角化は，個人の消費者内部での多様化を指し，特定品種において購入するブランドや品目の数が増加することを意味する。例えば，メガネではビジネス用，カジュアル・ファッション用，冠婚葬祭用などの複数の種類を同一人物が使い分ける傾向がある。また，コーヒーにこだわりをもつ消費者であっても，TPOに応じて，朝食にはレギュラーコーヒー，オフィスではインスタントコーヒー，運転中には缶コーヒーと多様な製品を消費するかもしれない。

第2が，消費の個性化である。これは，嗜好や選好が消費者間で異なる程度を指す。つまり，他者との違いを好む傾向を意味しており，例えば，ネクタイや旅行先などの選択において自分自身の個性やスタイルを反映させるために，独自の商品やサービスを選ぶといった現象として表れる。個性化に企業が対応するためには，市場セグメントを小さく捉え，きめの細かい製品対応をする必要が生じる。その対応には，ワントゥワン・マーケティングが理想となるが，効率性の問題でそれが採用できない場合には，量産した少数種類の部品を組み合せることによって，できる限り顧客ニーズに近づけようとするマス・カスタマイゼーションという方法も生まれている。

第3は，消費の短サイクル化であり，通時的多様化で，同一ブランドの使用期間の短縮と買い換え頻度の増加を意味する。つまり，この現象は，消費者が同じブランドや品目を使用し続ける期間の短縮化と，企業が同じ製品・サービスを提供し続ける期間の短縮（計画的陳腐化を狙った頻繁なモデルチェンジ）とによって表出される。ファストファッションやスマホなどのデジタル製品なども短いサイクルで更新され，消費者がより頻繁に新しい製品を購入する傾向が強まっている。

3 流行現象としての消費

流行現象の発生メカニズム

流行現象は，注目を集める製品・サービスやその消費行動パターンが広く社会に広まり，一定期間続くことである。一方，これと似た概念としてブーム現象があり，流行よりも広がる範囲と時間において限定的とされている。ただ，いずれの現象も，一部の先駆者や影響力のある人々によって始まり，クチコミやマスメディアなどを通じて広まると考えられる。また，最近では，消費体験や意見をSNSなどによって容易に発信・共有できるようになったため，新しいトレンドや流行が，活発な消費者間コミュニケーションによって拡散され，広まるスピードも格段に速くなっている。特にSNSの世界ではインフルエンサーの存在が広く知られており，彼・彼女らは，流行現象や顕示的消費に大きな影響をもっている。

顕示的消費とは，消費者が自己表現や社会的地位の誇示のために，高級ブランド品や高級車などを購入し，自分自身の価値を高めようとする心理現象と解釈できる。インフルエンサーが紹介したり推奨したりした製品・サービスが自己顕示欲の強い消費者の購買行動に影響を与える場合も多く，そうした商品が流行することもよくある。

グローバル化が進展する現代社会においては，ある地域の文化やヒット商品が世界的な流行に繋がることもあり，例えば，K-POP

や韓国ドラマのブームが起こった際には，化粧品や食品などの韓国製品が世界的な流行となった。そこで以下では，流行現象の伝播のメカニズムについて理論の面から考えてみよう。

トリクルダウン効果

トリクルダウン効果は，上位階級の消費行動が下位階級に影響を与えるという社会心理学の概念である。トリクルダウンは，浸透するとか流れ落ちるという意味で，この効果は上位に位置する富裕層が採用している消費パターンやトレンドが下位層に影響を与えることを意味している。例えば，富裕層が新しいライフスタイルを採用したり，特定の製品やラグジュアリーブランドを購入したりすると，やがて，中流層や貧困層にも広まっていくことがある。このようにトリクルダウン効果は，上位層の消費行動が下位層に模倣されることで，社会的な地位や成功の象徴となる製品・サービスが下位層にも普及するということを説明している。

バンドワゴン効果とスノッブ効果

次に，バンドワゴン効果とスノッブ効果は，それぞれ消費者行動に影響を与える心理的要素である。これらは，上位層から降りてきた消費パターンを下位層が採用するか，逆に，下位層に広まった消費パターンを上位層が採用するかという問題とも関わりがある。

バンドワゴン効果は，人々が他人の行動や意見に追随しようとする心理現象である。バンドワゴンは流行や大衆の中にいるという意味で，この効果は人々が主流の意見や行動に追随する傾向を表している。例えば，ある製品が社会的に人気であることを知ると，自分もそれを購入しようとすることがある。日本人は同調圧力に弱いと言われており，それは周囲の人々の保有する製品ブランドを購入したり，売れ筋や人気の商品を店員に尋ねてそれを購入したりする行為に表れている。最近ではSNSの影響も大きく，社会に同調しようとして，購入した流行の商品をSNSに掲載して自分をアピールする現象も多く見られる。

一方，スノッブ効果は，自分が特別な存在であり，多くの他者とは異なることを重視する消費者心理に基づいている。つまり，それは，他者との違いや優越性を示せるような製品・サービスを求める傾向を指している。例えば，ステータスシンボルとなるような高級品や限定品など，一般的には入手が困難なものを所有することで，自分自身を特別な存在だと実感することを好むのである。

以上のように，バンドワゴン効果とスノッブ効果は，どちらも他人の行動や意見に対する反応として表れるが，異なる方向性を持っている。つまり，バンドワゴン効果は主流の意見や行動に追随するのに対し，スノッブ効果は他人とは異なるものを選ぶことで差別化を図ろうとする傾向を示す。先に述べたトリクルダウン効果において，上位に位置する富裕層の消費行動が下位層に示された場合，下位層の間では，バンドワゴン効果によってそれが広まることを示唆しているが，逆に上位層では，スノッブ効果によって，その消費から離脱する可能性があることが示唆される。企業は，その製品カテゴリーが流行すると，大衆層にも買いやすい価格帯の製品を製造・販売しようと考えることが多く，このことは逆に，新規性や優越性を求める上位層を，新たな製品やブランドの探索へと向かわせることもあるだろう。

4 文化としての消費

消費の文化的意味

消費者は，社会と関わりながら生きていく中で，消費に対してさまざまな意味をもたせている。企業が作り出した製品がもつ意味は，企業から製品に込められ，そしてその製品から消費者へと移転する。そして消費者が製品を受け取る際にどのような文化的な意味解釈を行おうとするのかについて，文化人類学者のマクラッケン（1986）が提唱した4つの儀式がよく知られている。

⑴　所有の儀式——モノに与えられた文化的な意味を，自分自身の意味にしていくこと。例えば，モノを所有することによって，そのステータスを他者に示すことができる。

⑵　手入れの儀式——若干の苦痛を伴うとしてもモノから引き出された特性を常に新しいものに更新して，それを輝かせておくこと。例えば，新車を手洗いで洗車していつまでもその輝きを維持したり，スマホにさまざまなアプリを追加することで，自分好みの最新の状態にしておいたりすることなどがある。

⑶　剝奪の儀式——誰かから譲り受けたモノについている他者の意味を取り除くこと。例えば，中古住宅をリフォームしたり，中古車に新たなパーツを付け加えたりすることで，前の所有者の存在を消すことができる。

⑷　交換の儀式——ギフトを贈ることによって相手に何らかの意味を伝えること。例えば，クリスマスプレゼントや誕生日のプレゼントには，愛情や感謝の気持ちを伝えたいという意味が込められているはずである。

このように，外見上は同じような製品であっても，消費にあたってその製品に込められる意味解釈に違いが生じることに，マーケターは注意が必要であろう。

衣食住の文化と国民性

マクロ的消費者行動の特徴は，文化の形成と密接な関係にある。例えば，衣食住は，人間の生活の基盤であり，それらに対する消費者行動パターンは，国民性や文化を象徴することが多い。

まず，衣服は，地域や気候条件，文化や宗教，社会的地位などの影響を受けるため，国や地域で独自の特徴をもっている。日本の着物，韓国のチマチョゴリ，中国のチャイナドレスなどは，その代表的な例と言える。また，イスラム教徒の女性が身に付けるヒジャーブと呼ばれる頭を覆う服装は，宗教的信念に基づくものである。さらに，アメリカ発祥のジーンズは，カジュアルな衣服として世界中で親しまれている。日本においては，1980年代に入るとヴィンテージジーンズを求める若者が増え，それに呼応した日本のデニムメーカーが高品質なジーンズを製造し，その後，その評価が高まり，アメリカに逆輸出されるようになっている。

また，食についても，その国の地域や気候条件，宗教的信念，歴史的背景などによって大きく異なり，さまざまな料理がその地域を象徴する文化となっている。例えば，アジアの多くの地域では米を主食とし，また，ユダヤ教やイスラム教では豚肉を食べることが禁じられているために，牛肉や鶏肉を中心とした食事が一般的である。食文化には，食材の調理法や食事のマナーも含まれており，和食では箸を使う日本人でも，洋食ではナイフやフォークを使って食事をする。和食の中でも特に寿司は，海外に普及しており，アメリカでは，寿司店が存在するだけでなく，スーパーマーケットなどでも日常的に寿司が販売されている。また，最近ではラーメンも日本発の文化として海外で受け入れられつつある。逆に，中国料理，韓国料理，アメリカのハンバーガー，インドのカレーなど，日本に移入されて根付いた食文化も多い。

さらに，住居についても，衣食と同様に，その地域の気候条件や文化的背景，社会的地位などによって異なる特徴をもっている。日本の和室は，畳敷きの床や襖(ふすま)などが特徴的で，古くから日本建築の文化を継承している。ただし，最近では，マンションなどの集合住宅が一般的になったこともあり，和室に替わって洋室が増えている。

それに伴って，布団からベッドへの移行も進んでいると思われる。また，北欧などの寒冷地では，断熱性能が高く，暖房設備が整った住居が一般的である。

サブカルチャー

サブカルチャーは，社会において支配的で伝統的な主流の文化に対し，社会から一定程度独立した，特定の集団だけがもつ行動様式や文化の形態である。サブカルチャーの集団は，自分たちが独自の価値観や文化的背景をもっていることを誇りに思っており，その文化を維持するために，特定の製品やブランドにこだわることがある。いくつかのサブカルチャーの実例を挙げると，第1に，ヒップホップカルチャーがある。これは，音楽だけでなく，ファッション，ダンス，言語などの要素も含んだ総合的な文化を指し，ラップ音楽やDJ文化もその一部と言える。そこでは，特定のブランドのスニーカーやアパレルブランドに人気が集まることが多い。

第2のオタクカルチャーは，アニメ，マンガ，ゲームなどに強い関心を持つ人々によって形成される文化である。そこでは，特定のアニメ作品やキャラクターに対する熱狂的な支持が見られ，グッズの購入やコスプレ・イベントへの参加に積極的である。多くのアニメやマンガの専門店，ゲームセンター，アイドルグッズやコスプレ衣装の店などが集まる東京の秋葉原は，オタクカルチャーの聖地と言われている。そこでは，新作ゲームやアニメの発売イベントや，コスプレイベントなども開催されており，国内のみならず海外からも多くのオタクやファンが訪れている。また，有名な作品のシーンに登場する場所を実際に訪問するという「聖地巡礼」という消費者行動も一般化している。

第3のアイドルカルチャーは，日本や韓国を中心に発展した文化で，若いアーティストやアイドルたちが，歌やダンスなどを通じてファンを魅了し，特定のアイドルグループに対する熱狂的な支持者がそれを応援するというサブカルチャーである。一般的に，アイドルたちは，芸能事務所に所属しており，テレビやラジオなどのメディアに出演したり，CD や DVD，写真集などの作品を発表したり，さらにはライブやイベントなどでファンと交流したりする。このようなファンは，アイドル全体を応援するのではなく，ある特定のアイドルやグループを応援する（「推し活」）ことが多く，そのファンのコミュニティに特有な取り決めやルールもある。そうした比較的小規模な集団の文化のことをマイクロカルチャーと呼ぶことがある。

第 4 のゲームカルチャーは，アーケードゲーム，家庭用ゲーム機，それにカードゲームを熱狂的に支持する人々によるサブカルチャーである。e スポーツもサブカルチャーと見なされることがある。

これらのサブカルチャーは，国内の人々に支持されるだけではなく，第 15 章で述べるクールジャパンの要素として海外でも注目を集め，高い評価を得ているものも多い。

民族性・国民性と消費者意識

人種や民族に関する文化的な特徴を表すものとしてエスニシティ（ethnicity）という概念がある。エスニシティは，人々が所属する民族的集団における，文化的背景，言語，宗教，習慣，歴史的な出自などに基づいて形成される。そこでは，音楽，ファッション，食品，映画，アート，ダンスなど特定の民族・人種グループがもつ独自の文化やアイデンティティを表現する活動があり，それらは，サブカルチャーと見なされることもある。

消費者は，ライフスタイル，好み，価値観，文化的な背景などに基づいて自分自身が何者であるかという自己イメージを形成する。消費者は，何らかの製品やブランドを選択することによって自分自身のセンスや価値観を対外的に表現することがよくある。消費者アイデンティティは，そうした選択行動に表れるとともに，それよって形成されるとも解釈できる。さらに，消費者アイデンティティは，国民性や民族性の影響を受けたものと考えられる。具体的には，国民性・民族性とも関係の深いコスモポリタニズムとエスノセントリズムという消費者意識が消費者アイデンティティに影響を与えることがある。

コスモポリタニズムは，消費者の心理や態度の１つで，地域や国境を越えたグローバルな視野をもつという性質を表している。コスモポリタニズム的意識をもつ消費者は，個人が地球市民としての自覚を持ち，異なる文化や国籍の商品・サービスに開放的である傾向がある。自由貿易体制の進展や人々の国境を越えた往来の広がりにより，コスモポリタニズム的意識をもつ消費者は増加する傾向がある。そのため，グローバル・マーケティングにおいては，グローバル統合戦略がより有効になることがある。

一方，エスノセントリズムは，自国や自身の文化を中心に考え，他の国や文化に対して否定的な態度をもつ性向を表す。エスノセントリズム的意識をもつ消費者は，自国の文化や製品・サービスに優先的に価値を見いだす傾向があり，外国の製品に対しては疑念や優越感を抱くことがある。国際的な政治紛争が展開され，自国中心主義や保護貿易体制が進むと，エスノセントリズム的意識をもつ消費者が増加する傾向にある。このような局面にあるグローバル企業は，自由貿易の壁だけでなく，エスノセントリズム的な消費者意識の壁を克服する必要がある。

演習問題

① あなたの周囲における消費の変化の中で，消費多様化にあてはまる現象を考えてみよう。

② あなたが過去に経験した消費行動における流行現象を1つ取り上げて，あなたがなぜ，どのようにその流行を受け入れたのかを考えてみよう。

EXERCISES

COLUMN 5 Z世代の消費者行動

近年，Z世代という言葉を頻繁に耳にする。Z世代とは，X世代，Y世代から15〜20年刻みで表現された1つの世代である。Z世代の範囲については諸説あるが，概ね1990年後半から2010年初頭に生まれた人々を指す。

こうした世代の特徴を捉えるためには，一般的にコーホート分析という方法が有用である。コーホート分析では，年齢を重ねれば誰でも経験することを年齢効果と呼び，年齢によらずその時代に誰もが経験することを時代効果と呼んでいる。そして，特定の世代層が，年齢効果と時代効果の組合せ，つまり，生まれ育った環境の影響で，ある特異な特徴が生み出されてくることを世代効果（コーホート効果）としている。

このコーホート分析の視点で考えるなら，物心ついたときからスマホに触れてきたZ世代は，テレビの有名芸能人よりもSNSのインフルエンサーの影響を受けやすかったり，インスタグラムやTikTokを使って写真や動画を共有して思い出作りをしたりしているとされる。つまり，情報に取り囲まれたライフスタイルを送ってきた世代なのである。

また，井上（2023）によれば，Z世代は，SDGsに関する広告の受容性が高く，それによって環境や社会に配慮した行動に特徴がある。さらに，バブル経済を知らず，デフレ経済の中で育ってきたため，コスパを重視し，モノに対する所有欲が低く，モノ消費からコト消費へという一般的傾向の先端を行く世代でもあると考えられる。

第9章

消費者行動の調査と分析

1 消費者からデータを取る意味
2 量的データの調査と分析
3 質的データの調査と分析
4 情報技術と消費者行動調査

1 消費者からデータを取る意味

アンケートと消費者行動調査

消費者行動は，多様性，不安定性，複雑性という特徴があるために，企業がマーケティング活動を展開するうえで，そうした消費者行動を理解すべく消費者を対象とする調査がよく行われる。ただし，消費者の調査というと，一般的には，アンケートが連想されるが，実際にアンケートと呼ばれているものは，消費者行動を理解するために行われる調査ではないことが多い。例えば，街頭などで求められるアンケートは，製品やサービスに関心を持つ人を特定し，潜在顧客リストを作るためであることが多く，飲食店やサービス業で求められるアンケートは，従業員の行う接客活動に問題がないかを本部や管理者が監視することが主目的となる。それらもマーケティング活動の一部ではあるが，少なくとも消費者行動を調査して分析するものではなく，調査票の設計方法から違ったものになっている。

また，このようなアンケートに身近に触れてきたことから，マーケティング活動を行うための消費者行動調査を同じように考えて，誤った調査設計を行ってしまうことは意外に多い。すなわち，消費者をある方向に誘導しようとしたり，企業にとって都合の良い情報だけを拾ったりすることがよくある。それでは本来の目的である消費者行動の理解はできず，間違ったマーケティング意思決定をしてしまうことになる。それゆえ，適切な消費者行動調査の方法を学ぶ必要がある。

消費者行動の調査と分析

マーケティングの活動や研究のための調査や分析は，マーケティングリサーチと総称されるが，消費者行動調査はその1つになる。

消費者行動調査は，消費者行動を正しく理解するために行うものであり，具体的には，どのような消費者がどのような状況で，どのようなプロセスや因果関係で購買や選好に至るのかを知ることが目的となる。

ただし，それには次のような難しさがある。まず，「どのような消費者か」については，すべての消費者を調査するのは現実的ではなく，データを取得できる消費者は限られるという問題がある。次に，「どのような状況か」については，多様な購買状況のもとでの消費者行動のデータを収集したとき，その多様性をどのように整理するのかという問題がある。すなわち，それを固有な状況として見るならば，再現性が限られるため，消費者行動の予測には役に立たないことになり，逆に多様な購買状況を同質的に考えると，購買状況の違いによる影響を詳細に捉えられなくなる。そこで，消費者行動に影響する重要な購買状況をどこまで取り入れた調査を行うかを考える必要がある。しかも，「どのようなプロセスか」については，消費者の購買意思決定プロセスにおける情報処理をどのように測定するかという問題になり，それは行為として表面化していない消費者の内面的な部分をいかに測定するかということに加え，心理的で潜在的な動機や態度といった消費者行動概念と結び付けて，適切に測れているかが重要な課題になる。

そこで，これらの問題を意識しながら，消費者行動の調査と分析を考えることになるが，このように調査と分析の設計を行うことをリサーチデザインという。そして，このリサーチデザインで最初に行うべきことは，「なぜ調査や分析を行うか」という調査・分析の目的となる課題を設定することである。また，どのような調査・分析を行うかは，この課題によって大きく影響される。

なお，この課題は，最初に決められて，後はその課題に基づいて，調査・分析の計画を立てて実行するというパターンもあれば，課題の設定・調査・分析を繰り返しながら，課題を絞り込むというパターンもある。特に企業でのマーケティング活動のための消費者行動に関するリサーチ課題では，最初は，需要の低下などの漠然とした問題の原因究明から始まって，調査・分析を繰り返しながら，具体的な課題に絞り込むことがよく行われる。その過程では，後に述べるような量的・質的データの両方の調査・分析が適宜利用されることになる。

例えば，ある加工食品の需要が減少している事態に企業が直面し，需要減少の原因となっている消費者行動の変化を探るという課題があるとしよう。この場合，まず，どの消費者層の需要が減っているのかを家計調査データから推測し，次に，顕著に減少している消費者層の行動の変化について，量的・質的データを取って，なぜ減少しているのかを検討するという手続きが考えられる。そして，後半の量的・質的データの収集において，どの消費者層からどのような情報を収集するかは，その前の家計調査データの分析に基づいて課題を絞り込むことで決まることになる。もし世帯主の年齢が若い家族における支出減少が顕著であれば，こうした家族層における消費者行動の変化に関する課題に的を絞り，育児・子育てなどの影響を推測して調査を実行することになる。

なお，最初に漠然とした課題の認識で始まるとしても，取りあえずデータから何かを探すというような運任せの曖昧な計画で始めるのは望ましいことではない。探すべきものすら分からない状況では，効率的に探すことが困難だからである。したがって，調査を行う前に課題をよく検討することが重要となる。他方で，立てられた仮説に固執し，仮説を支持する証拠だけを集めようとして，不都合なデータや結果を無視するのは，歪んだ調査・分析となることに留意しなければならない。

また，このような調査・分析を誰が実施するのかという問題も発生する。というのは，リサーチ課題の解決を必要とするマーケティング活動の担当者に，調査・分析手法の専門知識や調査・分析の経験が不足している場合もあるからである。そこで，外部の調査・分析サービス企業に外注することもよくあるが，その場合は，リサーチ課題についての情報共有が十分に行われることが重要になる。特に，調査・分析を繰り返して，課題を絞り込む場合には，その過程での情報共有が不十分であれば，課題を適切に絞り込むことができなくなる。さらに調査・分析を外注する場合であっても，もしマーケティング活動の担当者に専門知識がなければ，調査の設計・発注が適切に行われなかったり，得られた調査データや分析結果を正しく理解できなかったりするため，担当者にとっても消費者行動の調査・分析に関する知識が不可欠になる。

消費者調査の類型と方法

消費者行動の調査・分析は，扱うデータが数量か，あるいは数量以外かによって，量的手法と質的手法に分かれる。すなわち，数量データを統計的手法で解析するのが量的手法であり，文章・音声・画像などの質的データで現象を記述・理解するのが質的手法となる。ただし，この2つは明確に分けられるわけではなく，文章や音声という質的データを単語の頻度という量的データに置き換えて分析したり，観察やインタビューのような質的データ調査の中で数量データの収集が行われたりすることがある。

そして，これらの量的・質的手法には，次のような特徴がある。まず，量的手法に関して言えば，数量データで表される特徴を捉えることから，多数の対象者をサンプルとして調査し，その全体的な傾向を捉えることに使われることが多い。その際に，母集団の傾向を調査サンプルから推測するために統計的な検証もよく利用される。

量的データというのは，数量的に集約されたデータであり，数値として取得・集積を行えるために，収集しやすいという特徴がある。例えば，飲料の好みは，言語表現による質的データを集めるよりも質問紙への回答として数値化されたデータを集めるほうが容易で，それゆえ，より多くの対象者からデータを収集することができる。また，数字で表される量的データは，加減乗除ができ，平均や分散という考え方も適用できるため，全体としての集約された特徴を表現しやすい。したがって，量的データは，多数の対象者を調査することや統計的な手法を使うことに向いているのである。そのかわり，個々の対象者における微妙な差異は，集約のため捨象されることになる。

それに対して質的データは，観察や面接（インタビュー）などを通じて得られるデータであれば，取得に手間がかかることから，多くの対象者をサンプルにすることは難しい。したがって，比較的少数の対象者に対して詳しく調査することで，個々の対象者における微妙な差異やより内面的なことを深く追求することに向いている。他方で，調査対象者が限られることから，母集団の傾向を推測することには向かず，そのため統計的検証もあまり使われない。ただし，前述のように，大量の質的データを入手して，それを量的データに変換することで，この対象者の制約を克服して，統計的手法による検証を行う中間的な手法が使われる場合もある。これは昨今のオンライン上でのビッグデータの分析で利用されている。

量的データと質的データの使い分け

このように量的データと質的データは性格の異なるものであり，その調査・分析方法も異なっている。そして，どちらかの方法が優れているということではなく，リサーチ課題に応じて量的データと質的データを使い分けることが重要になる。

例えば，前述のような課題を絞り込む過程においては，最初に課題を発見するために量的データで全体的な変化や差異を捉えて，次に，質的データで課題を絞り込み，ある集団や個人に関する仮説を導き，その仮説が一般化できるかどうかを量的データで検証するという一連の作業が行われる。あるいは，最初に，ある集団や個人の行動に関する質的データから，新たな課題を発見するというパターンもよくある。さらに，量的データによる検証結果が予想と異なる場合には，質的データを集めて，新たな課題が隠れていないかを検討する場合もある。

2 量的データの調査と分析

量的データの調査・分析の種類

消費者行動を捉えるための量的データの調査・分析手法にはさまざまなものがあるが，それらを大きく分けるならば，次の2つの種類に分けることができる。1つは，調査者が設定するリサーチ課題とリサーチ計画に基づいて独自に収集する量的データの調査・分析である。もう1つは，調査者のリサーチ課題やリサーチ計画とは無関係に収集され集計された量的データの分析であり，調査者はそのデータを自らのリサーチ課題やリサーチ計画に基づいて利用するというものである。そして，前者のタイプの代表としては，質問紙調査や実験があり，後者のタイプとしては，2次データとして後述するような公的機関や外部の企業・団体が発表する各種統計調査データや企業の業務データの利用などがある。以下では，これらの特徴を順番に説明することにしよう。

質問紙調査

質問紙調査は，一般的には「アンケート用紙」とも呼ばれる質問紙を配布し，そこに記載されている質問に回答させて，回収することで調査データを収集する手法である。かつては紙の配布と記入が主流であったが，現在では，オンライン上での質問の提示と回答の入力という方法がよく使われるようになっている。

消費者行動の調査・分析のための質問紙調査は，本章の冒頭で触れたように，顧客リストの作成や接客活動の監視のためのアンケート調査とは，本質的に異なっている。また，自由回答の記述による質的データを収集する場合もあるが，回答する負担を減らして多くの対象者からデータを集めることや，多くの回答を統計的手法で分析することを考えて，質問－回答形式の量的データの収集が基本となる。

また，消費者行動の調査・分析のための質問紙調査は，ある製品やサービスについての需要があるかどうかといった全体的な分布を調査することもあるが，それを知るには，幅広い年齢階層や地域での多数の調査対象者をサンプルにする必要があり，調査費用がかかることから，企業として行うことは少ない。多くの場合，消費者行動の複雑性に関して，行動における因果関係を明らかにするために行われることが一般的である。なお，こうした質問紙調査の方法については，本章末尾の **Column 6** で詳しく説明する。

実　験

消費者行動に関する実験とは，調査対象者に関する何らかの影響要因を制御することに基づいて，その影響要因に対する対象者の反応行動のデータを収集する調査方法である。つまり，調査する状況を操作して，刺激と反応の間の因果関係を分析するために行われる。

実験にも，いくつかの種類がある。その1つは，フィールド実験であり，現実の状況を操作することで実際の消費者の反応行動の変化や差異を調査するものである。例えば，小売店頭の陳列やECサイトの画面デザインを変えることで，特定の商品の販売額がどのように変化するかを調べたり，オンライン広告の内容によって，広告の閲覧数や閲覧時間がどのように変わるかを調査したりすることである。

フィールド実験は，実際の店舗やオンライン環境をそのまま利用し，行動の影響要因となる一部の条件を操作して，実際の消費者の反応を量的に測るという手法であるために，現実的な効果を捉えることができるというメリットがある。その反面，刺激と反応はその状況における固有なものと考えられるため，この実験結果を一般化して，他の状況に適用することに関しては慎重にならざるをえない。つまり，フィールド実験は，現実性を重視する調査であるが，それは現実の状況の固有性という制約にもなっているのである。

近年における情報技術の発達は，こうしたフィールド実験の実施を促している。オンライン販売やSNS広告などでは，企業は消費者に対してさまざまな刺激をテストし，反応の良い手法を採用することが多くなっている。また，小売店舗内のカメラで顧客の行動を撮影し，商品を手に取る頻度や商品前で立ち止まる時間という量的データを測定して，陳列や店頭販促の効果を調べたりすることもある。これらの実験では，消費者は実験に参加していることを意識せずに購買行動や広告閲覧を行っていることも多い。なお，企業側が実験のためではなく，日常的な業務改善のためにこれらを行う場合には，フィールド実験ではなく，後述する内部2次データの利用という位置付けになる。

そして，現実の状況での実験ではなく，リサーチ計画に基づいて人工的に状況が設定される実験は，実験室実験と呼ばれる。この場合には，調査対象者に実験に参加してもらい，与えられた刺激に対する反応を測定することになる。そこで測られるのは，反応時間や質問紙の回答値などの量的データだけでなく，言動や脳画像などの質的データの場合もあるが，後者の場合の実験室実験は質的手法になる。

また，実験室実験では，調査対象者に実験に参加してもらうために調査費用がかかることから，フィールド実験に比べると調査対象者の数が限られる傾向が強い。ただし，実験室実験では，注意深く設定された状況下で行われるため，周囲のノイズになるような影響を排除しやすく，同じ実験を繰り返しても同じような結果が期待できる。それゆえ調査対象者の数を比較的抑えられると考えることもできる。他方で，現実の状況は排除されていることから，実験室実験の結果を現実の状況に一般化することはやや制約されるというデメリットがある。

外部２次データの利用

これまで説明してきたような特定のリサーチ課題・リサーチ計画に基づいて独自に収集するデータは，量的・質的を問わず，１次データと呼ばれる。それに対して，特定のリサーチ課題・リサーチ計画とは無関係に収集される量的・質的データは２次データになる。さらに，この２次データは，公的機関や外部の企業・団体などによって調査され公表される外部２次データと，企業内部で業務を通じて集積される内部２次データの２つに分けられる。

そして，消費者行動に関する外部２次データの１つとして，家計調査データの利用がある。これは，総務省統計局による『家計調査年報』のデータを用いて，家族単位での消費者行動を分析することである。第１章で述べたように，『家計調査年報』には，家族における品目別の支出額データが収録されており，例えば，どの地域のどのような世帯がどのような品目にいくら支出しているかなどを知ることができる。したがって，企業はこの量的データに基づいて，消費者の品目別の需要について，その変化や消費者層での違いを考えることができる。

ただし，これで分かるのは購買という局面のみであり，また，家族という単位でしか集計されていないために，消費者の購買意思決定プロセスにおける諸段階の問題や家族の構成員の間での複雑な情報処理の問題を考えるためには，リサーチ課題を絞り込んで，質問紙調査や実験などの手法を使って分析する必要がある。その意味では，家計調査データの利用は，最初のリサーチ課題を導くためによく利用されると言える。

また，家計調査だけでなく，さまざまな企業や団体が消費者行動の各局面についての統計データを公表している。これらの統計データも同様に考えることができ，リサーチ課題を絞り込むために，企業では利用されている。ただし，こうした統計データを扱うときには，そのサンプルが適切な手続きで偏りのない十分な数の対象者から集められたものであるか，調査票の設計が適切に行われているかを確認することが必要になる。

内部2次データの利用

企業が業務活動を通じて，消費者行動に関する数量データを収集し蓄積することがある。例えば，小売企業は店舗のレジにおいてPOSデータ（販売時点データ）を収集するが，そのデータを分析すれば，顧客がどのような商品を一緒に買うか，チラシ広告や価格引下げの効果がどの程度あったのかといった買物行動の傾向を推測することができる。このPOSデータに個人情報をひも付けしたID-POSデータを用いれば，一層深い分析も可能となる。また，オンライン販売やオンラインサービスでは，顧客の行動履歴データやページ閲覧データを収集し，分析することで，顧客のオンラインでの行動を分析することができる。

これらは，大量の量的データを収集できることと，現実の状況下で得られるデータであることから，現実的な傾向や対策を考えることに向いている。その反面，その分析結果を他の状況に適用することには制約があるという特徴がある。

3 質的データの調査と分析

面接法

消費者行動を捉えるための質的データの調査手法にも多様なものがあるが，その1つに，消費者に対してインタビューを行う面接法がある。なお，一般の人へのインタビューと言えば，テレビのニュース番組などで利用される街頭インタビューがイメージされるが，それは消費者行動を知るために行う調査とはまったく異質なものである。というのは，街頭インタビューのように番組制作の趣旨に合うような文言を抽出することではなく，リサーチ課題に対応して消費者の真の姿を捉えようとすることが面接法の目的になるからである。

この面接法には，1人ずつにインタビューを行う個人面接法とグループから聞き取りを行う集団面接法があり，消費者行動の調査としては，どちらの方法も使われる。そして，個人面接法の中でも，調査対象者の動機，信念，態度，感情などの内面的で潜在的なことに焦点を合わせるものを個人深層面接法と言う。

企業がマーケティングの目的で行う消費者行動の調査・分析では，消費者自身も自覚していないような潜在的な需要や，自覚していても解決をあきらめている問題を探ることが重要になる。ただし，それを例えば自由回答形式の質問紙調査で尋ねたところで，自覚すらしていないことを表現することは難しい。そこで，個人深層面接法で質問を重ねながら探求することが行われるのである。事前に質問項目を定めて調査を計画的に行うことを構造化というが，この深層面接では非構造的な質問が使われ，対話の流れに応じて，回答をさらに精緻化する質問を行うことになる。

それに対して，集団面接法は，フォーカス・グループ・インタビューとも呼ばれ，少人数の調査対象者が司会者（モデレーター）のもとで特定のテーマについて討議する形でインタビューを行う方法である。この場合も非構造的に調査が行われるが，調査対象者同士の相互作用による触発を期待することが個人面接法とは異なっている。つまり，潜在的な内容を聞き出すために，個人面接法のように質問を重ねることに加えて，相互作用による触発を利用するのである。ただし，集団であるがゆえに，プライベートなことなどの発言は抑制されてしまう傾向がある。

そして，これらの面接法では，司会者の質問を行う能力が重要となる。すなわち，調査対象者との信頼関係や話しやすい雰囲気を形成して，臨機応変に適切な質問をすることが求められる。また，集団面接法の場合には，グループ内で同調しようとする社会的圧力が発生する場合もあるため，司会者はそうならないように討議に介入することも重要になる。

観　察　法

消費者行動を捉えるための手法として，消費者の行動を観察してデータを収集する観察法という手法がある。ただし，ここで問題となるのは，企業のマーケティング目的のために意図的で計画的に行われる観察法である。すなわち，調査者はさまざまな製品やサービスを購入する消費者でもあるため，日常生活を観察しているはずであるが，そのような日常の観察ではなく，マーケティングリサーチとして行われる観察のことを言う。

例えば，高齢者介護用品を開発するために，高齢者のいる世帯における家族の行動を観察したり，食品メーカーが子育て家族における食生活を知るために，開発担当者が子育て家族における調理や食事の行動を観察したりすることである。なお，この観察において，調査対象者と行動をともにしながら観察することを参与観察と言い，あくまで外部の人間として観察だけを行うことを非参与観察と言う。先の例では，家の中に入り込んで調査するとしても，家族の一員として介護者や親の役割を果たすのであれば参与観察となり，家族の一員として介護や食生活をともにしないのならば非参与観察となる。

参与観察は，コミュニティに実際に参加して経験しなければ，実際の行動が見えてこないときに有効な方法となる。例えば，環境意識が高い消費者グループや特定のアニメの熱烈な愛好者グループなどの特殊なコミュニティにおける消費者行動を探る場合に行われる。また，非参与観察では外側から観察することになるが，観察の間，調査対象者には，調査者（観察者）の存在を無視した行動を取ってもらう必要がある。したがって，参与観察だけでなく，非参与観察の場合でも，調査にはかなりの時間をかける必要がある。

その他の質的データの調査方法

質的データの調査方法は，これまで述べた面接法や観察法以外にも多様な手法がある。その中で消費者行動を捉えるために使われる方法をいくつか紹介することにしよう。

まず，投影法という手法があり，自分の行動ではなく他人の行動を説明させたり，単語を提示して連想する単語を回答させたり，不完全な文章や物語を提示して，語句や文章を追加して完成させたりする調査方法である。これらは回答において自分自身の動機，信念，態度，感情を直接表現するのではなく，間接的に与えられた状況に投影させることから，投影法と呼ばれている。特に自分の意識や経験を直接答えるには躊躇してしまうようなデリケートな製品・サービスについての調査に有効と考えられている。このように間接的に投影させることで調査対象者の潜在的な意識を引き出すという点で面接法とは区別されるが，この手法は，面接法を補完する形で利用されることもある。

そして，非参与観察では現在の過程で表面に現れる行為の情報を収集するが，特に小売店舗内での購買行動の最中において，その時点での内面に関わる意思決定プロセスを調査する質的方法がある。例えば，プロトコール法という手法では，調査対象者に店舗内での購買行動の最中に自分の思ったこと，感じたことをつぶやいてもらい，それを録音することで質的データを収集する。また，アイカメラを使う調査もあり，調査対象者が購買行動などの最中において，どこに視線を向けるのかを測定し，アイカメラの動画像データを分析して，店舗の陳列や販促の計画に役立てるのである。

4 情報技術と消費者行動調査

質的データのデジタル化

デジタル技術の発達と普及は，さまざまな音声や文章，映像などの質的データをデジタル化することに貢献している。例えば，オンライン上では，商品やサービスについてのコメント情報をレビューサイトやSNSにおいて見ることができる。また，店舗に据え付けられたカメラでは，顧客の行動を捉えたり，携帯電話のGPS機能によって消費者の位置情報を把握したりすることも可能になっている。ただし，デジタル機器で収録し，デジタル回線で伝えられる音声や画像のデータは，情報を0か1で伝えて処理しているだけなので，質的データのままである。

しかし，デジタル化された質的データは，非デジタルの質的データ（例えば紙媒体の写真や耳で聞いた音声など）に比べて，データの処理が容易であり，情報処理技術を利用して，膨大な量の質的データを効率的に処理することができるという特徴がある。例えば，膨大な音声や文章のデータの中から共通の単語を抽出して，それを集計して，単語の出現する頻度という量的データに変換することができる。このような質的データを量的データに変換することは，これまで人的なコーディングという作業で行ってきたが，デジタルデータによって，情報処理技術を使って，膨大な量のデータに適用できるようになったのである。例えば，最近普及しつつある ChatGPT などの生成 AI（人工知能）を用いて，レビューサイトのコメントやアンケート調査の自由回答を解釈させ，満足度のレベルといった形で数量化させることもできるであろう。

また，収集された大量の質的データを効率的に量的データに変換できるようになったことから，分析において量的手法が利用可能となり，母集団のもつ傾向を推測し，統計的に検証することも可能になっている。その一方で，質的データを集約して量的データに変換する過程で失われる個々の調査対象の固有性という問題については，膨大な質的データを利用することで，微妙だが重要な差異を検出することで対応することもできるようになった。

デジタルデータ利用の問題点

このように社会のデジタル化が進展すると，消費者行動の調査や分析においてデジタルデータを利用しようとする動きが活発になってくる。その場合に，留意すべきことが2つある。

1つは，デジタルデータは大量に入手できて，効率的な処理ができることから，その有効性を期待しやすいが，デジタルデータで捉えられるのは消費者行動の一部でしかないという問題である。例えば，小売企業が EC と店舗を展開するとき，EC の利用者については閲覧履歴などのデジタルデータを利用できるが，店舗の利用者については，そうしたデータがない。しかし，小売企業にとってデジタルデータを得やすいという理由で，EC の顧客を店舗の顧客よりも重視するということにはならない。同様に，デジタルデータを利用しやすい若年層が利用しにくい高齢者層よりも，必ずしも魅力あるターゲットとは言えないだろう。したがって，デジタルデータの利用可能性や期待の大きさが，非デジタルの質的データへの関心の低さを招くことになっては，企業におけるマーケティングの意思決定を間違える危険性がある。

もう1つには，デジタルデータの収集や処理において，情報工学の知識が消費者行動の知識よりも優先されやすいという問題がある。すなわち，デジタルデータを処理する際，エンジニア（技術者）に依存するあまり，技術的な可能性や課題が強調される一方で，マーケティングや消費者行動として重要かどうかが見過ごされる可能性がある。そうなると，前述の膨大な質的データにおける「微妙だが重要な差異」が軽視され，過度な集約化による陳腐な傾向しか発見できず，ビッグデータの利用価値を損なうことになりかねない。

したがって，デジタル化した社会においてビッグデータへの期待が高まっているとしても，質的データと量的データを適切に使い分け，その両方を使うことで，消費者行動を理解することが重要なことを認識する必要がある。

演習問題

① 消費者がeクチコミを発信する動機に関する仮説を考え，その仮説を検証するための質問紙調査票を作成してみよう。

② ある商品の購買意思決定において家族がどのように影響を与えたのかについて面接法を用いて調査し，家族の影響に関わる潜在的な要因を探ってみよう。

EXERCISES

COLUMN 6　質問紙調査の方法

質問紙調査は，全体的な分布を調査するためのものと消費者行動における因果関係についての仮説－検証を行うためのものがある。ここでは，後者の仮説－検証のための質問紙調査の方法について説明しよう。

質問紙調査を行うためには，まず，リサーチ課題を明確にすることが重要になる。それは，リサーチ課題に基づいて，その課題を想定する範囲としての母集団が決まり，どのような人を対象として調査を行うかが決まるからである。しかも，リサーチ課題は，仮説（操作的仮説）が正しいかどうかという具体的な問いに置き換えられて検証することになるため，リサーチ課題が曖昧では，質問紙調査データで何を検証すべきかが不明確になる。さらに，検証とは，リサーチ課題に基づいて決まる母集団において共通して現れる傾向を確認することであることから，リサーチ課題が母集団，仮説，検証を規定すると考えることができる。

次に問題になるのが，調査票を配布する先であるサンプルの抽出が適切に行われることである。上記のように母集団における傾向を推測するためのデータとして，偏りのあるサンプルは望ましくない。また，確率的に傾向の有無を確認することになるために，十分な量（サイズ）のサンプルも必要である。

そして，質問紙調査では調査対象者に質問文を読ませて回答させるという方法を取るが，この質問文を適切に作成することも重要な課題である。この質問文の作成では，仮説－検証における仮説が変数間の関係として表されることを理解しておく必要がある。すなわち，各質問というのは，仮説に含まれる変数の１つを測定するものである。

例えば，「高齢者になるほど健康食品への関心が高くなる」という仮説を検証しようとして，「あなたは高齢者になるほど健康食品への関心が高くなると思いますか」という仮説を直接尋ねるような質問をすべきではない。その質問で分かるのは，そう信じている人が多いかどうかであり，その仮説が正しいかどうかという問題ではないからである。この仮説の場合には，年齢と健康食品への関心度という２つの変数の間での関係を考えているため，質問文では，この２つの変数をそれぞれ別の質問文で聞く必要がある。そうすれば，この変数間の関係がどうなっているかを統計的手法によって確認することができるのである。

また，質問文で測定することに関して，よく起こる問題として，2つ以上の問いを1つの質問文に入れてしまうダブルバーレルの質問がある。例えば，「あなたは自然環境や社会問題を気にしますか」というのは，ダブルバーレルの質問になっているため，自然環境と社会問題は別々の質問で尋ねる必要がある。

さらに，質問文を考えるときには，回答の測定尺度をどうするかという問題もある。すなわち，測定尺度としては，名義尺度，順序尺度，間隔尺度，比率尺度という種類があるが，質問文とその回答の選択肢を作成するとき，どの種類の測定尺度で回答させるかをあらかじめ決めておく必要がある。

名義尺度は，識別・分類するための尺度，順序尺度は，順位や大小関係を示す尺度，間隔尺度は，回答の数字が等間隔であることを前提としており，値の差を表現することができる尺度，比率尺度は，間隔尺度の性格に加えて，0という値が原点の意味を持つ尺度である。これらのうちで，質問紙調査データに基づく統計的な推論では，分散を前提とする手法がよく使われるため，間隔尺度以上（つまり間隔尺度か比率尺度）で答える質問が特に重要になる。また，消費者行動の調査においては，消費者の動機，信念，態度，感情などの内面的な評価を5段階や7段階で回答させることが多く，その評価データを間隔尺度として統計的解析を行うことが多い。

なお，図9-1では，店舗の価格，品揃え，店員の対応のいずれがストアロイヤルティの形成に繋がるかを明らかにするというリサーチ課題を立てたとして，その質問紙調査での質問文と回答の選択肢の例を示している。

さて，このように質問紙調査の調査票が作られたら，次は，調査と分析の実行段階に移る。まず，リサーチ計画に基づいてサンプリングされた調査対象者に質問紙を配布し，回答を回収することになる。この配布と回収は，かつては郵送がよく使われたが，近年では，オンラインで行われることも多い。また，この過程で，調査時点や調査手続きの記録を

図 9-1　質問紙調査での質問文と回答の選択肢の例

あなた自身の日常の買物についてお聞きします。それぞれ最も近いと思われる番号に○をつけてください。

Q1. 店舗間で価格をよく比較する

①かなりそう思う　②ややそう思う　③どちらとも言えない　④あまりそう思わない　⑤まったくそう思わない

Q2. 店舗を選ぶときに店舗の品揃えの良さを重視する

①かなりそう思う　②ややそう思う　③どちらとも言えない　④あまりそう思わない　⑤まったくそう思わない

Q3. 店舗を選ぶときに店員の応対の良さを重視する

①かなりそう思う　②ややそう思う　③どちらとも言えない　④あまりそう思わない　⑤まったくそう思わない

Q4. 日常の買物でいつも利用する店舗は決まっている

①かなりそう思う　②ややそう思う　③どちらとも言えない　④あまりそう思わない　⑤まったくそう思わない

残し，回収率・回答率を点検することも重要である。

そして，得られたデータを入力し，入力ミスがないかを点検した後に，統計ソフトなどを用いて，分析を行い，はじめに立てた仮説の検証を行うという流れになる。質問紙調査票を設計するときには，この分析段階までをイメージし，どのような分析を行うかから逆算して，どのような質問や測定尺度を設定すべきかを考えると失敗が少ないだろう。

第10章

揺れ動く消費者行動

1 潜在需要をどう考えるか

2 実証主義的アプローチと解釈的アプローチ

3 解釈的アプローチの利用

1 潜在需要をどう考えるか

消費者インサイトを探る

企業において消費者需要を探るときに，消費者インサイトという用語が使われることがある。消費者インサイトとは，もともとはマーケティングリサーチを通じて得られる消費者行動についての洞察（インサイト）や知見のことであるが，日本の企業では，特に消費者の潜在需要を探るときに，この表現が使われる。その際には，消費者自身が問題解決を想定していない段階での潜在的な意識を探ることが強調され，まだ「需要」として認識されていないという意味で，潜在需要とは区別して用いられることもあるが，基本的には，消費者インサイトは消費者の潜在需要を意味すると考えてよい。ただし，企業が消費者インサイトという表現をあえて使う背景には，消費者の潜在需要を捉えることの重要性が大きいことと，それが難しいことという2つの理由がある。

まず，重要性は，企業間の差別化競争において，より革新的な製品の開発が動機づけられていることから導かれる。すなわち，消費者自身が需要に気付いていて，欲しい製品やその特徴を表現できるような顕在的な需要が表明される段階では，競合企業もその需要に対応する製品を開発している可能性が高く，同質的な製品が市場に投入されることで，価格競争に陥り，企業は利益を得ることが難しくなる。そこで，競合企業だけでなく，消費者自身も問題解決を想定していないような潜在需要を捉えた新製品を開発することで，効果的な製品差別化を行い，競合企業がキャッチアップするまでの期間の利益を確保することを企業は狙うのである。また，たとえ競合企業にキャッチアップされたとしても，消費者の潜在需要を捉える能力を高めることで，次の革新的な新製品を開発できれば，連続的な新製品開発による優位性を持続させられることになる。

そして，難しさは，潜在需要に消費者自身も気付いていなかったり，問題解決を想定していなかったりすることから生じる。そのような潜在的な意識は，消費者も表現することが難しいため，個人深層面接法や集団面接法などの質的手法を駆使して探索することになるが，そこでは調査者の高い技能とセンスが要求される。特に，消費者が問題解決を期待していなかったり，不満として表明しにくかったりすることに対しては，調査者は固定観念をもたないように努める必要がある。他方で，生活習慣に囚われない柔軟で自由な発想で課題を探索するほど，多様な要因が複雑に絡み合った状態で出てくるため，重要な課題が多くの情報に埋没してしまうことも懸念される。

そこで，第9章で説明したように，質的手法と量的手法を組み合わせて，課題を絞り込みながら探索することが考えられるが，この潜在需要の探索の難しさは，絞り込む前の段階において，その問題の切り口を見つけなければならないということにある。つまり，たとえ潜在需要を捉える重要性を理解していたとしても，いったいどの切り口から潜在需要を調査・分析すべきかが分からずに苦労することになる。もし調査者も固定観念に囚われていれば，どれほどデータを収集しようとも，有望な潜在需要を識別できず，導かれた仮説が的外れのものであれば，その後に仮説－検証を行っても，求めている課題解決にはたどりつけないということになる。それゆえ，この問題の切り口を見つけることの難しさから，企業においては，潜在需要を消費者インサイトという表現に置き換えて，洞察することを強調しているのである。

その一方で，消費者行動論においては，こうした消費者インサイトの課題に応えることも視野に入れて，解釈的アプローチの消費者行動論が展開されている。それは，これまでに説明してきたような仮説－検証に基づいた分析を行う実証主義的アプローチと対比されるアプローチとなっている。そこで，この章では，解釈的アプローチがマーケティングの実践において，どのような役割を果たすのかを検討することにしたい。

購買動機の曖昧さがもたらす課題

潜在需要を捉える難しさを理解するために，缶コーヒーの購買動機を例にして考えてみよう。まず，仕事の休憩時間などに自動販売機で缶コーヒーを買って飲むという状況を思い浮かべたとき，どんな購買動機が考えられるだろうか。すると，「一息入れる」「一休みする」「眠気覚まし」などの言葉が返ってくることが多い。それは，休憩時間だから缶コーヒーを飲んで一息入れるというのは，自分自身にとっては当たり前のように見えているからである。

しかし，ここであらためて「なぜ缶コーヒーなのか」「どうして缶コーヒーがふさわしいと考えたのか」と問われると，休憩時間には缶コーヒーがふさわしいと何となく思い込んでいた自分に気が付くかもしれない。あるいは，眠気覚ましのためという場合でも，なぜエナジードリンクや緑茶のような他のカフェインの入った飲料や軽い運動ではなく，缶コーヒーなのかと考えると，やはり缶コーヒーのほうが何となくふさわしいと思っていたということになるだろう。

そこで，第9章で説明したように，個人深層面接法や集団面接法を使い，質問を重ねることで，なぜ缶コーヒーがふさわしいと思うようになったのかを探り，缶コーヒーの購買動機を明らかにすることが行われるかもしれない。しかし，そのような購買動機の抽出においては，次のような2つのマーケティングの実践上の問題が発生する可能性がある。

購買動機の多様性

1つ目には，購買動機の背後にある理由や原因をさかのぼって追求する場合，それを追求すればするほど，企業にとっての多様な可能性がもたらされてしまうという問題がある。例えば，缶コーヒーの購買動機が「一休みするため」であるとして，なぜ一休みしようと思ったのかを質問して，その質的データから，背後にある理由や原因を探るとしよう。そこで，疲れを癒やすためという理由が出てくれば，なぜ疲れを癒やしたいのかと質問を重ねることができる。こうして，後の仕事で集中したい，仕事で成果をあげたい，仕事で認められたい，……というように，それぞれの目的を規定する上位の目的について，はしごを登るようにさかのぼって考えることができる。このように上位の目的を捉えることは，ラダリングと呼ばれ，消費者の潜在的な意識を探る1つの有力な方法であり，それが消費者インサイトの発見に繋がるという期待がある。

しかし，このように上位の目的になるほど，その課題を解決する方法は多様になるという特徴もある。例えば，仕事中に一休みするためということであれば，缶コーヒーを飲むこと以外に，菓子を食べる，喫煙する，軽い運動をするといった方法が想起されるが，その上位にある仕事で成果をあげたいという目的であれば，こうした疲れを癒やすことだけでなく，仕事をする動機づけや能力向上に関わるようなことも課題解決に含まれるようになるのである。そして，上位の目的から見れば，一休みするために缶コーヒーを飲むというのは，その他のさまざまな可能性を含めて，代替案の1つでしかなく，他の代替案でも解決しうる相対的で不確かな動機の1つになっていることを意味する。

したがって，企業において缶コーヒーの購買動機を手がかりに潜在需要を探索すれば，多様な可能性がもたらされる反面，そのような多様な可能性の中でどれが有望な解決策かがかえって分からなくなるという問題が発生する。つまり，こうした質的手法を使うことで，購買動機は相対的で不確かなものになり，意思決定を行うための確かな根拠を見つけられなくなるのである。

企業のマーケティング活動による影響

２つ目の問題として，潜在需要の開拓において，企業の販促情報による刺激が購買動機に影響することをどのように取り込んでいくのかという問題もある。例えば，缶コーヒーを飲むことについて，「一休みするため」という理由がどうして想起されたかを探っていくと，そこにはテレビ広告による影響があることが見えてくる場合がある。つまり，質的手法を通じて探っていくと，テレビ広告で仕事の合間や休憩時間に缶コーヒーを飲んでリラックスするシーンを見ていたり，缶コーヒーで一息入れることを表す広告コピーに触れていたりすることで，いつの間にか，休憩時間に缶コーヒーがふさわしいと思うようになっている自分に気付くことがある。

しかし，このような企業からのマーケティング活動を通じて，缶コーヒーの購買動機が「一休みするため」となっているとすれば，その購買動機は，別の企業によるマーケティング活動を通じて，さらに変化してしまう可能性が開かれていることにもなる。言い換えれば，もし「一休みするため」という購買動機を前提として，消費者行動の分析を行い，どのようなブランドや広告にすれば，その購買動機を満たす製品として認識されるかを考えたとしても，他の企業がその購買動機を変えてしまうことができるなら，そのような過去の消費者行動の分析は有効ではなくなってしまうのである。つまり，購買動機が企業のマーケティング活動の影響によって揺れ動くとするならば，消費者に対して企業がどのような提案をすべきかは，購買動機の分析からは導けないということになる。むしろ，企業としては，そのような新たな購買動機の可能性を探り，マーケティング活動を通じて消費者に新たに提案し，受け容れてもらうことを考えるべきとなるだろう。したがって，購買動機の分析から分かることが，競合企業の行うマーケティング活動を前提とした受動的なマーケティング計画を策定してしまうことに繋がりかねないのである。

消費者インサイトを探索するための質的手法

これまで述べてきたように，購買動機から潜在需要を探ることに関しては，購買動機が相対的で不確かなものであり，意思決定の確かな根拠を導けないという問題や，企業のもたらす情報による影響があることから，その影響に受動的に対応することになりかねないという問題に直面することになる。

そこで，消費者インサイトを探索するために，質的手法を用いて，購買動機を巡る潜在的な意識や企業との相互作用の可能性を探るとしても，そこでの質的手法の使い方は，第9章で説明したような質的手法と量的手法を繰り返すことで課題を絞り込むものとは違った視点が必要になる。というのは，曖昧な購買動機をまだ捉えきれていない最初の段階において，質的手法と量的手法を補完的に使って，調査・分析を繰り返すことで課題を絞り込むというのは，次のような限界があるからである。

まず，曖昧な購買動機を表現する言葉が定着していないため，調査対象者が自分の認識を表現しようとしても，調査者がそれを正確に理解できないことから，新規の潜在需要に対する認識を測るのが難しいという問題が発生する。あるいは，既存のイメージや広告から外れた新規のことに対しては，調査対象者が違和感を抱き，選好や興味・関心を示さないことも起こりうる。そのため，既存の商品や広告などへの態度を確認するだけに終わったり，革新的な内容に対する保守的な示唆を導き出してしまったりする危険性がある。消費者は，革新的な新製品を目の前にすると「こういうのが欲しかった」と言うが，新製品が市場に出る前に，このような商品が欲しいかと問われても，商品をイメージできずに否定的な反応を示すというのは，よくある現象である。

また，第9章で説明した質的・量的手法による消費者行動の理解には，消費者の代表的で平均的な行動やより顕著に表れやすい特徴を捉えたり，意見を収斂させる根拠を示したりするという特徴がある。そこでは，購買動機などの購買意思決定プロセスをできるだけ既成の概念で説明して，安定的なプロセスや傾向的な法則性を想定する。それに対して，消費者インサイトの探索では，より拡散的に，従来の購買動機に囚われず，平均から外れた特異な行動にも注目することで，未開拓や未知の購買動機を探ったり，購買意思決定プロセスのような定型的な枠組みに収まらない考え方を求めたりすることが重要になる。

したがって，消費者インサイトを探索するうえで，第9章で説明した質的方法や量的方法の利用方法では，課題を少しずつ絞り込むことで深い考察ができるものの，課題そのものの可能性を広げることで新しい消費者インサイトを導くのは難しいという問題が発生するのである。そこで，購買意思決定プロセスのような平均的で安定的なプロセスを最初から想定するのではなく，不安定で拡散的な消費者行動を前提として，既存の考え方のもつ限界を超えていくことを志向する解釈的アプローチが利用されることになるのである。

2 実証主義的アプローチと解釈的アプローチ

実証主義的アプローチの特徴

第9章までの消費者行動についての説明は，基本的に，消費者の購買動機を起点とする購買意思決定プロセスの枠組みに沿った考え方に基づいている。この考え方は，消費者行動の平均的なパターンを購買意思決定プロセスの論理的枠組みにおいて捉えるものであり，それは，論理的・演繹的に仮説を導き，実証的に検証することで仮説が正しいことを確認するという実証主義的アプローチと結び付いている。

なぜ購買意思決定プロセスによる理解が実証主義的アプローチと整合的になりやすいかについては，次のような理由が考えられる。まず，購買意思決定プロセスでは，プロセスが後戻りせずに非可逆的に進行することから，プロセスの各段階やプロセスを構成する諸要素の間に原因と結果という因果関係を想定しやすいという特徴がある。そこで，その因果関係についての仮説を論理的に導き，その仮説を検証することで，購買意思決定プロセスのある局面における特徴を確認することが行われやすい。

また，購買意思決定プロセスは，ある消費者層についての平均的で安定的な行動パターンを説明する消費者行動の理論枠組みであり，その平均的で安定的な行動パターンという想定は，仮説と検証を行ううえで必要な条件となる。もし，消費者行動の特徴がどこかに収斂するものではなく，不安定で，再現性がないものであれば，それを仮説と検証で確認することは難しくなるはずである。

さらに，この平均的で安定的な行動の特徴を想定することから，さまざまな仮説と検証を蓄積することによって，購買意思決定プロセスを構成する諸概念や因果関係の知識がより確立されたものになるという期待が生まれることになる。しかも，新たな仮説や検証は，既存の確立された知識のうえに関連付けられていることで，ますます安定的で収斂した強固な説明になると考えることができる。

そして，こうした理由から，購買意思決定プロセスを構成する諸概念を説明するために，仮説と検証が重視されることになる。また，消費者行動の平均的で安定的な特徴をより客観的で厳密に表すために，量的データと確率に基づいた統計的手法が広く用いられることになるのである。

実証主義的アプローチの限界

このように購買意思決定プロセスにおいて平均的で安定的な消費者行動の特徴を捉える際には，論理的・演繹的に仮説を導き，それを検証することで仮説の正否を確認するという実証主義的アプローチが整合的となる。また，平均的で安定的な消費者行動の特徴というのは，企業が成熟した市場においてより大きな市場シェアを獲得するうえで，既知の製品属性に基づいた製品差別化や市場細分化などのマーケティング計画を考えるために必要な知識となる。

しかし，前に述べたように，企業が革新的な製品を開発しようとしたり，市場の変化に対応して新たな市場機会を捉えたりする局面では，この平均的で安定的な消費者行動の特徴を捉えるための方法が，むしろ，消費者インサイトを探るうえでの「足かせ」になる可能性がある。まず，消費者の平均的な行動を考えることは，特に購買動機に関して，既知の定型的なものに収斂させる傾向を強めてしまうため，購買動機の曖昧さや解釈可能性の広がりを捉えにくくする。また，安定的な行動については，企業のもたらす販促的な情報の影響を通じて消費者行動が変化することを受動的に捉えてしまい，企業が消費者行動をいかに変化させるのかという能動的な視点から離れてしまう傾向をもたらす。そのため，前に述べたように，相対的で不確かな購買動機のうえに成り立つ消費者インサイトの多様な可能性を探ることには適さないという限界が生じやすいのである。

解釈的アプローチの特徴

これまで説明してきたように，購買意思決定プロセスの理論的枠組みに基づいて仮説を導き，その仮説を検証するという実証主義的アプローチの考え方が，消費者インサイトを探る局面では必ずしも有効とは言えないという課題がある。つまり，そのような局面では，購買動機の曖昧さや可能性の広がりを捉えるための別のアプローチが必要になるのである。また，上述のようなことは実践的な課題であるが，それに対応する理論的な基礎が消費者行動論において展開されている。それが解釈的アプローチであり，解釈主義やポストモダンの消費者研究と呼ばれることもある。

このアプローチの特徴の1つは，消費者行動の中でも，消費者の購買やブランド選択のプロセスよりも，消費する行動そのものに焦点を合わせるということである。すなわち，「消費」という消費者の経験を解釈することで，購買やブランド選択の背後にある理由や動機などをそのコンテキストを踏まえて理解しようとするのである。なお，従来の消費者行動論は購買意思決定プロセスという購買やブランド選択に至る行動を捉えるイメージが強いため，解釈的アプローチでは，消費者行動研究よりも消費者研究という表現を使うこともある。ただし，「消費する」という行動（消費行動）も消費者行動の一部と捉えられるため，解釈的アプローチも消費者行動論の1つのアプローチとして考えることができる。

解釈的アプローチの2つ目の特徴としては，消費者が何をどのように消費するかという問題は，消費者のそのときの複雑な状況を反映したものであり，その複雑な因果関係を分解して読み解くことは不可能であり，仮説を立てて検証をすることも意味がないと想定することである。つまり，消費行動は状況や文脈に依存するものなので，部分的に仮説として因果関係を抽出するのは困難であり，その行動が他の状況でも再現されるとは限らないと考えている。したがって，そのような部分を切り出した仮説を検証すること自体にも意味がなく，検証を通じて一般化するという考え方も批判する。

そして，そのような仮説の導出や検証の代わりに，消費という現象を解釈することを求めており，その解釈の記述を行うときに質的手法を使うことになる。ただし，こうして得られた解釈には，再現性が期待されていない。むしろ，解釈というのは主観的なもので，そこに研究者の価値が入り込むことは避けられず，多様な解釈がありうるものであると考えている。また，そのような解釈で得られる知識は，記述的な知識であり，法則化を目指したり，科学的な客観性を求めたりするものではないことになる。そのため，消費という経験における意味を捉えたり，物語や神話という表現を用いたりすることもある。

これらの特徴から分かるように，解釈的アプローチには，消費者行動研究の主流になっている仮説・検証を重視する実証主義的アプローチへの批判が根付いている。すなわち，論理的・演繹的に仮説を導き，その仮説を検証する方法では，消費経験のような文脈に依存した経験を深く捉えることができないという批判や，実証主義に基づく科学的方法の客観性・厳格性を否定的に考える主張を含んでいる。そのうえで，解釈による多元性，恣意性，主観性，相対性などを認める解釈的アプローチの有利性を強調するのである。

なお，実証主義的アプローチと解釈的アプローチとの対比やそれらの論争の中では，実証主義的アプローチは量的手法，解釈的アプローチは質的手法と考える傾向があるが，第9章で説明したように，実証主義的アプローチであっても，量的手法と質的手法を組み合わせて，課題を絞り込むことが行われている。そこで，これらのアプローチの手法における違いは，質的手法の使い方にあると考えることができる。すなわち，実証主義的アプローチでは，質的手法を使って仮説を導いた後は，量的手法を使って，仮説の検証を行うことを想定するのに対し，解釈的アプローチでは，仮説を導いても，それは解釈の1つであり，再現性を期待しないために，検証を想定していない使い方になるのである。

3 解釈的アプローチの利用

解釈的アプローチの有効性

これまで説明してきたように，消費者行動論の研究においては，実証主義的アプローチと解釈的アプローチとは対立的な考え方であるために，学問としての有効性に関する論争を繰り広げてきたという経緯がある。しかし，企業におけるマーケティングの実践においては，この2つのアプローチを適切に使い分けることが求められている。

なお，解釈的アプローチは，本来は，あくまで深い理解を目的とするものであり，実践への示唆は必然ではないとされている。しかし，これまで見てきたように，解釈的アプローチは，実践において消費者インサイトを探るうえで有効な示唆をもたらすアプローチとなっている。というのは，解釈的アプローチでは，解釈における常識，思い込み，先入観といったものをできる限り排除することから，企業においては，解釈的アプローチが発想転換を促して，革新的な消費者インサイトの探索を行う理論的なよりどころとなるからである。

具体的に言えば，企業がマーケティング活動の実践的な目的から潜在需要の探索を行うとき，不確かで揺れ動く購買動機を質的手法に基づいて考察することで，潜在需要や課題解決に関する可能性の広がりを捉え，その中から他の企業や消費者さえも気付いていない潜在需要を発見できるという期待がある。たとえこのアプローチの適用を通じて，多様な可能性のうちで，どれが最も有望かを導けないとしても，これまでに捉えることができなかった潜在的な可能性の広がりを追究できるという意味で，十分に有効な方法となっているのである。

他方で，実証主義的アプローチが有効になる状況というのは，ある消費者層における消費者行動の平均的で安定的な特徴を捉える場合である。それは例えば，消費者のブランド選択などの平均的な特徴を明らかにすることで，競合企業よりも優れたブランド戦略を展開することを目指す場合などで重要になる。そのような状況では，可能性の広がりを追求することよりも，より効果的な計画を立てることが求められるため，実証主義的アプローチが用いられやすく，質的手法と量的手法を組み合わせて，課題を絞り込みながら検証することで，最適な選択を行うことが重視されることになる。

このように，マーケティングの実践においては，拡散的に課題や切り口を探索するときには，解釈的アプローチが用いられ，逆に，計画のために収斂的に問題解決を図るときには，その根拠を求めて，実証主義的アプローチが利用されると考えることができる。

解釈的アプローチに基づく製品開発の展開

解釈的アプローチの考え方が企業において，どのように利用されているのかを，ある調味料に関する製品開発を例に考えてみよう。以下に説明するのは，子育て中の家族にとって，食品の新製品を選択・購入する際にリスクを知覚するという課題を見つけ，それに対応したマーケティング計画を立てて成功したという事例である。

まず，食品のような最寄品は，経験財（第4章の COLUMN 3 を参照）に相当し，単価が安いため，試しに購買してみて，気に入れば継続して購入するということが起きやすいと考えられている。このことは，これまでのさまざまな調査や研究の蓄積から，疑いようのない定説であるとされている。

ところが，ある企業では，子育て中の母親の料理に関する質的データの中に，料理での失敗が大きなストレスになっていることを発見することになる。そこで，さらに質的データを集めることで，その背景には，共働きで子育て中の世帯では，週末に1週間分の食材をまとめて購入しており，週の後半では，残った食材を使った料理が食卓に出される傾向があること，そうしたありあわせの食材を使った料理を幼い子どもがなかなか食べてくれないこと，そうすると食事に時間がかかってしまうために，親が子どもに早く食べるようにせかしたり，怒ったりすることが多くなること，こうしたことが忙しい親にとっての貴重な家族団らんの時間を「台無し」にしてしまうこと，さらに，このことから楽しいはずの夕食が子どもにとっても楽しくない時間になり，ますます子どもの食事に時間がかかるようになるという悪循環に陥ってしまうこと，などが分かってきた。したがって，選ぶ食材や調味料に対しても，子どもが食べるかどうかを考えると，どうしても保守的になってしまうため，新商品に対するリスクを知覚するということになる。

そこで，この企業では，既存の子ども用甘口カレーのブランドを付けたカレーの味付け調味料を開発する一方で，上記のような子育て中の家庭の悩みに対応する商品であることを訴求して成果をあげることができた。すなわち，子どもに人気のある既存ブランドを付けた調味料であることによって，買物や調理において親が知覚するリスクを引き下げるとともに，子どもが食べないという問題は解決不能ではなく，新製品を使って解決できる問題であることを知らしめることで成功を収めたのである。しかも，このとき，消費者が子育てにおける食事の問題解決の重要さに共感して，eクチコミを発信したり，同じように共感した小売企業のバイヤー（商品仕入担当者）が店頭販促に協力したりすることも好影響をもたらしている。

さて，この企業が共働き世帯の育児中の食事における問題にたまたま気付いたとき，もし実証主義アプローチにすぐに移行して，そうした問題を一般化できるかどうかとか，食品は経験財なので試し購買を期待できるという定説を反証できるかという検証を行っていたら，まったく違う展開になっていた可能性がある。例えば，育児は大変なものという固定観念に基づいて，問題解決をあきらめている消費者から潜在需要の情報が得られず，新製品開発の代わりに，既存のカレー製品の販促活動としての料理レシピの配布にとどまっていたかもしれない。つまり，すでにある定説，固定観念，既存の代替製品などの影響を受けて，潜在的な課題の重要性を捉えることができず，保守的な意見や結論を導いてしまうことになっていた可能性がある。

他方で，育児中の食事の状況を解釈することについては，今回の新製品開発や広告・販促活動への展開が必然的でないことにも留意する必要がある。解釈というのは確定的なものではなく，いく通りもの解釈が可能となっている。例えば，育児中の共働き世帯が，料理に関する新製品に対して保守的な態度を見せるのであれば，問題解決のための新製品開発というのは矛盾しているという理由から，既存製品の料理レシピの配布が望ましいという結論になっていたかもしれない。

製品開発における対話と共感

これまで述べてきたように，製品開発においては，質的データの収集と解釈が重要となる。しかし，こうした質的データの解釈が確定的なものでないことから，社内を説得して，新製品企画や広告・販促計画を認めてもらうことは容易ではない。そこで，共感していない人でも合理的に判断できるような根拠となる量的・質的データが必要になる。ただし，そのようなデータは実証主義的アプローチを通じて得られるために，ある段階で解釈的アプローチから実証主義的アプローチに移行することを考える必要がある。

また社内の説得に関する別の方法として，1つの製品に多額の投資をするのではなく，「小さく産んで大きく育てる」といった考えに基づいて，新製品を開発し，発売後に顧客（市場）との対話によって，製品の機能を付加したり，広告での訴求内容を修正したりすることが行われる場合もある。こうした企業と顧客との相互作用を通じて消費者インサイトを探る場合でも，製品化や市場販売に関する社内での説得は不可避であるが，その抵抗は小さくなると予想される。しかも，近年では，オンラインでのクラウド・ファンディングを利用することで，新製品の開発資金と販売チャネルの問題を克服し，実験的に新製品の開発や市場販売を行うことも可能になっている。

さらに，前述のような解釈的アプローチの企業での実践は，その記述的な説明を通じて，共感をもたらし，その企業自体や他の企業における消費者インサイトを探る活動を刺激する場合もある。このように共感を通じて新たな解の可能性を広げられることも，解釈的アプローチのメリットであると言える。

演習問題

① ある商品を1つ取り上げて，その商品の購買動機に関する上位の目的をさかのぼって探り，それぞれの目的に対応する広告メッセージを考え，提案してみよう。

② 企業が消費者の潜在需要を捉えて新製品を開発し，消費者がその商品を見てから，自らの潜在需要に気が付いた商品が周囲にないか探してみよう。

EXERCISES

COLUMN 7　クールハンター

解釈的アプローチに基づく質的データの収集に関する実践的な事例の1つとして，クールハンター（cool hunter）の活用がある。辞書を見ると英語の cool は，その俗語として「すてきな」「すばらしい」「いかす」

といった意味をもっている。そして，クールハンティングは，1990年代に生まれた造語であり，特に若者層の流行やファッション，人気のスタイルを予測するための市場調査手法である。クールハンターは，若者たちがクール（cool）という言葉で表現する行為や製品を面接法や参与観察などによって集める調査員のことであり，企業では，クールハンターが集めた質的データを製品開発や広告に活用することになる。

最近では，物心ついたときからSNS環境下にあるZ世代（第8章の**Column 5**を参照）と，オンライン・プラットフォームを使って対話を図る調査会社や企業内の担当部署もあるとされる。若者層のライフスタイルを深く理解しようとするとき，若者の言うクールが企業にとっては多義的で捉えどころのないものであるため，まずは若者がクールと表現する行為や製品から解釈を行おうというのである。例えば，ボロボロのスニーカーを履いてスケードボードをしている青年をクールと表現しているならば，そうした場面をコーラの広告に使用するといった使い方をするのである。ちなみに，ある調査では，一番クールではないファッションは，親が勧める服装だったと言われている。

海外のある大学のシラバスには，自分の周囲のクールな事象を集め，そこから，新たな製品開発や広告・販促の提案を行うというグループ研究課題も示されている。

第11章

広告と消費者行動

1 広告の種類と役割

広告の種類

日常生活の中で広告に接することは多い。広告は，広告主が料金を広告媒体会社に支払うことで，消費者に情報が伝達される。広告の種類は，その媒体の違いによって次のように分類できる。第1に電波媒体によるものとして，テレビ広告，ラジオ広告がある。消費者は，広告を配信する電波媒体を基本的に無料で利用でき，映像や音声で広告メッセージを入手する。しかし，送られてくる広告メッセージの長さは一般的に非常に短い。

第2に活字媒体によるものとしては，新聞広告と雑誌広告がある。この種の広告では，電波媒体とは異なり，媒体に接触する時間的制約が少ない分，比較的多くの文字情報・画像情報を広告に盛り込むことができる。その反面，新聞や雑誌の多くは消費者にとって有料の媒体となっている。ちなみに，テレビ，ラジオ，新聞，雑誌は，総称してマスコミ4媒体と呼ばれている。

第3にインターネット媒体がある。電通が毎年発表する「日本の広告費」によれば（表11-1参照），2019年にインターネット広告費が2兆1048億円となり，初めてテレビ広告費を超え，直近2022年の3兆912億円にまで増加している。なお，インターネット広告には，リスティング広告（検索連動型広告），ディスプレイ広告，動画広告，記事・バナー広告（純広告），アフィリエイト広告，SNS広告などの種類がある。スマホの普及により，四六時中，消費者の手元に広告メッセージを届けることが可能となっている。

第4にその他として，屋外広告や交通広告などがある。前者としては，広告看板，デジタルサイネージなどがあり，後者としては，電車，バス，タクシーの車内ないしは車体に描かれた広告がある。

表 11-1　媒体別の日本の広告費

媒　体	2019年		2022年	
	広告費（億円）	構成比（%）	広告費（億円）	構成比（%）
総広告費	69,381	100	71,021	100
マスコミ4媒体広告費	26,094	37.6	23,985	33.8
・新　聞	4,547	6.6	3,697	5.2
・雑　誌	1,675	2.4	1,140	1.6
・ラ ジ オ	1,260	1.8	1,129	1.6
・テレビメディア	18,612	26.8	18,019	25.4
インターネット広告費	21,048	30.3	30,912	43.5
プロモーションメディア広告費	22,239	32.1	16,124	22.7

（注）プロモーションメディア広告費は，屋外，交通，折込広告（チラシ広告），DM，フリーペーパー，POP，イベント・展示・映像ほかからなる。
（出所）電通「日本の広告費」より抜粋。

交通広告は，移動中，手持無沙汰な消費者にとって，認知されやすいという特性がある。なお，表 11-1 のプロモーションメディア広告費には，注に記されているように，本来，広告というよりは販促活動に該当するようなツールも多く含まれている。

広告の意思決定

広告は，第2章で述べたマーケティングミックス（4Ps）のうち，プロモーション，すなわち広告・販促の活動計画の策定に位置付けられる。いくら良い製品で，価格も妥当で，アクセスが容易な店舗で販売されていたとしても，その製品の存在について知らされていなければ，消費者は購入することができない。広告は，消費者に対する重要なコミュニケーション手段として機能している。

それでは，広告は具体的にどのようなプロセスでその内容が決定されていくのだろうか。コトラー（2003）は，広告の意思決定内容を次の５つのＭとして示している。

⑴　目的（mission）――情報提供，説得，リマインド，意思決定の強化といった広告目的を決定する。

⑵　メッセージ（message）――ターゲットに適合した広告メッセージを制作する。

⑶　媒体（media）――リーチ（到達），フリークエンシー（露出頻度），インパクトを考慮して広告媒体を選択する。

⑷　予算（money）――製品ライフサイクル，マーケットシェア，競争などを踏まえて広告予算を決定する。

⑸　評価（measurement）――広告効果としては，売上に対する効果とコミュニケーション効果があり，それらを評価する。特に後者については，認知，想起（記憶），説得などに関する広告効果を事前に予測したり，事後的に評価したりする。

広告の役割

広告には，一般的に次のような役割がある。第１に，情報提供の役割である。つまり，広告は，製品・サービスの特徴を消費者に情報として伝達する。企業の視点で言えば，広告は，製品・サービスに対する正しい理解を消費者に促すという機能をもつ。

第２に，広告は，消費者を説得するという役割をもつ。すなわち，広告には，選択に迷っている消費者やその製品・サービスに対するニーズをもっていない消費者に購買意図を形成させる働きがある。これを企業の立場で捉えるなら，広告は，売上に対する効果をもつという意味になる。他方で，テレビ広告などには多額の経費がかかるため，その広告費を十分に負担できる大手企業に製品需要が集中すると考えれば，広告が競争を阻害するという広告批判の論拠になる。

第３に，第５章でも少し触れたが，広告には顧客満足を維持する効果がある。特に自動車などの高額でハイリスクの製品を購入した場合，消費者は，考慮集合に含まれていた競合品を購入したほうがよかったのではと認知的不協和を感じることがある。そうした状況下の消費者が不協和を解消するために，選択しなかった競合品の広告を避けたり，反対に選択した製品の広告を購買後も積極的に視聴・閲覧したりすることがある。広告が単なる製品情報の提供であるなら，選択後の消費者には不要であるが，このような状況下では，購買後の消費者の意思決定の正しさを補強する役割を広告が果たしている。言い換えるなら，広告は顧客満足を維持する働きをもっていると考えられる。

第4に，消費者への間接的な効果として，広告は，卸売業や小売業の仕入れ担当者を刺激することで，取扱数量を増やし，店頭における露出の機会を高める役割をもつ。また，広告には企業イメージを向上させることで，雇用促進やステークホルダーの評判を高めるといった働きも期待されている。

2 広告と購買意思決定

刺激－反応モデルと広告

以下では，第3章で述べた刺激－反応モデル，刺激－生体－反応モデル，それに第6章で述べた消費者情報処理アプローチの視点から広告について考えてみる。

まず，刺激－反応モデルでは，広告は消費者にとっての刺激として捉えられる。そして，消費者行動としての反応は，一般的に購買と捉えることができ，それは企業の立場では売上を意味している。つまり，刺激－反応モデルにおいて，広告は，売上に対する効果として認識可能である。

例えば，100店舗からなる小売企業が，週末のセールのため新聞にチラシ広告を入れたとする。他の条件が一定とし，全店舗の前週末の売上と比べた今週末の売上増加分を広告による貢献と見なすことにする。ここで，チラシ広告の枚数は，店舗が存在するエリアごとに異なるはずなので，前週と比べた各店舗の売上の増加分を各エリアのチラシ広告枚数で割り算すれば，広告１枚当たりの貢献売上額がエリアごとに計算できる。また，各店舗の売上増加分を従属変数とし，当該エリアのチラシ広告枚数を独立変数とする回帰分析を100店舗のデータを用いて行えば，両変数は，一次関数として表現されることになり，チラシ広告が貢献売上額に及ぼす影響を推定することが可能になる。

また，広告と売上の関係は，経済学用語で言えば，広告の需要弾力性として捉えることができる。これは，広告を一単位増加させた場合の需要の増加分を意味する。例えば，広告投入量を10％増加させた場合に需要が５％増加すれば，広告の需要弾力性は0.5となる。需要弾力性が高い製品は，広告による影響が強く，逆に低い製品は，広告の影響が弱い製品と判断できる。広告の需要弾力性に影響を及ぼす要因としては，財のタイプ（最寄品か買回品（かいまわりひん）か），競争状況，それに広告内容などが考えられる。

刺激－生体－反応モデルと広告

次に，刺激－生体－反応モデルは，刺激－反応モデルではブラックボックスになっていた消費者心理に焦点を当てる。つまり，外見上は見ることのできない消費者の認知，感情，意図などを媒介要因として設定し，刺激と反応の関係を分析する。言い換えると，広告は，そうした心理的な反応を呼び起こすことで，購買という行動に至ると考える。具体的には，認知，感情，購買意図の段階へと影響の度合いが深まっていくことを前提としており，認知前の広告の露出や到達の段階から購買直前の購買意図の形成までの効果は，広告のコミュニケーション効果と呼ばれている。

認知，感情，購買意図のいずれの段階に広告で訴求するのかについては，広告の目標との関係がある。新製品であれば，製品の基本機能を説明し，認知段階に訴求することが，広告の目的となるであろうし，成熟期のよく知られた製品ブランドであれば，有名タレントを広告に起用するなどして，イメージの差別化を図ろうとするかもしれない。

このように，刺激－生体－反応モデルは，広告効果を消費者の心の中にある要因間の関係として捉える点にその特徴がある。そして，こうした消費者心理における諸要因間の関係を情報の役割に着目しながら，さらに，記憶などの局面もあわせて詳しく検討するために，次に述べる消費者情報処理アプローチが利用されることになる。

消費者情報処理アプローチと広告

第6章で述べた消費者情報処理アプローチでは，感覚レジスター，短期・長期の記憶，さらに，それらを司る目標の階層と情報処理能力などが特徴として示されていた。そして，消費者が広告に接触すると，感覚レジスターを構成する視覚や聴覚から，その情報が取得されることになる。

ただし，接触した広告情報がすべて処理されるとは限らない。なぜなら，消費者がその製品やサービスの購入という目標を持っておらず，まったく関心がなかったり，広告のインパクトが足りなかったりすれば，その広告に注意が払われないからである。つまり，意識されて初めてその対象に注意が向けられるという意味において，注意は選択的なものである。また，広告が提示される際に，競合他社も含め広告が多すぎる状況においては，第6章で述べた情報過負荷が生じて，回避されたり，それらにストレスを感じたりすることで，広告情報が適正に処理されないことも考えられる。

次に，外部情報として取得された情報は，それを理解するためのステップへと進む。そこでは，すでに長期記憶に保持されている製品・サービス情報や購買経験などの知識を用いて解釈がなされる。また，広告情報の信憑性，有用性，説得性などを踏まえて，消費者は，その広告を受容するかどうか判断するはずである。同時に，その広告情報について支持する，あるいは反発するといった感情を抱くこともある。さらに，受容された広告情報は，長期記憶に保持されることによって，将来の購買意思決定において有用な知識となるかもしれない。

第6章で述べたように，消費者情報処理アプローチを踏まえた消費者意思決定の応用理論として精緻化見込みモデルがある。このモデルを広告に適用すると，広告効果は，消費者の関与水準の違いによって異なることが示唆される。つまり，関与水準が低い場合，消費者は，製品の本質的な機能や特徴に関する広告情報（中心的経路による情報処理）よりも，よく宣伝されているとか，好みのタレントが広告しているといった周辺的な広告情報に基づいて意思決定がなされる傾向にあると考えられる。

3 広告効果の概念と測定

売上への効果の測定

広告が有効に働いたのかどうか，企業は，その効果を客観的に測定する必要がある。企業業績が低迷すると，3K（交通費，交際費，広告費）をまず削減することがしばしば言われるが，これは，広告がマーケティングミックスの重要な要素の1つであることを無視した発想である。広告費は，マーケティング戦略の遂行に欠かせない経費であり，一種の投資である。したがって，マーケティングミックスの他の要素とのシナジー効果を考えつつ，無駄な広告支出を避けるためにも，その効果測定が重要となる。

広告効果を捉える際にまず思い浮かぶのは，売上に対する効果であろう。広告は，消費者へのコミュニケーション手段と位置付けられ，製品やサービスに消費者ニーズがあれば，広告によってその存在や特徴を知った消費者の購買の可能性は高まる。そのため，広告が売上を増進する効果を測定しようという発想は当然出てくる。例えば，スーパーマーケットの売場にPOP広告を掲示した後に，売上がどの程度増加したかを調べることは容易にできる。また，同一製品ブランドに関し，ケーブルテレビのネットワーク内で配信地区によって異なる広告パターンを放映し，スーパーマーケットにおける当該製品ブランドの売上の増加率を配信地区間で比較すれば，広告パターンの優劣を判断することも可能であろう。これは，第9章で述べたフィールド実験による効果測定である。

ただし，ここで注意しなければならないのは，売上が広告のみによって達成されるわけではないという点である。広告情報を得たことが必ずしも購買（すなわち，売上）に繋がるとは限らず，製品の品質，価格，小売店舗内の陳列や販促活動，流通段階への営業活動など広告以外の自社のマーケティング活動要因が購買に影響していることもあるはずで，テレビ，ラジオ，新聞，雑誌の媒体別広告効果を他のマーケティング要因による効果から厳密に峻別することはきわめて困難である。そのため，実際には，次に述べるコミュニケーション効果に着目することが多いとされている。

コミュニケーション効果の測定

コミュニケーション効果は，購買に至る前の段階で広告効果を捉えようという発想に基づいている。まず，広告がどの程度消費者に届いたか，つまり到達（リーチ：reach）の度合いを測るという方法がある。広告を消費者の目や耳に触れさせることを広告露出というが，その広告が実際にどの程度消費者に届けられたかというのが，広告の到達という概念である。テレビ広告では，視聴率をそのエリアの世帯数と掛け合わせることによって，広告の到達世帯数を計算できる。同様に，ラジオ広告であれば聴取率が，新聞や雑誌であれば発行部数や出版部数が重要な指標となる。

また，テレビ広告について15秒単位で取引されるスポット広告が放映された番組の視聴率を一定期間，合計したものをGRP（gross rating point）と呼んでいる。例えば，視聴率10％の時間帯に2本，視聴率5％の時間帯に5本の広告を流すと，(10×2)＋(5×5)＝45GRPとなり，この数値が高いほど，到達者数が増え，広告効果が高いと考えられる。視聴率，聴取率，発行部数，出版部数は，当然，広告主に提示される数値であり，また広告効果の測定のために別途経費がかからないという意味において利便性の高い指標となっている。

次に，消費者に対して調査を実施して，認知，記憶，態度，購買意図などを明らかにすることによって広告効果を測定するという方法もある。これには，別途，調査が必要になるため費用がかかる。例えば，新聞広告の認知度を測定するために，電話調査が行われることがある。これは，新聞に広告を掲載した直後に消費者に電話をかけ，どのような広告を覚えているかを尋ねるという調査である。効果測定の対象となる広告を覚えていれば，それは再生（recall）レベルで効果が検出されたことなる。また，再生には至らなくても，いくつかの広告をヒントとして伝えたうえで，当該の広告の掲載を思い出すことができれば，それは再認（recognition）レベルで効果が検出されたと見なす。

なお，広告を見た記憶が，いつまでも長期記憶内に残存していることもある。購買状況にある消費者が以前見た広告の記憶を引き出し，それが購買意思決定に繋がることも多く，そうした効果を広告の繰り延べ効果と呼ぶ。つまり，広告効果は，中長期的に持続すると考えられる。

さらに，広告が当該製品・サービスへの好意的態度や購買意図の形成に貢献したかどうかを明らかにするためには，消費者への質問紙調査を実施することができる。ただし，好意的態度や購買意図をあらかじめ形成していた消費者も，一定の割合で存在していたはずで，単に現時点での態度や購買意図を尋ねただけでは，それが広告によってもたらされたのかどうかは不明である。そのため，広告効果の判定にあたっては，製品や広告への事前接触の有無で消費者を分類して，グループ間比較を行ったり，広告が展開される前後の態度や意図の変容を比較したりするなどの工夫が必要となる。また，広告は，製品情報を伝達することで，製品への態度に正の影響を及ぼすと一義的には考えられるが，同時に，広告への態度（その広告が好きか嫌いか）が，製品への態度に影響するという考え方も存在している。

インターネット広告の効果測定

一般に，インターネット広告は，マス媒体よりもよりターゲティングを行いやすく，企業は，オンラインでの行動履歴から特定の特徴をもつ消費者に対して広告を提示したり，商品や企業に関心を寄せた消費者を追跡して広告を送ったりすることができる。消費者は，クリックすることによって，広告を閲覧（すなわち，到達）し，そのことが直ちに企業によって把握される。また，その後の情報の閲覧や購買といった行動を正確に追跡することができるため，マス媒体の広告に比べて効果測定がしやすいという特徴がインターネット広告にはある。

インターネット広告の効果測定でよく使われる指標としては，次の３つがある。第１が，インプレッション数で，これは，インターネット広告が表示された回数，すなわち広告の露出回数のことである。広告が消費者に表示されたことで何らかの印象を与えるという意味で，インプレッション（impression）という用語が使われている。インターネット広告料金設定のうち，インプレッション課金方式は，例えば，広告が1000回表示されるごとに広告料金が発生するという方式である。

第2が，クリックスルー・レート（clickthrough rate）で，これは広告が表示された回数に対するクリック数の割合を表す。インターネット広告は，他の広告とは異なり，画像や文章にハイパーリンクを設定して閲覧者が広告をクリックすると，広告主が指定したウェブページに誘導される仕組みになっている。クリックスルー・レートは，この広告に埋め込まれたリンクを開く操作の頻度を示す指標であり，その値が高ければ，広告主が用意したウェブサイトやコンテンツを多くの人々が閲覧していることになり，効果が高いと判断される。インターネット広告料金設定のうち，クリック課金方式は，消費者が広告をクリックした回数に応じて料金が発生するという方式である。

第3は，コンバージョン・レート（conversion rate）である。これは，広告の閲覧者のうち，企業が着目する成果指標（例えば，購買，資料請求，会員登録など）が実現した割合を表す。この指標は，前のクリックスルー・レートと似ているが，購買など企業が期待する行動に結び付いた閲覧者の割合を意味しており，より重要な効果測定指標と言える。

ここで，インターネット広告の効果を把握するためのツールについて少し触れておきたい。上に述べた効果測定指標を把握するためのツールとしては，さまざまなものが基本的に有償で提供されており，取引規模，目的とする効果測定指標，使い勝手の良さ，料金などを考慮に入れて，自社にあったものを選ぶ必要があるであろう。

また，特定の広告サイトへのアクセスとして，訪問者数と各人の属性，流入元，アクセス後の行動などの情報を入手するには，アクセス解析ツールが有用である。これに関しては，Google アナリティクスなど基本的に無償のものも利用できるであろう。

4 マーケティング意思決定と広告管理

広告管理の位置付け

第2章で述べたように，広告は，マーケティングミックス（MM）のうちの広告・販促活動（promotion）に該当する。そのため，製品・サービスの広告は，製品，価格，流通チャネルといった個別意思決定要因と統合的に決定・管理される必要がある。一般的に，製品・サービスの市場への導入にあたっては，そのためのマーケティング予算の範囲の中で広告予算が割り当てられる。したがって，費用対効果が高くなるように広告媒体の選定を行う必要がある。例えば複数の広告媒体を扱う場合，それらの相乗効果を考慮しながら，媒体別の広告予算の決定が求められ，そうしたことをメディア・ミックスと呼んでいる。

広告効果階層モデル

広告主や広告代理店は，広告を効果的・効率的に出稿・管理しなければならない。広告は直ちに購買に繋がるのではなく，外部情報としての広告に接した消費者の心理の諸段階に深く浸透してから購買行動に繋がると考えられるため，そこにいくつかの段階を設定して，効果を確認しながら広告を管理しようというのが，広告効果階層モデルである。代表的なモデルとしては，AIDMA，DAGMAR，ラビッジ・スタイナー・モデルなどがある。それらにおいて，広告への反応は，広告に注意を払う認知的反応段階に始まり，情緒的反応，行動的反応という段階を経て購買に繋がると仮定されている。これらのモデルは，消費者心理にある変数を取り上げてはいるものの，主たる目的が実務への貢献，すなわち広告管理である点で，先に述べた刺激－生体－反応モデルによる広告の説明とは，その出自と目的が異なっている。

AIDMA モデルは，日本の広告業界で最もよく知られている。その起源は古く，アメリカのローランド・ホール（Roland Hall）が，1924 年に出版した *Retail Advertising and Selling* という著書の中で示したことにある。AIDMA モデルの「A」は “attention”（注意），「I」は “interest”（興味），「D」は “desire”（欲求），「M」は “memory”（記憶），最後の「A」は “action”（行動）を意味している。つまり，広告によって，注意が向けられたか，興味・関心をもってもらえたか，その製品に対する欲求が高まったか，その広告や製品を記憶に留めてもらえたか，最終的に購買に至ったかといった具合に段階を追って効果を測定しながら，広告管理を行うためのモデルとなっている。

次に，AIDMA モデルを一部発展させたものとして知られているのが，DAGMAR モデルである。これは，コーリー（Colley）が，1961 年に広告の目標管理と効果測定方法を述べる中で提言したモデルである。そこでは，未知（unawareness）⇒認知（awareness）⇒理解（comprehension）⇒確信（conviction）⇒行動（action）という 5 段階に着目して広告管理を行うことが主張されている。

さらに，やはり 1961 年にマーケティングの代表的な学術誌に示されたラビッジ・スタイナー・モデルは，広告効果の背後にある消費者の心理変容を認知（awareness）⇒知識（knowledge）⇒好意（liking）⇒選好（preference）⇒確信（conviction）⇒購買（purchase）の 6 段階の階層で捉えている。

なお，インターネットでの購買を想定した階層モデルとして電通が提唱したのが，AISASモデルである。その階層としては，注意（attention）⇒興味（interest）⇒検索（search）⇒行動（action）⇒情報共有（share）が示されている。それまでの階層モデルと異なるのは，一般的な購買意思決定プロセスでは明示されることのなかった，検索と購買後のレビューやクチコミ情報の共有が含まれている点である。

また，同様のものとして，コトラー＝カルタジャヤ＝セティアワン（2016）のマーケティング4.0の中でカスタマージャーニーの視点を踏まえて5Aフレームワークが提唱されている。これは，認知（aware）⇒訴求（appeal）⇒調査（ask）⇒行動（act）⇒奨励（advocate）というステップを時間的に捉え，顧客と企業や社会とがもつタッチポイントを提示・管理しようという発想に基づいている。AISASモデルが，インターネット取引を前提としていたのに対し，こちらは必ずしもそれに限定していない点には注意が必要である。

広告効果の阻害要因

階層的なステップを考慮して，効果的な広告を制作・出稿しようとする広告主であっても，さまざまな要因によってそれが阻害されることがある。第1に，広告目的と予算の問題がある。そもそも広告の目的が曖昧であったり，一定の広告予算がなかったりすれば，消費者に伝達すべき広告の質と量の面で問題が生じるであろう。第2に，広告目的に沿った情報を限られた時間やスペースの中に凝縮させることを広告の符号化と捉えれば，その段階で問題が生じることがある。これは，主に，顧客ニーズと訴求内容のミスマッチから生まれるものと考えられる。第3に，伝達の問題がある。そこでは，標的顧客へ広告がうまく到達しなかったり，競争によって氾濫する広告環境の中で，自社の広告が埋没してしまったりという状況が考えられる。第4は，符号化された広告情報を消費者が解読する際の問題がある。これは，広告が露出・知覚されたとしても，その意味内容を消費者が正しく解釈できないという問題を指す。その他にも広告の信頼性の欠如や広告への「飽き」が生じる摩耗といった現象によって，広告効果が阻害されることもある。

演習問題

① あるテレビ広告を１つ取り上げて，精緻化見込みモデルの視点から，その広告の特徴を分析してみよう。
② あなた自身の購買意思決定に対して，インターネット広告の方がテレビ広告よりも強い影響があるとすれば，それはなぜか，また，逆に影響が弱いとすれば，それはなぜか，それぞれの理由を考えてみよう。

EXERCISES

COLUMN 8 サブリミナル広告

サブリミナル効果は，イェール大学のスクリプチャー（Scripture）が1897年に著した *The New Psychology* という書籍の中でその原理を解説したのが始まりとされている。これは，消費者が意識できない，つまり潜在意識に刺激を与えることによって，広告主が期待する効果を得ようとする広告である。有名な逸話としては，1950年代，アメリカの映画館で，映画のフィルムの中に，視聴者が認識できない時間間隔でポップコーンとコーラの消費を促すメッセージを忍び込ませたところ，休憩時間に売店でポップコーンとコーラがよく売れたという。すなわち，１秒当たり20～30コマの動画の中に，映画とは関係のない画像を１コマ紛れ込ませても観客はそれに気付かないが，潜在意識に働きかけられることで，購買意欲が高まったということである。ただし，その逸話の真偽は確かではなく，その後，多くの研究者がサブリミナル効果について研究を行っているものの，その効果の科学的検証には至っていない。

しかし，1970年代に，ブライアン・キイ（Bryan Key）が『潜在意識の誘惑』で主張したように，サブリミナル技術が多くの広告で用いられたことから，アメリカやカナダでは，消費者を欺く性質のものとして規制がかけられるようになった。そして，日本でも，1995年に日本放送協会（NHK）が，また，99年に日本民間放送連盟が，それぞれの番組放送基準の中でサブリミナル的表現の禁止を謳うこととなった。

なお，テレビ広告や映画のような動画ではなく，雑誌広告や企業ロゴのような静止画においても，消費者の潜在意識に働きかけを行ったとされるものが多数存在している。企業ロゴでいえば，Amazonの湾曲した矢印をよく見ると笑顔を暗示させるし，物流サービスの世界最大手企業であるFedEXのロゴの「E」と「X」の間の空間をよく見ると，その余白が矢印に見え，スピード感と地点間の配送の確実性を連想させる。

また，一般的に，サブリミナル効果には，視覚のほかに，聴覚や嗅覚に訴えるものもあるとされている。ほとんど知覚されないような音や匂いが，消費者の購買意思決定に影響を及ぼす可能性があるという視点から，これらについては特に心理学分野において研究が行われている。

第12章

小売店舗における消費者行動

1 消費者の買物行動

買物行動を考える意味

消費者行動の中で特に消費者が店舗で商品の購買意思決定を行う行動プロセスのことを買物行動という。この買物という用語は，「店に買物に行く」という日常的な表現と同じような意味で使われる。

では，なぜ消費者行動の中で買物行動だけを抽出して考える必要があるのだろうか。もし消費者が自分の経験やテレビ広告などの販促情報に基づいて購入するブランドを決め，そのブランドを直ちに入手できるのであれば，消費者の買物行動はあまり問題とならない。しかし現実には，店舗（オンライン店舗も含む）で購入するということが，購買意思決定プロセスを考えるうえで無視できない影響をもたらす。つまり，店舗で買うという状況において生じる消費者行動の特徴があり，その特徴を捉えることがマーケティングの実践において重要な課題となるために，消費者における買物行動の知識が重要となるのである。

例えば，店舗で買うことを想定したとき，消費者の購買意思決定プロセスは，消費者がどこで商品を購入するかという店舗の選択と，店舗内においてどのブランドを選択するかという店舗内でのブランド選択の２つに分けることができる。つまり，これまでの説明のように購買するブランドを選択するための購買意思決定プロセスに加えて，店舗の選択というプロセスを新たに考えることができる。このとき，基本的な意思決定プロセス自体は変わらないとしても，外部情報の処理において，買物前に店舗の外で行われる情報処理と店舗の中で買物の最中に行われる情報処理という区別が生じることになる。そして，店舗の選択と店舗内でのブランド選択という２段階の構成になることや，店舗外と店舗内という情報処理の区別が生じることに基づいて，店舗内でのブランド選択の前提としての店舗選択行動を考えたり，店舗内での情報処理に対応した販促活動の効果を検討したりすることが可能になる。

それゆえ，小売企業の戦略的意思決定において，消費者の買物行動を考えることは重要な課題となる。すなわち，消費者がどの店舗で買うかという店舗選択行動を理解することは，小売企業にとって，いかに消費者に選ばれる店舗になるかについての店舗戦略を考えるうえで不可欠なことである。また，消費者が店舗内でどのような情報処理を行うかを理解することは，小売企業における品揃え形成，価格設定，販促活動などの有効性を高め，店舗販売額を引き上げるうえで重要な知識となる。そして，製造企業にとっても，どのような販売チャネルを選択すべきか，小売店頭販促での協力をいかに得るかというチャネルの選択・管理問題と結び付いた消費者行動の実践的課題にも繋がっている。

では，なぜ店舗の選択がブランド選択の制約や前提になるという状況が生まれるのだろうか。また，外部情報の処理を店舗外と店舗内で分ける意味はどこから生じるのだろうか。もしブランドロイヤルティがきわめて高く，消費者が入手のための努力をまったく惜しまないという状況にあるなら，ブランド選択のウェイトが圧倒的に大きくなり，店舗の選択は当該ブランドを扱っているかどうかで決まり，店舗選択の問題は意思決定として重視されないだろう。その状況では，ブランド選択は店舗に出かける前に行われているはずなので，店舗内の情報処理は，ブランドを選択するためのものではなく，ブランド内での品種・品目の選択のために行われるはずである。

しかし，現実には，消費者が入手のための努力をまったく惜しまない状況というのは，ごく限られた場面でしか存在しない。ほとんどの場合では，店舗を訪れる時間や労力を考えながら，どの店舗で買うかを事前に考えたり，いったん訪れた店舗内でのブランド選択をしたりする。つまり，消費者が商品を入手するためには何らかの努力を払う必要があるために，店舗の選択に慎重になり，ブランド選択に影響したり，店舗内での情報処理に特別な意味がもたらされたりすると考えることができる。そこで，まずそのような消費者の努力量を表す買物費用について説明し，それがいかに店舗の選択や店舗内での情報処理を規定するのかを考えてみよう。

買物費用と買物生産性

買物費用とは，消費者が店舗で商品を入手するために費やした費用のうちで，商品価格として支払った金銭的費用を除いた費用のことであり，それは交通費や配送費のような金銭的費用だけでなく，時間や労力，心理的な負担感のような非金銭的費用を含んでいる。

これまで述べてきた購買意思決定プロセスでは，購買のための情報処理に関する費用という問題はあまり考えてこなかったが，消費者の買物行動を捉えるときには，この費用の問題が重要になる。

具体的には，買物行動は店舗において行われるために，店舗に出かけて，商品を購入し，持ち帰るまでのプロセスにおいて，時間や労力，そして，交通費のような経済的な負担が発生するが，これらの費用の大きさが，どの店舗でどのブランドを購買するかに影響する。たとえオンライン販売の場合でも，実店舗でのこうした費用と比べて，店舗に出かけて商品を持ち帰ることを代替する配送費や配送されるまでの待ち時間に関する費用が低いかどうかを考えることになり，それらも買物費用になる。

そして，消費者の買物行動を考えるときには，この買物費用についての合理的な行動を想定する。すなわち，買物行動を通じて得られるベネフィット（買物ベネフィット）を成果とするなら，その成果を得るために支出する買物費用を抑制して，買物費用当たりの買物ベネフィット（つまり買物ベネフィット／買物費用）として表される買物生産性を引き上げるように買物行動がなされていると考えられる。要するに，買物費用についてのコスト・パフォーマンスがよくなるような買物行動を取ることになる。

なお，買物ベネフィットというのは，買物で入手した商品自体の価値のほか，買物の最中に収集された情報の価値や買物の楽しさに基づくベネフィット（効用）と考えることができる。これらのうちで情報の価値とは，買物の最中に予定外の商品を発見した喜びや，買物における情報収集を通じて，今後の買物にも利用される情報を得ることのベネフィットである。また，買物の楽しさは，こうした情報収集や発見に由来する「楽しさ」と重なるものでもあるが，買物という行為自体を娯楽として楽しんだり，気分転換としたりすることによるベネフィットである。

そして，買物ベネフィットの中心となるのが，入手した商品の価値であり，消費者がより遠方の店舗にまで出かけて，多くの店舗を比較して商品を探すほど，より望ましい商品を得たり，低い価格で購入できたりすることで，入手できた商品について，価格当たりのより高い価値を知覚することになるだろう。したがって，あるブランドについて店舗間の価格比較を徹底的に行えば，買物ベネフィットは大きくなると予想されるが，その反面，いくつもの店舗で商品を探し回るというのは，買物に時間，労力，交通費などを費やすことになるので，買物費用は大きくなるというトレードオフの関係が生まれる。

そこで，消費者は，こうしたトレードオフ関係を前提として，買物生産性が最も高くなるような買物行動を取ることになる。例えば，買物費用のうちで多くを占める店舗までの往復や店舗間の移動費用を買物ベネフィットに対して小さくするために，商品ごとに買物に出かけるよりも，買物に出かけたら多数の商品を一度に購入することが選択されるようになる。それは後者のワンストップ・ショッピングのほうが移動の総時間を短縮して，買物生産性の高い買物行動となっているからである。また，消費者が都心や大規模なショッピングセンターで衣料品を買おうとするのは，商品を店舗間で探し回るうえで，衣料品の店舗が密集している場所や施設のほうが，探索のための店舗間の移動費用を引き下げることができるからである。

商品の種類や消費者層による買物費用の違い

これまで説明したように，消費者は買物費用を抑えるような買物行動を取っていると考えられるが，買物費用への対応の仕方は，商品の種類によって異なる。例えば，食品や日用雑貨品のような最寄品は，購買頻度が比較的高く，しかも，消費者が買物費用の負担を特に避けようとする商品であるために，多くの種類の商品を一度の買物で購入することを通じて買物費用の引き下げが行われやすい。

他方で，衣料品のような買回品では，購買頻度が高くないため，多種類の商品をまとめて購入することは少ないが，商品を比較してから購入しようとする商品である。そこで，買回品の場合，同じ種類の商品を多数取り揃えている大規模な店舗や店舗が密集している施設を選ぶことで買物費用の節約を考える傾向がある。

また，消費者層によっても買物費用の負担感や対応が異なることが予想される。例えば，仕事などで忙しい生活を送る消費者は，買物時間による負担感が大きくなるために，休日に多くの種類の商品をまとめて購入することで，買物費用を節約する傾向がある。それに対して，高齢者層は，買物のための移動に関する身体的・心理的な負担を知覚しやすく，自家用車などの移動手段に関する利用可能性の制約があるため，遠方の大規模店舗でまとめ買いをすることよりも，近隣の店舗を利用する傾向が強いと考えられる。

このように商品の種類や消費者層によって，どのような買物費用が問題となり，どのような買物行動になりやすいかが異なることになる。そこで，企業としては，取扱商品の種類や顧客ターゲットを考えながら，戦略を考える必要がある。特に，小売企業においては，商品種類やターゲットに基づく買物行動の特徴を踏まえて，店舗立地や品揃えの広さ・深さを決定することが重要になる。

2 計画購買と非計画購買

買物行動の計画性

これまで説明してきたように買物行動では，情報処理を入店前の店舗外で行われるものと店舗内で行われるものとを区別して考える。そして，この店舗外と店舗内の情報処理の違いから派生する買物行動の種類として，計画購買と非計画購買がある。

計画購買とは，ある商品に対する購買意図が店舗を訪れる前にあり，何をどこで購入するかという計画が事前に店舗の外で形成されている買物行動である。それに対して，非計画購買とは，購買意図が店舗の中で形成され，入店前には計画がなかった商品を購買する買物行動である。

ここで計画購買と非計画購買とを分ける要素は，事前に店舗の外で計画を立てたかどうかになる。非計画購買の1つとして「衝動買い」と一般的に言われる純粋衝動購買のイメージから，衝動的な需要が非計画購買の条件のように見えるが，それは条件とは言えない。確かに衝動的な需要は非計画購買を促す要因ではあるが，テレビ広告を見て，商品に一目惚れして，衝動的に店舗に走ったのなら，店舗外で計画が立てられたので計画購買となる。また，店頭で商品を見かけて購買意図をもったとしても，その場で買わずに，店舗の外に出て，情報を収集してから購買する場合も計画購買になる。

この事前の計画は，これまで述べてきた買物費用と関連するものである。すなわち，店舗を訪れるのに移動費用がかかるため，消費者は効率的な買物行動をしようとすれば，店舗に行く前に，何をどこで買うかとか，何をどこで探索するかという買物の計画を立てることになりやすい。ただし，そのような計画が買物生産性を向上させるのは，何を買うかという購買意図があることが前提となっている。前述の買物生産性で言えば，買物ベネフィットの多くが購入する商品の価値に依存しており，その商品の価値が事前に分かっているならば，どこで探索して買うかを事前に計画して行動することで，買物費用を節約し，買物生産性を高めることができる。つまり，効率的な買物の計画をもつことで，買物の時間や労力の無駄を省くことができるのである。

非計画購買の発生

潜在需要はあっても，店頭の商品を見ないと商品の購買意図が明確にならないこともよくある。その場合でも，もし消費者が慎重な判断をするならば，店舗外で情報を収集してから，あらためて次の機会に計画購買をすることもあるだろう。ただ，それには移動にかかる多くの買物費用が発生してしまううえに，その商品が売り切れてしまったり，他店舗にもなかったりするリスクを知覚することによる買物費用が発生する。そこで，そのような次の機会での購買に伴う買物費用の高さを考えて，商品を発見したときにその店舗での購買を決定することがある。このとき非計画購買が発生すると考えることができる。

非計画購買は，衝動に突き動かされる行動として非合理的な買物行動のように見えるが，消費者が自覚していないだけで，実際には買物費用に基づく合理的な判断があると推測される。ちなみに，衝動買いによる後悔が発生しやすいのは，購買意図の脆弱性により，購買時点では欲しいと思っていたが，購買後に振り返るとそうでもなかったといったことが起きたり，購買後に代替製品に関する情報収集の不足に気が付いたりするためと考えることができる。

また，こうした非計画購買は，店舗に訪れている状態を起点とする買物行動であり，計画購買と同様に，店舗を前提とする買物行動に固有の現象と考えることができる。では，なぜ店舗を訪れたかと言えば，他の商品の買物で店舗を訪れていたり，情報の入手や買物の楽しさといった他の買物ベネフィットを求めたりすることが考えられる。

さらに言えば，オンライン購買では，オンライン状態のまま，EC 店舗の外の SNS，レビューサイト，他の EC サイト，企業サイトなどの外部の情報源に簡単に移動できるため，計画購買と非計画購買の区別が曖昧になっていることに注意する必要がある。すなわち，ある EC で提案された商品が気に入ったときに，そのサイトから出ずに，即時的に購入すれば，非計画購買と言えるが，その商品の評判を SNS やレビューサイトなどで確認すれば，店舗外での情報収集と計画の練り直しをしているために計画購買になる。しかし，消費者にとっては，このサイトを移動する費用はとても小さいために，非計画購買と計画購買の違いはあまり意味をもたなくなるのである。この問題は第 13 章であらためて考えたい。

計画購買の種類

計画購買は，さらにいくつかの種類に分けることができる。まず，計画購買のうちでも，ブランドレベルでの購買意図と購買計画をもって買物を行う場合は，特定的計画購買と呼ばれる。この場合には，特定ブランドの製品を購買するために買物に出かけることになり，そのブランドを扱っている店舗を訪ねて，それを購入する場合もあれば，そのブランドを扱っている店舗を探したり，店舗の中でそのブランドのどの品目を買うかについて，比較したりする場合もある。

それに対して，製品クラスレベルでの購買意図と購買計画があるが，どのブランドを買うかは決まっていないような購買行動は，一般的計画購買と呼ばれる。例えば，スポーツシューズを買いたいと思って，スポーツ用品店を訪れたり，スポーツシューズを扱っている店舗を探索したりするのが，一般的計画購買であり，この場合は，どのブランドの商品を買うかは，店舗に入ってから選択して決めることになる。

なお，特定的計画購買や一般的計画購買は，「購買」という言葉が付いていることからわかる通り，目的の商品を購入することが想定されている。もし目的の商品を見つけられなかったり，見つけても何らかの理由で購入しなかったりする場合には，計画購買が成就しない状態となる。

非計画購買の種類

非計画購買についても，いくつかの種類に分けることができる。まず，一般的に衝動買いと言われるような，店舗で商品をたまたま見つけて即時的に購入することは，純粋衝動購買と呼ばれる。この場合，店舗に入ってから，その購買意図が認知されるため，店舗に来た動機や目的は，その商品の探索・入手とは別のものである。また，店舗における商品の陳列方法も通常通りで，特別な販促物があまりない状況で，店頭の商品自体に触発される形で非計画購買が起きるケースが該当する。

それに対して，店舗における特別な販促物や販売員の勧めによって非計画購買が発生することがあり，その場合は，提案受容型衝動購買になる。後述するように，小売企業は，このタイプの非計画購買行動が発生することを期待して，店頭における販促活動を工夫することが多く，提案受容型衝動購買は，そのような小売企業における販促活動の重要性に対応したものとなる。また，商品の陳列には，消費者に提案したり，目立つような演出を施したりすることが行われ，販促的な意味も含まれているため，商品に触発される場合であっても，実は，小売企業による販促的な陳列による提案受容型衝動購買であることも多い。

さて，純粋衝動購買や提案受容型衝動購買では，その買物に出かけるタイミングでは当該商品の購買意図や購買計画がなく，店舗で商品や販促活動に触れて初めて購買意図を認知することになるが，非計画購買の中には，いつかは購買しようという購買意図がある状態で行われるものがある。その場合には，非計画購買の中でも購買意図はありながら購買計画がない，あるいは，購買意図が購買計画に繋がっていない買物行動になる。

その１つが，想起衝動購買で，いつかは購買しようという購買意図がある状態において，店頭の商品を見たり，販促物や販売員の勧めに触れたりすることで，その購買意図を思い出し，購買することである。なお，もともとの購買意図がなければ，提案受容型衝動購買になるが，そのような購買意図は潜在的で漠然としていることが多いため，提案受容型衝動購買と想起衝動購買との境界は曖昧になりやすい。

そして，もう１つのタイプは，計画的衝動購買であり，いつかは購買したいという購買意図がある状態において，別の目的で店舗を訪れたときに，店舗内でたまたま魅力的な低価格に出合うことで購買を決めるパターンである。想起衝動購買が商品や商品に関する販促的な提案に反応した行動であるのに対し，計画的衝動購買は低価格に反応した行動ということになる。計画的という名前が付いているのは，価格の許容基準を下回ったときに購入するという「計画」が想定されるからであるが，事前にそういう「計画」を自覚していることは少ない。なお，チラシ広告で低価格を知り，買いに出かけるのは計画購買であり，計画的衝動購買には該当しない。店舗を訪れた目的が当該商品の購入であるならば，非計画購買にならないからである。

さらに，別のパターンとして，計画購買を行うつもりで店舗を訪れたが，その計画は成就せず，もともとの購買動機を満たすような別のブランドや別の商品を代わりに購入する場合もある。例えば，特定ブランドのシューズを買うつもりで店舗を訪れたが，別のブランドに惹かれて購入するというケースや，スポーツシューズを買うつもりでいたが，アウトドアシューズのほうがよいと思い直し，購入するというケースである。これらでは，特定的計画購買や一般的計画購買を行うつもりで店舗を訪れたが，それらの計画は完遂していないために，特定的計画購買や一般的計画購買には該当しない。その代わりに，店舗における情報や刺激で考え直し，最初の目的とは違うものを購入しているという意味で，非計画購買の一種と考えられ，これらのケースは，代替的購買と呼ばれている。

計画購買・非計画購買と企業行動

これまで述べてきたように，計画購買と非計画購買との間には，消費者の買物行動としての大きな違いがある。そこで，製造企業や小売企業では，それぞれに対応して消費者の買物行動に影響をいかに与えるかを考える必要性が生じる。

製造企業にとっては，消費者が店舗を訪れる前に自社のブランドを選好し，計画購買，特に特定的計画購買を促すようなマーケティング活動を展開することが重要になる。そのうえで消費者が計画購買をするようになれば，消費者が入手しやすいようにチャネルの開拓・設定を考える必要もある。その一方で，ブランドロイヤルティの形成が十分ではない消費者層もいるために，商品カテゴリーに対する需要を喚起して一般的計画購買を発生させ，店舗内でのブランド選択に対応できるようにブランドの取扱店舗を増やすチャネル戦略を展開することも重要になる。

また，製造企業が消費者の非計画購買に影響を与えるためには，小売店頭の陳列・販促物や販売員による販促活動についての小売企業の協力を得ることが必要になる。それは，製造企業によるチャネル管理や営業活動における小売店舗への販促提案の形で行われることになる。

そして，小売企業にとっては，消費者の買物行動が店舗の選択に関わる問題であるために，一層重要な意味をもつことになる。まず，計画購買については，消費者の購買計画において店舗が選択されるように小売企業や店舗への選好を高めたり，チラシ広告を通じて，広告に掲載された商品の購買のための来店を促したりする。

また，そのように消費者に選ばれる店舗になれば，計画購買だけでなく，非計画購買を促すことができるようになる。すなわち，消費者が店舗を訪れることになれば，その店舗で非計画購買をする機会が生まれるため，小売企業は消費者の非計画購買による商品販売を狙って，店舗内での販促活動を考えることになる。過去の調査からも，スーパーマーケットや大型量販店における購入品目の過半数は，非計画購買であるとされており，店舗内での販促活動が重視されることになる。

そのような店舗内での販促活動には，さまざまなものがあり，まず店頭販促手段としては，商品の認知を促すために目立つ場所に置く特別陳列がよく利用される。また，商品の陳列の近くには，販促情報を提供する POP 広告を掲示したり，商品の陳列に季節感のある演出を施したり，販促イベントや地方物産展のような催事を開催したりすることがよく行われる。さらに，前述のように，こうした店舗内での販促活動に関して，製造企業による販促提案が重要な役割を果たすことも多い。

そして，店頭での販促効果を高め，特に非計画購買を促すために，期間限定と低価格による販促が用いられる。低価格の設定も値引きや特売のように直接的に表示価格を引き下げたり，キャッシュバック，ポイント還元，クーポン，増量セールのような実質的な価格引き下げを訴えたりする手法がある。これらは期間限定と組み合わせることで，非計画購買を促進させることができる。なお，これらの販促活動をチラシ広告などで訴求することで，消費者の計画購買のための来店を促す効果も期待できる。

3 多製品買物行動と価格への反応行動

買物行動における多製品購買と品揃え価格

先に述べたように，店舗を訪れるのに費用がかかることから，消費者は，さまざまな商品の購買を1つの店舗で行う傾向がある。特に購買頻度の高い最寄品では，多くの種類の商品を一度にまとめて購入するのが一般的である。これまで考えてきた購買意思決定プロセスでは，基本的に1つの商品の選択・購買を想定しているが，買物行動では，このような多製品購買の特徴を捉える必要がある。

その影響の1つは，価格への反応行動にある。すなわち，多数の商品をまとめて購入するとき，多数の商品価格に対して，どのように反応するかという問題が生じることになる。そもそも購入したい多数の商品の価格情報を複数の店舗について収集し，最も低価格の店舗でそれぞれ購入するという行動は，店舗間を移動することに伴う買物費用があまりにも高くなるために選択されないことが予想される。その代わり購入予定の商品について，全体の価格水準を店舗間で比較することが一般的に行われる。そのような購入品目の全体の価格水準のことを品揃え価格水準という。

ただし，買物計画を立てるときに，店舗ごとの品揃え価格水準を比較し，店舗への買物費用を加味したうえで訪れる店舗を選択すれば，支払金額と買物費用に基づく合理的な買物行動になるはずであるが，実際には，店舗に訪れないと入手できない商品の価格情報があったり，購入品目すべてを事前に特定できなかったりするために，そのような厳密な合計額の算出や比較を行うのは難しい。そこで，過去の購買経験やチラシ広告に基づく価格知識から，店舗の平均的な価格イメージが形成され，それを使って品揃え価格水準が高いかどうかが認識されると考えることができる。また，消費者には情報処理の限界があるために，その場合に考慮される価格知識は，購入予定の商品の多くを網羅するものではなく，ごく少数の商品価格しか含まれていなかったり，価格以外の店舗や小売業態に対するイメージが影響していたりする。なお，このような価格水準の認識方法は，価格サンプリングと呼ばれている。

小売店舗における価格設定方法の選択

消費者が価格イメージを利用して店舗を選択する傾向があることから，小売企業では店舗の低価格を効果的に訴える方法を採用するようになる。その1つは，ハイ・アンド・ロー（high and low）方式の価格設定で，特定の商品のみについて販促的な低価格での販売（いわゆる特売）をする方法である。この方式では，ロスリーダーと呼ばれる仕入原価を割って販売する商品も利用される場合もあるが，いずれも特売の期間は短く，頻繁に行われるため，特売対象の商品の価格は年間を通じて上下に変動することになる。そして，それらの限られた品目における特売価格をチラシ広告で提示することで，品揃え価格水準の低さを印象付けて，消費者を店舗に吸引することを狙っている。また，ハイ・アンド・ロー方式の特売価格で損なわれる利益は，一緒に購入される他の商品の利益によってカバーされることになる。その背後には，買物費用節約のために，特売される商品を買うときには特売されない他の商品も一緒に購入されるという買物行動の特徴が利用されている。

もう1つの方法は，エブリデー・ロープライス（EDLP）方式の価格設定で，ハイ・アンド・ロー方式のような限られた品目についての特売は行われず，取扱商品の全体において，ある程度の低価格が安定的に設定される方法である。この安定的な低価格の設定は，消費者が購買経験に基づいて店舗の品揃え価格水準をイメージしたり，その概算が容易になったりして，低価格という認識が生まれることになる。しかも，ハイ・アンド・ロー方式では小売企業は頻繁なチラシ広告に費用をかける必要があるが，EDLP 方式の場合は，頻繁なチラシ広告が必要ないので，そうした広告費用を節約することができる。また，価格の振幅による需要量の変動が少ないために，仕入商品の物流を安定させることによる費用削減も期待できる。

なお，ハイ・アンド・ロー方式と EDLP 方式のどちらが有効かは，消費者の買物行動によって影響される。例えば，消費者の買物頻度が高いときには，特売のタイミングで買物に来てもらえるためにハイ・アンド・ロー方式の特売による集客効果が高くなると予想される。また，消費者がチラシ広告をよく見る場合もハイ・アンド・ロー方式が有効と考えられる。これらは日本でハイ・アンド・ロー方式を採用する小売企業が多い理由と考えることができる。これに対して，EDLP 方式を採用する小売企業の中には，EDLP を大々的に店内に表示する一方で，最低価格保証制度として，他店より高いものがあれば申告してほしいと謳っている企業もある。

4 ストアロイヤルティ

価格競争とストアロイヤルティ

消費者は，買物生産性が高くなるように訪れる店舗を選択すると考えることができる。そして，店舗の品揃え価格水準に関する低価格イメージが形成されているほど，価格当たりのより高い商品価値（つまりコストパフォーマンス）を期待できるため，その買物ベネフィットの高さから，店舗が選択されやすくなる。その一方で，こうした店舗の低価格イメージだけでなく，より魅力的な商品を買えるということ，新しい商品を発見できること，楽しい買物ができることなども買物ベネフィットを高める要因となる。また，店舗の品揃えの広さや深さがワンストップ・ショッピングという1か所でのまとめ買いや商品の探索に適した水準にあること，あるいは，立地が良いといったことは，買物費用を節約することで，買物生産性を高めることになる。

このように消費者に選ばれやすい店舗とは，さまざまな要因によって決まると考えられるため，小売企業は，消費者の価格反応行動を考慮して，商品の低価格を効果的に訴求するだけでなく，こうした多様な要因を利用した店舗戦略を展開することになる。

しかも，価格設定で消費者を吸引する前提には，店舗間での価格競争が繰り広げられているという状況があり，常に競合店舗のより効果的な低価格設定によって市場を奪われる危険性にさらされることになる。それでは競争的な地位が脆弱となるために，小売企業は，価格競争で優位に立つことに加えて，消費者が店舗に対して長期的で安定的な選好をもってくれることを期待するようになる。このことは，マーケティングの視点では，価格競争による影響を少しでも回避するように差別化を図るという説明になるが，買物行動の視点では，非価格要因に基づくストアロイヤルティの形成という課題になる。

ストアロイヤルティの2つの側面

ストアロイヤルティは，態度と行動の2つの側面で捉えられる。まず，態度に関しては，特定店舗に対する好意的態度が維持されている状態として理解される。この態度的側面でのストアロイヤルティが高い場合において，商品の購買動機が発生すれば，特定店舗のことだけを想起したり，候補となる店舗の１つとしていつも想起され，その想起集合の中からその店舗を選好したりする傾向が強くなる。そして，行動に関しては，特定店舗を一貫して反復的に訪問して，そこで購買を行う状態として捉えられる。なお，この場合の行動とは，態度などの心理的な消費者行動を含まない外から見える行為のことである。

このようにストアロイヤルティを態度と行動の２側面で捉えるのは，次のような意味がある。まず，ストアロイヤルティの態度的側面は測定しにくいのに対し，行動的側面は，来店や購買という表に現れる側面であり，来店頻度や購買金額として，ストアロイヤルティの高さを具体的に測定したり，表現したりすることができるという利点がある。ただし，来店や購買だけで測定すると，たまたま価格が低かったとか，その地域に競合店が存在していなかったという理由で選択されていて，実は，消費者が店舗のサービスに不満をもっているということも起こりうる。それでは，他の店舗による価格販促や新規参入によって市場を奪われかねない脆弱な地位にあり，マーケティングの視点に立てば差別化できていない「見せかけのロイヤルティ」になっている危険性がある。そこで，態度的側面を捉えることで，購買や来店が非価格要因による店舗への特別な選好に基づいていることを確かめる必要がある。

さらに，態度面でストアロイヤルティを形成していながら，行動面で店舗が選ばれていない状況も発生しうる。その場合，消費者の好意的な評価を得ていても，買物行動として来店や購買に結び付いていないために，小売企業は市場機会を逃している可能性がある。それに対して，小売企業は，オンライン出店や立地の見直しを行ったり，消費者の望む品揃えに変更したりして，消費者の来店や購買に至っていない要因を探り，課題を解決する必要がある。

演習問題

① あなたが実店舗において非計画購買をした経験を1つ挙げて，それが，純粋衝動購買，想起衝動購買，提案受容型衝動購買，計画的衝動購買，代替的購買のいずれであるかを示したうえで，その非計画購買を説明してみよう。

② ハイ・アンド・ロー方式の価格設定をあまり行わず，EDLP方式を取っている小売企業を1つ取り上げて，その小売企業における販売や仕入の戦略的な特徴を考えてみよう。

EXERCISES

COLUMN 9 小売業態別の消費者の利用行動調査から

消費者は，日常的にさまざまな小売形態を利用して生活をしている。表12-1は，全国の消費者に対し，過去3カ月間に利用したことがある小売形態をオンライン質問紙調査で定点的に観測した結果である。例えば，2023年のスーパーマーケットの値（90）は，回答者のうち90％が過去3カ月の間に利用したことを表している。なお，いずれの年も男女および年齢階層（30代以下，40代，50代，60代以降）もほぼ均等になるようにデータ収集が行われている。

これを見ると次のようなことが分かる。第1に，日常的によく利用されているのは，スーパーマーケット，コンビニエンスストア，ドラッグストアであり，一般小売店や商店街は，利用者割合の低迷が続いている。第2に，インターネット通販（EC）およびフリマアプリは，一定数の利用者を確保してきている。第3に，百貨店，ホームセンター，ショッピングセンター・ショッピングモール，自動販売機は，利用者の数が伸び悩んでいる。このような小売形態の発展と衰退については，いろいろな原因が考えられるが，本章で述べた買物費用や買物ベネフィットとの関係でぜひ考えてみてほしい。

表 12-1 過去3カ月の小売形態別利用者割合

（単位：％）

	2012年	2018年	2023年
スーパーマーケット	93	94	90
コンビニエンスストア	87	83	78
百貨店	35	28	24
大型専門店	25	15	24
ホームセンター	54	49	38
ドラッグストア	74	72	65
生協	21	16	11
一般小売店	26	17	19
リサイクルショップ・中古販売店	13	8	9
ネットオークション	20	13	10
インターネット通販（EC）	69	69	61
フリマアプリ	n.a.	7	15
テレビショッピング・カタログ通販	5	3	3
自動販売機	53	40	32
駅や学校の売店	24	11	7
訪問販売・宅配	6	4	4
ショッピングセンター・ショッピングモール	46	31	26
商店街	17	12	11
100円ショップ	n.a.	64	59
標本数	994	1,082	1,025

（出所） 慶應義塾大学商学部髙橋郁夫研究会調べ（NTTコムリサーチによるオンライン調査）。

第13章

オンライン環境における消費者行動

1 デジタル技術と消費者行動

2 オンライン購買行動

3 eクチコミとインターネット広告

1 デジタル技術と消費者行動

デジタル化による消費者行動への影響

インターネットによる高速で大容量のデジタル情報通信網の利用が広がり，デジタル・トランスフォーメーション（DX）という呼称で，マーケティング活動や消費者行動へのデジタル化の影響がよく言及されている。デジタル化とは，情報を1と0の数字で表すことであるが，デジタル化された情報は，大量の情報を迅速に伝えることに向いていることから，インターネットを通じて情報を広範囲にやりとりしたり，その情報をそのまま高度な情報処理機器で処理したりすることができるという利点がある。そして，それらはマーケティング活動に関する次のような可能性への期待に結び付いている。

まず，マーケティング活動における情報交換において，インターネットを利用することは，オンラインでの販売や広告・販促を可能にして，企業は大量の情報を効率的かつ広範囲に発信し，注文などの反応情報を収集することができるようになった。さらに，収集される情報がデジタル情報であることから，受注から決済・配送といった一連の処理を迅速かつ効率的に行ったり，カスタマイズのような複雑な注文情報でも個別に処理して，製品やサービスを提供したりすることが可能になっている。また，デジタル情報が高度な情報処理に向いていることから，収集された情報に基づいて，個々の消費者を識別したうえで，個別に対応した販促情報を送ることも可能となった。

その一方で，消費者側において，スマホのようなモバイル端末が普及し，常時インターネットに接続できる環境が整ったことにより，実店舗（ECとの対比で物理的な販売施設のことを実店舗と言う）に行かなくてもECを利用することで，いつでも，どこにいても商品の探索や注文をできるようになった。また，インターネットを利用した情報の探索やSNSでの情報交換も常時できるようになったことから，オンラインでの広告・販促の情報に触れる機会が増え，それらの影響を受けやすくなっている。しかも，デジタル情報の特徴である情報処理のしやすさは，消費者側にもあり，インターネット広告から情報を得て，即時に商品の注文を行ったり，広告情報を他の消費者に転送・拡散したりするようになった。これらは，テレビ広告の情報から電話で商品の注文をしたり，テレビ広告の内容を他人に伝えたりすることと比較すれば，情報処理がきわめて容易になったと分かるだろう。

オンライン環境のもとでの消費者行動の課題

インターネットのデジタルネットワークに接続していることを一般的に「オンライン」と呼ぶが，オンライン環境下での消費者行動は，企業によるオンラインでのマーケティング活動に対する消費者の反応行動として捉えられることになる。たとえ消費者がSNSで非営利目的での情報交換を行っているとしても，そのオンラインでの活動に企業による広告・販促や需要情報の収集といった企業の営利目的が関わり，消費者における商品の購買行動に繋がるときには，消費者行動としての考察の対象になる。

オンライン環境のもとでの消費者行動の問題を捉え，それに対応したマーケティング計画を考える際に，特に留意すべき点が2つある。第1に，デジタル技術の産業社会への導入に対応して，すべての消費者行動が全面的に変化したと考えるのではなく，どのような消費者層がどのような状況で，どのような商品を購買する局面において，どのような変化が現れているのかを捉える必要がある。そのうえで，オンライン販売をよく利用する人やオンライン広告・販促の影響を受けやすい人がいるとしても，これらの人たちがその企業にとっての有望なターゲットであるかどうかは別問題であることを理解すべきである。

第2に，オンライン購買やオンライン広告・販促の知覚だけを取り出して考えるのではなく，オンラインではない局面（オフライン局面）との関連性を考える必要がある。消費者が生活するうえで情報は不可欠であるが，情報だけで生活できるわけではない。そもそもオンラインで購買した商品であっても，その商品を実際に配送してもらう必要がある。また，デジタル化されていない情報は，情報処理において効率が悪いとしても，相変わらず重要な意味をもっている。例えば，商品の実物情報や対面販売で販売員から得られる情報が重要な状況では，オンラインの情報だけで商品の購買を行うことは難しい。また，消費者におけるブランドイメージの形成においては，テレビ広告が依然として重要な役割を果たしている。したがって，オンライン環境下の消費者行動やマーケティングでの対応を捉える場合であっても，オフライン局面との補完的な関係を考慮することが重要となる。

DX では従来の「常識」は通用しないという過激な主張に幻惑されて，消費者行動の見方やマーケティング活動のあり方を根本から見直すべきと短絡的に考えるのは適切ではない。むしろ，オンライン環境のもとで消費者行動のどの部分が変化し，オフラインでの行動がどう関連するのかを冷静に理解することが重要になるのである。

2 オンライン購買行動

オンライン購買行動と買物費用

インターネットを利用して購買することをオンライン購買（またはオンライン・ショッピング）という。オンライン購買は EC を利用して行われるが，そのEC事業を展開するのはEC専門の企業だけでなく，小売企業が実店舗の販売事業と並行して行ったり，製造企業や卸売企業が消費者に直接，商品を販売したりすることも多い。この背景には，インターネットが普及して，さまざまな企業が実店舗を介さなくても消費者に商品を販売できるようになったことが影響している。

第12章で説明したように，消費者が商品をどの店舗で買うかを決めるとき，買物生産性が重要な影響を与えると考えられる。特に，ある同じ商品を買う場合において価格や買物の楽しさが同じと仮定すると，消費者が実店舗かECのどちらを利用するかは，買物費用の低さによると考えることができる。

まず，実店舗を訪れて商品を買うときには，実店舗まで出かける移動費用がかかる。この費用とは，金銭的な費用だけでなく，時間，労力，心理的負担などを含んだ費用であり，開店している間に行かなければならないという心理的負担も含まれている。また，店舗内や店舗間で商品を比較・探索する費用がかかり，商品を購入するときには，交渉のための情報交換や決済の作業に費用が発生し，さらに，購入した商品が重くかさばるのならば，商品を持ち帰るための運搬費用も加わることになる。

それに対して，ECでは，これらの費用の多くが節約されており，特に店舗への移動費用がないことは，インターネットとスマホを使って，いつでも，どこにいても商品を買えるというEC利用の大きなメリットとなっている。ただし，ECには，別の買物費用がかかるために，消費者は，ECと実店舗との使い分けをする。

EC利用にかかる買物費用としては，まず商品の実物を見たり触れたりすることができないので，商品の複雑な情報を収集することに関する費用がかかる。例えば，衣料品の場合，実店舗なら試着することができるが，ECでは，サイズが合わなければ返品する手間や金銭的費用が発生したり，予想されるそのような煩わしさも心理的な負担となったりして，ECを積極的には利用しない理由になる。

さらに，ECでは商品を即時に入手できないことで知覚される心理的費用もある。特に食料品では，鮮度が重要であったり，時間が経つことによって，食べたいものが変わったりするために，配送の待ち時間は大きな心理的負担となりやすい。また，配送において，消費者が物流費用を負担する場合には，その物流費用が買物費用に加わることになる。

なお，これらは消費者が負担する買物費用であるが，その一方で，ECを行う企業側が負担する費用という問題もある。よくECでは実店舗を開設しないので価格を安くすることができると言われるが，節約される費用がある一方で，ECでは多くの情報システム費用，広告・販促費用，物流費用が必要となるため，それらの増加する費用によって，価格が必ず安くなるとは限らない。したがって，ECによる商品の販売価格が低いとは限らない状況で，これまでに述べたECでの買物費用が高くなると，消費者はECを選択せずに，実店舗で商品を購入することになるのである。それに対して，たとえECの商品価格が低くなくても，消費者にとってのECを利用する買物費用よりも実店舗を利用する買物費用が高い状況では，消費者はオンライン購買を選択することになる。

ECにおける計画購買と非計画購買

第12章で述べたように，実店舗を利用することは，移動のための買物費用が発生するために，消費者が計画購買を行う傾向が生じる。その一方で，店舗内での刺激で購買動機が発生した場合には，他店などの情報を確認したのちに店舗を再訪することに要する買物費用が高くなるため，その店で非計画購買を行うという特徴も現れる。つまり，移動のための買物費用の高さが計画購買と非計画購買が発生する条件となっているのである。

それに対して，ECの利用の場合，オンライン店舗に移動する費用はほとんど知覚されず，また，店舗間で商品や価格を比較したり，オンライン環境下での店舗以外の情報源を利用したりすることもきわめて容易である。そのような状況では，実店舗で想定する計画購買と非計画購買の違いが曖昧なものとなってくる。

例えば，インターネットで商品の情報に触れ，オンライン店舗で購入するというケースにおいて，その最初の情報がオンライン店舗によってもたらされたものなら，非計画購買となるが，SNSなどの他のサイトによる情報によって触発されたのであれば計画購買となる。つまり，私たちが日常行っているように，情報検索サイトや価格比較サイトを使って，ある商品の購入店舗を決定すれば，それは計画購買になる。また，オンライン店舗でたまたま見つけた商品の購入を検討しているときに，レビューサイトに移って，そこで商品のレビューを読めば，店舗外で情報を収集したことになるため，計画購買になる。しかし，そのオンライン店舗にとどまって，商品のレビュー情報を収集したのなら，非計画購買となる。さらに言えば，オンライン購買では，商品をいったん購買候補リスト（いわゆるオンライン・ショッピングカート）に入れた後で，時間が経過してから，改めて購買の意思決定を行うこともあるが，たとえ最初の入店で予定外の商品をリストに加えたとしても，いったん退店して，再入店したのであれば，その再入店は計画購買のためと理解される。

実店舗における計画－非計画購買の考え方では，店舗の外で購買動機や購買計画が生成されるかどうかが，計画－非計画を区別する基準となっていたが，オンライン環境下では，店舗の境界をほとんど意識することなく，情報収集が常に行われる状態になるために，購買動機や購買計画が店舗内の情報によるものか，あるいは店舗外の情報によるものかは，大した違いではなくなっている。また同様に，店舗の境界が意識されないことから，店舗に出たり入ったりすることが容易で，時間をおいてから買物行動を再開することも多いため，最終的な購買のための入店時における購買動機や購買計画だけを考えることには，違和感が生じてしまう。

ただし，あるオンライン店舗の刺激によって，消費者が即時的に商品を購入するという意味での「非計画購買」は，消費者の買物行動や EC 企業のマーケティング活動を捉える際に重要な意味をもつ。また，ユーチューブやインスタグラムなどでインフルエンサーが e クチコミを展開することによって，即時的な購買が誘発されることも多い。その意味で EC における「非計画購買」を捉えるなら，実店舗の場合のように店舗内での購買動機と購買計画の生成という考え方よりも，刺激から購買までの即時性や追加的な情報収集が店舗内でも行われないこととして考えることが望ましい。このことは EC の非計画購買として限定的な定義になるが，EC 企業が消費者の非計画購買を促す販促活動を考えるうえでも重要な視点になると言える。

オムニチャネル・ショッピング

これまで説明してきたように，インターネットとスマホの普及によって，消費者における EC を利用したオンライン購買とともに，オンラインでの商品に関する情報収集が広く行われるようになった。その一方で，消費者は，従来からの実店舗での購買や実店舗内での情報収集を行っており，消費者は商品の購入と情報収集において，オンラインと実店舗などの複数のタッチポイント（接点）を自在に組み合わせて利用することができるようになった。

このように消費者が商品の購入と情報収集において複数のタッチポイントを自在に組み合わせて買物活動を行うことをオムニチャネル・ショッピングと言い，そのような行動を取る消費者のことをオムニチャネル・ショッパー（またはオムニ・ショッパー）と呼ぶ。従来から，消費者は実店舗とテレビ，DM（ダイレクトメール）という複数のタッチポイントを利用していたが，それをオムニチャネル・ショッピングと言わなかったのは，情報源が多様にあるだけで，購入は，実店舗のみを中心に考えていたからである。したがって，オムニチャネル・ショッピングにおける課題は，消費者にとっての情報源だけでなく購入先も多様化していることと，その多様化が実店舗とオンラインにわたっていることに基づいている。

ショールーミング

なぜ購入先が実店舗とオンラインにわたって多様化することが問題になるかと言えば，そこに実店舗とECの間での情報のフリーライド（ただ乗り）という現象が発生するからである。このフリーライドは，典型的には，ショールーミングと呼ばれる行動によって発生する。それは，消費者が実店舗で商品に関する情報を収集してから，ECでその商品を購入することであり，このとき実店舗は情報提供にかけた費用を商品販売という形で回収できず，その一方でECは情報提供の費用をかけずに商品を販売することができるので，実店舗の提供する情報をECはフリーライドしていることになる。

実店舗では，店舗間競争のもと，店頭にさまざまな商品を陳列し，消費者が手に取って品質などを確かめられるようにしたり，販売員が商品説明をしたりする。さらに，食品では，試食させたり，衣料品では試着できるようにしたりすることもあり，消費者への商品情報の提供に費用をかけている。他方で，ECにおいて商品の実物情報を提供するには，商品を配送・返送したり，ショールームを開設したりする必要があり，多大な費用がかかるために難しい。また，ECでは，対面販売ができないので，顧客と対話して行うインタラクティブな商品説明も困難となっている。

そこで，消費者は，実店舗で商品についての情報収集を行ったうえで，実店舗とECとの価格比較をして，ECのほうが安ければECで買うという行動が発生することになる。この背景には，オンラインではECサイト間の価格の比較が容易で，スマホを使えば，実店舗内にいても価格比較ができることが影響している。しかも，このような行動は価格だけが理由とは限らず，消費者が商品を持ち帰ることを負担に思ったり，店頭での接客がわずらわしく，自分で商品に基づく情報収集をしたいと思ったり，他の消費者が触れた店頭商品を嫌ったりするなど，さまざまな理由でも発生する。そして，いずれにおいても実店舗で情報収集して，ECで購入するという消費者の買物行動によって，実店舗はECによるフリーライドの不利益を被ることになる。

とはいえ，その不利益を避けるために実店舗が商品に関する情報提供を減らすことは，実店舗間で激しい競争をしているために現実的な解決策とはならない。そこで，実店舗をもつ小売企業は，オムニチャネル戦略を採用して，実店舗事業と並行してEC事業を展開することを考える。すなわち，自らのECをもつことによって，消費者のショールーミングによる他のEC企業に流出する需要を自社のオンライン店舗に留めようとするのである。また，そのためには，2つの事業で共通の商品在庫と販売価格をもつことが必須となる。

ただし，その場合に，他のEC企業に市場を奪われないように，ECとの価格競争に対応する低価格戦略を取る必要がある。そこで，ECなどの低価格に対抗するために，「さらに値引き！ 価格は店員にお尋ねください」というようなPOP広告を掲げて，ECとの価格比較による需要の流出を防ごうとする店舗もある。さらに，実店舗の中で自社のオンライン店舗にスムーズに移行できるような店頭販促活動を行ったり，オンライン店舗で購入しても実店舗によるサービスを受けられるようにしたりすることも重要になる。

表 13-1 ショールーミングとウェブルーミングの違い

	ショールーミング	ウェブルーミング
情報収集	実店舗	EC
購　買	EC	実店舗

ウェブルーミング

オムニチャネル・ショッパーは，ショールーミングとは逆のパターンの行動を取ることもある。すなわち，EC で情報を収集し，最終的には実店舗で購入するという行動であり，これはウェブルーミングと呼ばれている（表 13-1）。

前述のように，EC では，商品の実物情報や販売員によるインタラクティブな商品説明の情報を提供するのは難しいが，その代わりに文字や映像を使った詳細な商品説明や利用者の e クチコミの情報を EC サイト内で提供できる。しかも，オンラインであれば，EC サイトから外部のレビューサイトに移って，e クチコミの情報を収集したり，メーカーのウェブサイトに行って，商品の詳しい情報を得たりすることも容易である。そのようにして EC で情報を集めて，購入する商品を決めた後に，オンライン購買ではなく，実店舗で購入するというのがウェブルーミングである。

では，なぜ EC で情報を集めたにもかかわらず，EC ではなく実店舗で商品を購入するのだろうか。その 1 つの理由は，実店舗へのストアロイヤルティが高く，店舗で購入することで，店舗との関係性からの満足感が得られるということが考えられる。ただし，本当にストアロイヤルティが高ければ，EC では情報収集せずに，実店舗で提供される情報に依存するはずであるが，この場合はそこまでストアロイヤルティが高いわけではない。それゆえ，このストアロイヤルティは，実店舗でしか提供されない顧客サービスに基づいて形成されており，その顧客サービスを利用するために最終的に実店舗で購入することが推測される。

また，別の理由として，実店舗で提供される商品の実物情報や販売員のインタラクティブな説明情報を得るために，最終的に店舗で購入するということも考えられる。ただし，この場合でも，店舗で最後の情報収集を行ってから，店舗内でスマホを使ってオンライン購買ができるが，それをしていないことになる。つまり，商品に関する情報収集のために実店舗を利用し，そのうえで低価格を求めるなら，前述のショールーミングをするはずである。とすれば，ウェブルーミングという行動は，オムニチャネル戦略を展開する小売企業が実店舗とオンライン店舗で品揃えと価格を揃え，EC においても競争力のある低価格を設定したうえで，オンライン店舗で商品を選ばせてから，実店舗で情報やサービスを提供することで生まれると考えることができる。

したがって，ウェブルーミングにおいては，ショールーミングで発生したようなフリーライドは起きていない。そもそも実店舗に行くことは買物費用がかかるために，オンラインで選んだ商品が実店舗に在庫としてあることが分かっていなければ，計画的なウェブルーミングは発生しにくいと考えられる。オムニチャネル・ショッピングにおいては，ショールーミングとウェブルーミングは，複数のタッチポイントを自在に組み合わせるという意味で，同じように理解されることが多いが，このようにショールーミングとウェブルーミングは異質な行動であることを理解しておく必要がある。

3 eクチコミとインターネット広告

eクチコミの広がり

デジタル環境下での消費者行動の変化としては，これまでに述べたオンライン購買に加えて，eクチコミの普及がある。マーケティング論や消費者行動論では，商品や店舗などのマーケティングに関わる内容について消費者間で交わされる非営利目的のコミュニケーションのことをクチコミとして議論してきたが，そのクチコミがオンラインで行われるとeクチコミとなる。

ただし，従来のクチコミは，主に既知の人との口頭での会話を通じて行われるものであったが，eクチコミでは，SNSなどのオンライン上で多くの見知らぬ人も含めたコミュニケーションとして展開されるという違いがある。さらに，eクチコミでは，デジタルネットワークという特性に基づいて，インフルエンサーのように広告や販売に関わる収益を期待する情報発信者が含まれるようになったり，コミュニケーションの内容において，企業の販促情報がそのまま転送されたりすることで，企業側がeクチコミに影響を及ぼす可能性が大きくなっているという特徴がある。

こうしたeクチコミの普及を背景として，第11章で述べたように，コトラー＝カルタジャヤ＝セティアワン（2016）は5Aフレームワークを提唱し，消費者の推奨行動の重要性を指摘している。5Aフレームワークというのは，認知（aware）⇒訴求（appeal）⇒調査（ask）⇒行動（act）⇒奨励（advocate）というオンライン環境下での消費者行動のプロセスを説明するものである。ただし，これらの5つの段階が順を追って進行するとは限らず，認知から調査へ，あるいは，調査から奨励へと飛ぶというように不規則な行程をたどるために，マーケティング活動においては，5つの段階のすべてにおいて消費者の行動を捉える必要性が強調されている。そのうえで，オンライン環境下では，奨励が特に重要な段階であり，奨励が認知や調査に影響を与えたり，調査から購買せずに奨励を引き起こしたりする現象などが観察されるとしている。このことは，推奨件数の変動を考えたり，企業のマーケティング活動を通じて推奨に影響を与えようと計画したりする場合において重要な理解となる。

eクチコミの発信者

eクチコミによる推奨が広まることに伴い，情報の発信者にどのような特徴があるのかを検討する必要性が生じる。従来のクチコミの発信者に関しては，新製品についての早期採用者がオピニオンリーダーとなって，次の多数派の採用を導くことで革新が普及するという説明がなされてきた。すなわち，従来では，革新を早期に受容することや商品知識があることが情報発信者を規定すると考えられてきた。ところが，eクチコミにおいては，広く一般の消費者が情報発信に参加するため，早期採用者や商品知識のあるオピニオンリーダーが行う情報発信とは違う特徴が生じている。

その1つとしてeクチコミでは，オピニオンリーダーでない人も広く情報発信をするようになったことから，商品知識や革新受容時期に基づく情報処理能力だけでなく，情報発信の動機が影響しやすくなるということが考えられる。そして，その動機にも多様なものが想定される。例えば，自分の経験を他者に共有することで，他者の情報探索の助けとなることを期待する利他的な動機があったり，自分が賢い消費者であることを表現するのが動機となったりする。あるいは，商品の購入者として，商品を選択したこととそれを使用して満足するということが釣り合わないと認知的不協和が引き起こされることになるため，商品についての満足度を情報発信する行動が動機づけられる場合もある。そのほか，商品を生産・販売する企業を応援したいという気持ちから，販促に協力的な情報を発信したり，逆に，商品や企業に不満を知覚し，復讐心や否定的感情の発散のための情報を発信したりする場合もある。さらに，eクチコミを通じて購買後の助言を求める場合や，EC企業などがレビュー評価に対してもたらすインセンティブが動機となる場合もある。

また，情報発信の動機づけにおいては，オンラインのコミュニティにおける意見の分布による影響も考えられる。社会学では沈黙の螺旋（らせん）という考え方があり，多数派となっている意見に人は同調しやすく，少数派の意見をもつ人は沈黙してしまう傾向があるとされている。このような沈黙の螺旋は，eクチコミにおいても観察されることがあり，企業や商品に関して，肯定的か否定的かの一方に偏った意見の分布となっている場合，もう一方の意見をもつ人は情報発信をすることを思いとどまるかもしれない。

それに対して，eクチコミの一般化は，それとは逆の動機づけをもたらす可能性もある。というのは，自己を表現するためにeクチコミの発信を行う人にとっては，オンライン・コミュニティにおいて，すでに多くの意見が観察される多数派の意見に同調することは，自己をアピールできないために意見を発信する動機が弱くなるが，少数派の立場であれば，積極的に主張しようとするからである。このようなことは，eクチコミが一般化し，自己表現のツールとなったために起きる現象と言える。

また，少数派の意見が沈黙の螺旋によって減るのか，それとも，自己表現のために増えるのかは，発信者やオンライン・コミュニティの特性によって変わると考えられるが，いずれにおいても，eクチコミの意見の分布が実際の分布を反映していないことには，注意する必要がある。

■ eクチコミによる影響

eクチコミは知らない他人からもたらされることが多く，しかも，これまで述べたように非常に多数の情報発信者によるものである。そのため，eクチコミが消費者に有用な情報と知覚されて，商品に対する評価や購買意図に影響を及ぼすかどうかが問題となる。

まず，個々のeクチコミに関しては，文章の長さや具体性などのメッセージの特徴が有用性の知覚に影響をもたらすと考えられる。そして，発信者の特徴としては，専門的知識をもって，革新を受け容れる人であるかどうか，発信者が受信者と同じ性別・年齢階層で，似たパーソナリティであるかどうかも，有用性の知覚に影響する可能性がある。その一方で，受信者の特徴として，商品に対する関与水準の高さや商品知識の多さも，eクチコミの有用性に影響を与えると予想される。

さらに，eクチコミの対象となる商品によっても異なり，商品が経験財であるほど，有用性は高く知覚される傾向がある。経験財は，本来なら，商品の品質などを購買前の情報収集で知ることが難しく，消費者が利用経験を通じて品質情報を入手する商品であるが，eクチコミの普及によって，他人の経験に関する情報共有ができるようになったことから，eクチコミの有用性が知覚されやすくなったのである。たとえ見知らぬ他人の主観的評価を信頼できないという人であっても，評価が多く集まることで，その平均的な評価をある程度客観的なものとして受容できるようになると考えられる。

また，eクチコミは，レビューサイトやECサイトなどにおける利用者の評価情報として掲載されることも多い。その場合には，肯定的・否定的なコメントが混在して，多数列挙されており，それらがeクチコミ全体として，消費者にどのような影響を与えるかという課題もある。例えば，商品に対する肯定的なコメントだけの場合よりも，問題点を指摘する否定的なコメントが低い比率で混じっている場合のほうが，商品の評価が良くなる場合があることが実証研究で示されている。これは，すべてが肯定的なコメントとなる状況を消費者が疑わしく思い，企業側の操作を警戒する一方で，否定的なコメントが混じっていると，当該製品のレビューの信頼性が高く，有用な情報であると受けとめるからと推察される。

インターネット広告の影響

これまで説明したように消費者はｅクチコミを通じて商品や企業についての情報発信をすることから，企業は，ｅクチコミを販促媒体の１つとして利用することを考える。そのような消費者が発信する媒体はアーンドメディア（earned media）と呼ばれている。オンライン化による広告・販促活動への影響として，このようなアーンドメディアが普及したことが挙げられるが，オンライン化は，それ以外の販促媒体にも影響を及ぼしている。その１つが，企業のウェブページ（ホームページ）の活用で，これは自社で保有する媒体という意味でオウンドメディア（owned media）と呼ばれる。さらに，企業が費用を支払うことで広告を出稿することのできる媒体のことをペイドメディア（paid media）と言い，従来からあるテレビや新聞などのマス媒体の広告に加えて，インターネット広告が大きく伸張したことがオンライン社会での１つの大きな特徴となっている。

このインターネット広告は，消費者に販促的な情報による刺激を与えることで，購買意向やブランド選好を高めるという点で，従来のマス媒体による広告効果と同じように考えることができる。しかも，インターネットの双方向通信技術に基づいた広告であることから，マス媒体よりもターゲティングを行いやすく，オンラインでの行動履歴から特定の消費者に対して広告を見せたり，商品や企業に関心を示した消費者を追跡して広告を送ったりすることができるという特徴がある。

この特徴は，インターネット広告による効果の高さを期待させるものであるが，他方で，オンラインでの行動データを取りやすい消費者が，企業にとって必ずしも有望な顧客であるとは限らないという限界もある。すなわち，顧客を捕捉しやすいという理由でインターネット広告を採用してしまうと，本来の狙うべきターゲットとは違う消費者層に広告活動を行っていることになってしまうのである。

また，SNSにおけるインターネット広告（SNS広告）では，たとえ広告の対象者を適切に選択していたとしても，SNSを利用する目的がオンライン・コミュニティにおける私的な会話であることが多いことから，SNS広告に対しては，そうした会話に割り込んで来る販促情報として，抵抗感をもたれやすいことが予想される。テレビ広告もテレビ番組の視聴中に挿入されるものであるが，SNS広告の場合には，私的な会話に第三者が割り込むものとなるために，テレビ広告よりも割り込まれたという意識が強くなるのである。こうした特徴は，SNS広告が消費者行動に影響を与えにくくなる原因の1つとなると考えることができる。

さらに，SNSなどに挿入される動画広告では，最初の数秒が経てば広告をスキップできるようにする機能を付与している場合がある。そうした機能がなければ，広告を強制的に閲覧させることで，上記のような割り込み感から，SNSサイト利用による満足度が低下するだけでなく，広告対象のブランドへの反感や悪いイメージが生まれる可能性がある。ただし，広告をスキップする機能を付けた場合，広告を拒否するという行為を消費者にさせることで，認知的不協和による弊害をもたらす可能性もある。すなわち，広告を拒否することとブランドを選好することは，認知的不協和の状態となるために，不協和を解消するために，消費者がブランド選好を引き下げてしまう可能性がある。

以上のことから分かるように，インターネット広告には，ターゲティングによる高い効果をもたらすという期待がある反面，オンラインでの消費者行動に基づいた広告効果の制約となる要因が発生する。したがって，これらの長所と短所を含めて，インターネット広告の効果を考える必要がある。

その一方で，スポンサー企業による広告・販促活動の一環であるにもかかわらず，インフルエンサーなどがSNSやレビューサイトにおいて，第三者の感想であることを装って販促的な情報を消費者にもたらすステルスマーケティングという問題がある。これはオンライン・コミュニティにおける私的な会話を偽装することで，広告効果を高めようとするものであり，消費者を欺く行為として景品表示法で規制されているが，アーンドメディアが普及したことによって発生した問題であると言える。

演習問題

① ECにおいて，消費者の非計画購買を促す販促活動にどのようなものがあるかを考えてみよう。

② あなた自身がショールーミングやウェブルーミングを行った経験に基づいて，ショールーミングやウェブルーミングが発生しやすい状況について考えてみよう。

Exercises

Column 10　オムニチャネル戦略とチャネル戦略の違い

オムニチャネル戦略とは，小売事業における販売やコミュニケーションの活動を実店舗（オフライン）とオンラインとの両方で展開して，消費者におけるオフラインとオンラインにわたる購買行動に対応しようとする戦略のことである。このオムニチャネル戦略に「チャネル」という言葉が使われていることから，オムニチャネル戦略をマーケティング論のチャネル戦略とを混同してしまうことがあるが，この2つは異なると理解すべきである。

まず，チャネルという概念に関して，マーケティング論のチャネル戦略では，生産者から卸売段階を経て，小売段階に至る流通フローで捉えるのに対して，オムニチャネル戦略では，小売段階での消費者とのタッチポイントとして捉えるという違いがある。それに伴い，チャネル戦略では，メーカーが卸売企業や小売企業とどのような関係を構築し，どのように管理するかという課題を特に重視するが，そういった課題は，オムニチャネル戦略では，タッチポイントの後方における課題として議論の射程外になってくるのである。

他方で，メーカーがオンライン直販とそのためのインターネット広告を展開する場合には，それらはメーカーのオムニチャネル戦略として一緒に考えることができるが，マーケティング論の 4Ps で言えば，オンライン直販の設定はチャネル戦略，インターネット広告は広告・販促戦略の課題に分かれることになり，メーカーによる広告・販促活動をチャネル戦略に含めることはしない。

ただし，小売企業の戦略や活動をマーケティングとして説明する小売マーケティングを考えた場合には，小売企業が起点のチャネルとなるため，タッチポイントで捉えるオムニチャネル戦略の考え方にやや近くなる。しかし，この場合でも小売マーケティングのチャネル戦略とオムニチャネル戦略との射程の違いは発生する。というのは，小売マーケティングにおけるチャネル戦略というのは，オフライン・オンラインの店舗の設置・展開に関する戦略のことであり，その一方で，オンライン・オフラインのコミュニケーションは，小売マーケティングにおける広告・販促戦略として，やはりチャネル戦略の範疇から外れるからである。

基本的に，マーケティング論のチャネルは，製造企業などの売手から消費者に向けた販売活動を捉えるのに対して，オムニチャネルのチャネルは，消費者が購買と情報収集でどのタッチポイントを選ぶかという消費者行動に対応した概念である。したがって，オムニチャネル戦略をチャネル戦略の一形態として考えるのではなく，販売とコミュニケーションに関わるオンライン事業戦略と理解する必要がある。

第14章

サービスの消費者行動

1 サービスの基本的特性と消費者行動
2 サービス品質と消費者満足・不満足
3 サービス提供プロセスと顧客経験
4 サービスマーケティング

1 サービスの基本的特性と消費者行動

サービス経済化と消費者

経済発展に伴い，その国の産業構造は，第1次，第2次産業から，第3次産業へとシフトすると一般に言われており，先進国の産業構造は，おおむね第3次産業のウェイトが高い。これは日本も例外ではなく，製造業が発展した高度経済成長期以降は，サービス経済化が進展してきた。具体的には，金融・保険業，情報・通信業，交通運輸・物流業，不動産業，医療・健康関連業，観光・レジャー・娯楽業，宿泊・飲食・小売業，教育関連業などのサービス業などがある。このような産業構造の変化は，消費者の支出行動にも大きな変化をもたらしたことは言うまでもない。つまり，経済が発展し，可処分所得が増えるにつれて，サービスへの支出割合が高まったということである。

また，第3章や第8章でも若干触れたように，モノからコトへの消費者行動の変化もサービス経済化に拍車をかけている。これは，サービス産業のみならず，製造業の製品の設計思想や販売方法にも影響を与えてきた。例えば，スマホは，単に個人用の電話器ではなく，各種アプリを入れることによって，さまざまなサービスを利用することができる端末になる。このスマホには，モノの機能としてカメラ機能も加わったが，インスタグラムなどの情報共有アプリのサービスが付帯されることによって，消費者にさらなる使用価値を提供することとなった。また，最近では自動車も，スマホとの連携によって，リアルタイムの道路交通情報やエンターテインメントが提供され，さらに自動車自体も購入するのではなく，リースやサブスクリプションサービスを利用する消費者も増えている。

そして，このようなモノからコトへの価値観の変化は，消費者に対する価値提供の視点を変えつつある。例えば，多くのモノに囲まれた生活の中で，本当にそれを所有する必要があるのかどうかという点を訴求して，レンタルやリースといったサービスに切り替えてもらう発想である。これは，不動産や耐久消費財に囲まれた物質的な豊かさを謳歌する生活から，精神的な安らぎや感動などの経験や体験を重視する価値観への転換に対応しており，最近では，一時的な使用権のみを取得するリキッド消費という消費スタイルも生まれてきている。こうした変化は，いずれも消費者の価値観やライフスタイルと関係が深い。

サービスの多義性

サービスという言葉は，一般にいくつかの異なる意味をもって使われている。第1に，財としてのサービス，すなわち，物財と対比してサービスを位置付けた使い方である。これは，上に述べたように，第2次産業としての製造業が生産する財が物財であるのに対し，第3次産業が生産するのはサービスであることを意味している。

第2は，物財に付随して提供される便益としてのサービスがある。これは，主たる取引対象である物的な製品とあわせて提供される付加価値や補完的な機能を指す。例えば，商品の保証，保守点検，カスタマーサポートなど，一般にアフターサービスと呼ばれているものがこれに該当する。これらの便益は，オプションという形で有償となる場合も多く，必ずしも無償ではないが，主たる購入品の使用に関わる付帯的な便益として顧客満足度を高めるとともに，販売者である企業が顧客との長期的な関係を築くためにも重要である。

第3に，無料という意味でのサービスがある。これは，日本では「水とサービスはただ」と言われるように，何らかの価値や提供物を無料で提供することを指している。例えば，日本の飲食店では，飲料水は基本的に無料で提供されるが，欧米のレストランでは，無料の水は提供されないケースが多い。

以上のようにサービスには3つの意味があるが，言うまでもなく本章の議論で扱うのは，第1の財としてのサービスである。

サービスとモノの一元論

第3章から第5章では，消費者意思決定プロセスについて論じたが，そこでは，基本的にモノとしての消費財を想定した議論を展開していた。これは，マーケティング論で消費者行動を論じる場合も同様である。他方で，1980年代頃から今日に至るまで，サービスマーケティングの研究も盛んに行われてきた。そこでは，モノとサービスの区分について，2つの異なる考え方が存在している。

その1つが，モノとサービスの一元論である。これは，どのようなモノやサービスであっても有形的要素と無形的要素が組み合わされ，1つの「製品」として顧客に提供されているという視点である。例えば，家電製品は，一般にモノとして認識されるが，そこには，修理や保証というサービスが付帯されている。逆に，ウォーターサーバーのレンタルサービスで，消費されるのは，モノとしての水である。

第5章でも述べたが，近年，登場したサービス・ドミナント・ロジックでは，モノとサービスを区別せずに，どちらも顧客価値の提供手段として捉えている。つまり，モノでもサービスでも消費者に何らかの価値を与える役割をもっているという意味において，両者は分離できないと考える。また，価値そのものは，モノにあらかじめ備わっているのではなく，消費者がそれを使用するという経験によって初めて実感できると考える。例えば，自転車，テニスラケット，スマホなどは，モノと考えられるが，これらの価値を本当に実感できるのは，消費者がそれらを使用する段階である。それらにいろいろな付加価値や機能が付いていたとしても，それを使用する消費者に，それを使いこなすだけのスキルと知識がなければ，価値を十分に享受することはできない。このように，サービス・ドミナント・ロジックの発想では，モノやサービスの本当の価値を経験できるのは消費段階であり，その際には，消費者は，自分自身のもつスキルと知識を活用すること（モノと消費者のインタラクション）によって，価値が実感できると考え，それを価値共創と呼んでいる。つまり，モノとサービスの区別を超えて，モノもサービスも結局は経験価値を提供するサービスとして認識するのが，サービス・ドミナント・ロジックである。

これらの議論は，サービスとは何かを本質的に考えさせるものではあるが，以下では，一般的な財としてのサービスに関する消費者行動とそのマーケティングについて述べていく。

サービスの特性

モノとサービスの区分に関するもう1つの考え方が，二元論である。これは，モノとサービスを明確に区別する考え方で，モノとの対比で，サービスの特徴を明確にし，その提供プロセスを含めてサービスマーケティングのあり方を明らかにしようとするものである。先にも述べたが，マーケティング論は，製造業を中心とするアメリカの産業とともに発展したため，伝統的にはモノとしての消費財を中心に論じられてきた。しかしながら，サービス経済化が進展するのに伴い，1980年代頃からサービスに特化したマーケティング理論の開発も進んできた。そこでは，モノとの違いに着目して，サービス独自の論理が展開されてきた。それに従うと，サービスの特徴は以下のように整理できる。

(1) 無形性（非有形性）

モノには形があり，一定期間使用可能である。そして，その寿命や耐久性は製品の品質に関連する。これに対し，サービスは形をもたず，消費されるのは無形の経験や体験である。例えば，モノとしての頭痛薬はそれ自体に形があるが，病院を受診すれば，その医療サービスに形はない。リゾートホテルなどのサービスそのものは可視化できないため，広告などでサービス品質の良さ（例えば，丁寧で心のこもった接客）を表現することが難しい。そのため，ホテルの客室に，部屋を清掃した従業員のメッセージカードを置くなど，提供されたサービスを可視化するための工夫が求められる。

(2) 同時性（不可分性）

サービスは，売手と買手の相互作用によって生産と消費が同時に行われるという性質がある。例えば，高級レストランでの食事の提供がサービスの生産だとすれば，顧客への提供時間が同時にサービスの消費時間となる。つまり，顧客の参加がサービス提供のうえで不可欠となる。したがって，ウェイターやソムリエとの会話のキャッチボールも食事という価値を高めるためには重要で，顧客が自分の要望をうまく伝えられなければ，誤ったサービスが提供されてしまう恐れがある。つまり，モノの場合は，基本的に顧客ごとに異なる製品が提供されることはないが，サービスの場合は，顧客の要求に合わせて，ある程度カスタマイズされているとも言える。顧客にとってのサービスの価値は，売手と買手の相互作用，つまりコミュニケーションによって共創されているのである。

(3) 異質性（変動性）

モノとしての製品の場合，基本的に同じ型番であれば，製品間で品質にバラツキがあってはならないが，サービスの場合，人間が提供することや，提供する状況や環境の影響を受けやすいことなどもあって，標準化が困難であり，品質の変動が起こりやすい。つまり，サービスは，モノに比べて品質の異質性が高い。しかも，サービス品質は，顧客の主観的な評価によって決まるため，同じサービスを提供したとしても，そのニーズによって，期待するサービス品質が異なり，場合によっては，過剰品質や顧客不満に繋がってしまうことがある。

(4)　消滅性（非貯蔵性）

モノとしての製品は，所有することができるが，サービスは，一過性の消費体験であるため，そのこと自体を所有したり，貯蔵したりすることはできない。サービスの利用券は，貯蔵することができるとしても，いざ，それを利用しサービスの提供が行われれば，やはりそれは消滅してしまう。消滅性があるため，サービスは在庫できない。例えば，閑散期のホテルの客室や航空会社の座席を蓄えておいて，繁忙期に販売することができればよいが，そうしたサービスの在庫はできない。また，サービスは，利用後に消滅してしまうので，何らかの欠陥があったと消費者が感じても，事後的にそれを立証することが困難になる場合も多い。

2　サービス品質と消費者満足・不満足

サービス品質と顧客満足

サービスには，無形性や異質性という性質があるため，その品質を事前に知ることは難しい。つまり，サービスは，経験財としての性格が強い。そこで，企業は，無料体験キャンペーンを展開したり，満足した顧客のクチコミ情報を開示したりして，顧客の品質への事前期待を高めたり，正しい品質水準を認識してもらったりする。また，モノとは異なり，サービスの生産は顧客の参加，すなわち，両者のインタラクションによって生み出されるという性質があるため，サービスの品質評価に占める提供者（従業員，接客要員）の役割は非常に大きい。

また，第5章でも述べたように，顧客満足は，品質に対する事前期待と事後評価の関係によって決まってくる。ただし，物財の満足とサービス満足の大きな違いは，サービスの提供プロセスにおいて従業員の人的役割が大きいことや，提供者や提供環境によってサービス品質の均質性が保たれないことなどがある。

消費者がサービスの知覚品質をどのように評価しているかについては，パラスラマン＝ザイタムル＝ベリー（1988）が提唱したSERVQUALモデルが有名である。それによれば，顧客は，知覚するサービス品質を以下の5つの次元で捉え，それぞれについて事前期待と実際に提供されたサービス水準の知覚ギャップを把握したうえで，全体としての知覚品質水準を判断していると想定されている。

(1) 有形性——サービス提供のための設備や従業員の外見など物理的な面での質の高さの次元。店舗施設の充実度・雰囲気，デザインの秀逸性，清潔感，従業員の身だしなみなど外見上の優位性を意味する。

(2) 信頼性——顧客の期待を裏切ることなく約束されたサービスが確実に遂行されているかという次元。顧客の期待に沿った礼儀正しさや接客など，顧客の信用・信頼を得る能力を意味する。

(3) 反応性——顧客を進んで助け，速やかにサービスを提供しているかという次元。顧客の要望に応えながら的確かつ迅速に顧客の課題を解決・対応する能力・意欲を意味する。

(4) 保証性——顧客からの信用・信頼を得る従業員の能力の次元。豊富な知識と丁寧さによって裏付けられる。

(5) 共感性——顧客の利益を優先した誠実な対応をしているかという次元。個々の顧客のニーズや気持ちに寄り添い，気遣いを行っているかどうかを意味する。

サービス品質と顧客不満の発生

SERVQUALモデルは，知覚品質に対する事前期待と評価の視点から顧客満足を把握するというアプローチであった。これに対して，顧客が認識する期待と企業が提供するサービスの諸要素の対応関係の中で生じるギャップが，満足ないしは不満足を生み出す具体的メカニズムをモデルとして示したものが図14-1である。

この図の上半分は，顧客側の認知プロセスの部分であり，企業が提供するサービスに対する期待と実際の知覚の関係を示している。また，下半分は，企業側の認識・活動プロセスの部分であり，顧客の期待に対する企業の知覚を起点にサービスの提供までの関係を示している。

ここで，顧客満足・不満に最も影響するのは，期待されたサービス水準と実際に知覚されたサービス水準のギャップ1である。続いて，顧客に正しい期待を抱いてもらうための外部コミュニケーション（ギャップ5）や顧客の期待を把握する企業の努力（ギャップ2）の管理も重要である。また，実際に提供されるサービス水準の知覚レベルを上げるための努力によって，ギャップ3，4，6を改善することも必要になるであろう。

サービスの失敗とリカバリー

サービス提供においては，人的な関与が強いため，少なからず失敗が起きることがある。また，失敗に至らないケースでも，接客要員の態度が顧客の好みではないなどの理由で，サービスに満足が得られない顧客も発生してしまうかもしれない。さらに，航空会社のサービスでは，悪天候のためにスケジュールが乱れたりすることによって，提供されたサービスに満足できないケースも多い。そうした問題を少しでも解決するためには，あらかじめサービス品質保証という仕組みを用意しておくことが有効である。

失敗はいつか必ず起きてしまうものであり，それに対応する必要が生じてしまう。人間は，利得よりも損失をより大きく感じるというプロスペクト理論という考え方があるが，それに基づくと，若干

図 14-1　顧客満足・不満の形成を説明するギャップモデル

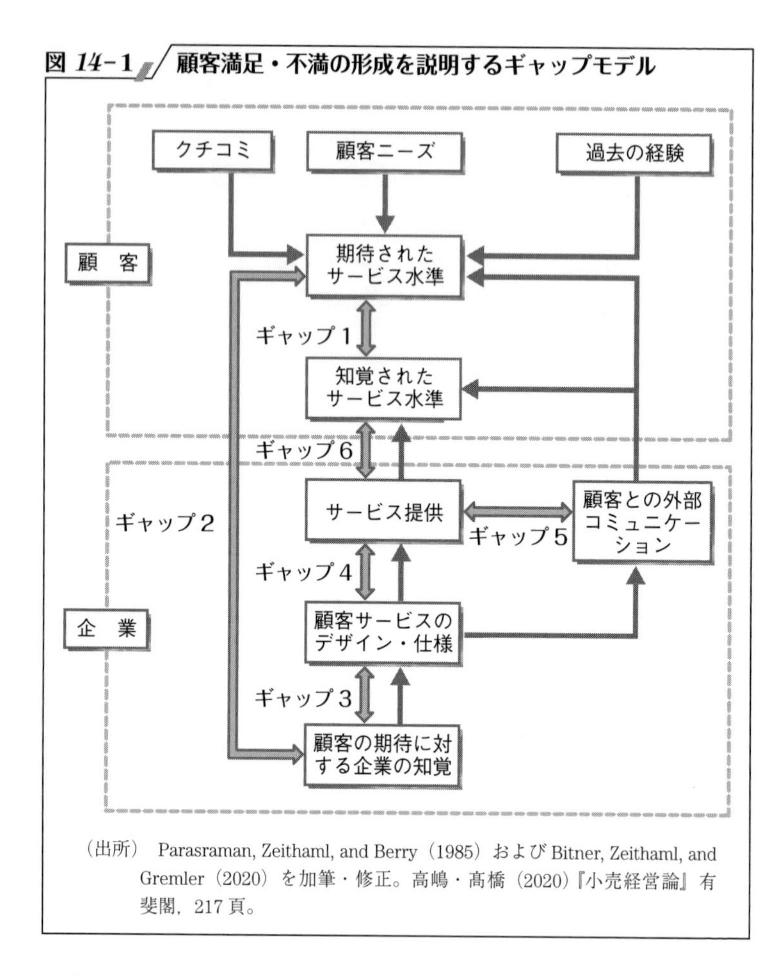

（出所）Parasraman, Zeithaml, and Berry（1985）および Bitner, Zeithaml, and Gremler（2020）を加筆・修正。高嶋・髙橋（2020）『小売経営論』有斐閣，217 頁。

の満足感の向上よりもわずかな不満のほうが，大きな影響を企業にもたらすことになる。そのため，サービス提供における失敗への備えは非常に重要である。

失敗に対する考え方には，失敗の予防とサービス・リカバリーという 2 つの対応がある。予防は，失敗の経験をできるだけ情報として集約し，それを全社的に共有することが重要である。失敗学として知られている経験則によれば，失敗の理由の上位 20 %で，失敗全体の 80 %が説明できるとされているので，よく起きる失敗の予防に優先的に取り組むのが良いのかもしれない。また，従業員の教育・研修も失敗の予防に欠かすことができない。

しかし，それでも失敗は起きてしまうので，失敗が起きたときにどのように対処するべきかが問われることになる。ある研究によれば，失敗にうまく対応したことのほうが，何も失敗が起きなかった場合に比べて，企業に対する評価が上がったという例もよくあると言う。これはサービス・リカバリー・パラドックスという現象であるが，とはいえ二度も三度も失敗していては，サービスの質が疑われることになってしまう。

サービスの失敗が生じたときに，企業はそれに対応しなければならないが，その方法は次のようにさまざまである。被害状況および顧客の主張の把握，心のこもった謝罪，上司や所属長による解決対応，迅速で誠意ある対応，交換・返品・返金，値引き，クーポン提供，リカバリーポリシーの説明，事後的なフォローなど，失敗の状況に応じて問題を速やかに解決しなければならない。先にも述べたように，失敗がもたらす顧客不満は，顧客満足の向上よりもインパクトが大きい。そのため，適切な対応策を提供し，そのリカバリーに対する満足度を高めることによって，顧客の離反を防ぎ，顧客ロイヤルティを維持しなければならない。

また，リカバリー満足の前に形成される顧客の心理として，公正性という概念があることが知られている。つまり，リカバリーが公正性の観点から許容できるかどうかが，リカバリー満足を規定するという考え方である。具体的な公正性の指標としては，相互作用的公正（失敗時に対応した従業員とのコミュニケーションが公正で妥当か），手続的公正（失敗に対する会社のポリシーが公正で妥当か），分配的公正（失敗への経済的な補償内容が公正で妥当か）と呼ばれるものがある。失敗の内容が軽微なものであれば，心のこもった謝罪で相互作用的公正基準が満たされることによって，リカバリー満足は充足される。しかし，大きな損害を与えたような失敗であれば，3つの公正性を満たす順序が問題となり，相互作用的公正が満たされた後に，手続的公正，分配的公正へと充足されていくべきと考えられる。

3 サービス提供プロセスと顧客経験

カスタマージャーニー・マップ

第3章で紹介したカスタマージャーニーは，消費者が製品やサービスを認識し，情報収集を行い，選択・購買し，利用し終えるまでのプロセスを時系列的に示し，それを旅に喩(たと)えたものである。それを1枚の図にまとめたものは，カスタマージャーニー・マップと呼ばれ，そこでは顧客の視点から企業とのタッチポイントが明示されているため，企業は，それら全体を把握することによって，顧客のニーズや行動，それに経験価値を理解することができる。

このカスタマージャーニーをレストランの例で考えてみよう。大切な友人との会食の場所を選ぶ際，消費者は，希望するエリアのレストラン情報を収集しながら，その中から来店したいと思う店を1つ選択する。その際，クーポンが使えるかどうかという点も加味するとすれば，グルメサイトとのやりとりも発生する。そして，選択したレストランに予約の連絡を入れ，実際に訪れ，食事をし，支払いを終えて，そこを離れるまでの顧客経験のプロセスが，カスタマージャーニーであり，それを時系列的に図示したものがカスタマージャーニー・マップである。

サービス・ブループリント

サービスの生産は，サービス提供者と顧客のインタラクションによって行われるため，そのプロセス全体を適切に管理することが重要である。そのためには，顧客価値を提供するための一連の業務や手順を組織的に計画，実行，監視するプロセスの構築が必須となる。

一般的に，顧客は，企業とさまざまな場面でタッチポイントをもっているはずで，そこに企業のマーケティング活動の可能性が存在する。カスタマージャーニーは，顧客の視点に基づくものであり，企業は，サービスの提供にあたり，それを踏まえて，顧客とのコミュニケーションを図り，提供するべきサービスの内容とタイミングを考える必要がある。そのためには，顧客の行動と企業対応というフロントステージだけではなく，顧客の目には触れない用品の調達などの補助的なバックステージの仕組みも含めてサービス提供の管理プロセス全体を捉えなければならない。そのことを時系列的に示したのがサービス・ブループリントである。これは，時間とともに経過するサービスの利用と提供のプロセスを，サービスの提供業務や機能的要素の結合関係で捉えるとともに，全体をフローチャート・ダイヤグラムとして記述したものである。その代表的提唱者であるショスタック（Shostack）が1984年に示したものが，図14－2である。

これは，靴磨きの例を示した簡素なものであるが，先に述べたレストランの利用経験についても同様のブループリントを描くことができる。この図からも分かるように，図の上部は，顧客経験を中心に可視化されたフロントステージを示している。また，下段は，顧客の目には触れないバックステージを表している。ブループリントを作成することによって，企業は俯瞰（ふかん）して顧客との関わりを把握することができ，自社が与えるべき顧客経験価値とそれを実現するためのサービス提供業務の内容とタイミングについて考える礎を得る

図 14-2 靴磨きのブループリント

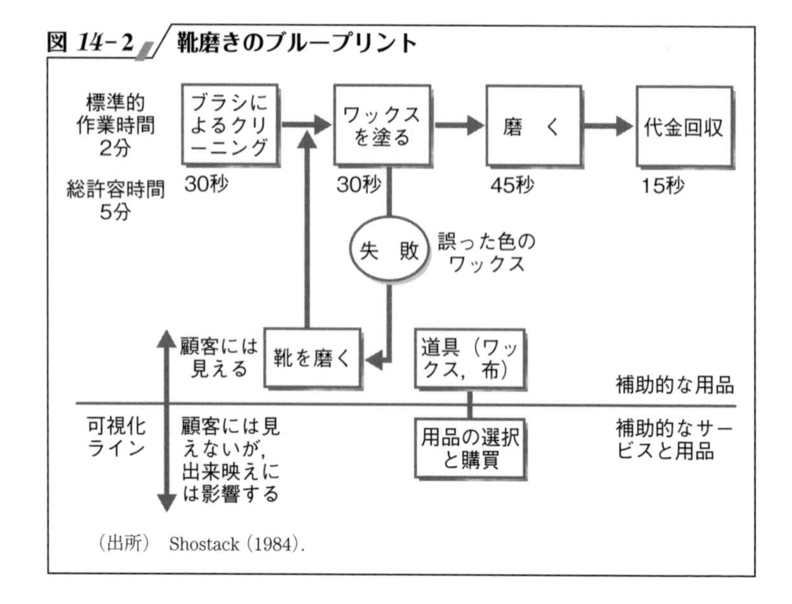

（出所） Shostack (1984).

ことができる。また，それは，個々の従業員がサービスを提供する際のマニュアルの作成にも役立つはずである。

4 サービスマーケティング

サービスマーケティングの意思決定プロセス

第2章では，モノのマーケティングを想定し，そのための基本的な意思決定プロセスが，R－STP－MM－I－C であることを説明した。サービスのマーケティングにおいても，その基本構造に変わりはない。ただし，モノのマーケティングでは，MM が 4Ps であったが，サービスマーケティングでは，管理すべきその要素が7つに増える。つまり，4つの P（product, price, promotion, place）に加えて，people（従業員対応・顧客管理），process（業務プロセス対応），physical evidence（施設・設備・店内表示の管理）の3つが加わり，サービスマーケティングの7Psを構成している。

新たに加わった3つのPのうち，まず，peopleは，人的要素である。顧客との適切なコミュニケーションや顧客ニーズに合った接客を行えるように，人材の登用や配置，教育・訓練，雇用維持のために有効なインセンティブを提供することなどが主要な課題となる。また，従業員をどこまで現場のマニュアルで管理するのか，逆に言えば，現場にどこまで権限を委譲して創意工夫を発揮してもらうのかの判断も意思決定の範疇に含まれる。このように，peopleは，顧客に直接サービスを提供する従業員管理が基本であるが，さらに，ピーク時に顧客の入場を制限するなど，顧客を状況によって選別管理するといった意味も含まれている。

次のprocessは，サービス提供プロセスの管理を意味しており，顧客が情報探索をしたり，予約を入れたりするところから，来店して従業員にコンタクトし，サービスが提供され，支払いを終えて退店するまでのプロセスの管理を指している。つまり，顧客とのあらゆるタッチポイントにおいて，適切な対応が行えるように，人・モノ・資金・情報といった経営資源を効果的・効率的に配置・管理することを意味している。上でも述べたように，そのために役立つのが，図14−2に示したサービス・ブループリントである。そこでは，顧客の行為に対して従業員がすべきことが，時間を追って可視化されていると同時に，バックヤードや店側で備えておくべき補助的なサービスと用品についても明示されており，従業員を管理するためのマニュアルを作成する際にも，これが役立つ。顧客ニーズや顧客の要望は多様であり，サービスの提供環境や業務支援技術も日々変化するため，サービス・ブループリントは，常時，モニタリングと改善の必要がある。

最後は，physical evidenceである。サービスには，無形性という性質があるため，その質の高さを顧客に伝えるためには，物理的な施設・設備や顧客サービスを可視化することが有効である。リゾートホテルのエントランスは，南国の島を訪れたような花や植物で飾られ，それを醸し出すための音楽や華やかなユニフォームに身を包んだ従業員の笑顔が顧客を待ち受けていることがよくある。リゾート感や高級感を醸し出すために設計された施設や設備，従業員の立ち振る舞いなどのサービス提供環境は，サービススケープと呼ばれ，顧客経験価値に対する期待の醸成に役立っている。また，そうした雰囲気の写真や動画が，ホテルのホームページで発信されることで，形がないサービスが可視化され，それに音声や音楽が加わることによって，消費者の態度形成にも役立つはずである。

サービス組織の管理

主として接客を要するサービス企業において，企業，従業員，顧客の3者を頂点とする三角形を描き，それらの取引関係を示したものがサービス・トライアングルである。通常のマーケティングでは，企業と顧客の取引関係で捉えるところを，サービスマーケティングにおいては，サービスの直接提供者である従業員の役割が大きいため，あえて企業や顧客と並ぶ主体として従業員が位置付けられている。この3者間の取引関係は，以下に述べる3つのマーケティング活動として捉えることができる。

(1) エクスターナル・マーケティング

これは，企業が顧客に対して展開するマーケティングを指し，具体的には，提供するサービスの設計，サービスの生産に必要な原材料・用品の調達，価格設定，販促活動，出店計画の立案や店舗の設計などの意思決定と管理が含まれる。

(2) インターナル・マーケティング

これは，接客にあたる従業員に対する「社内のマーケティング活動」を意味し，ここがモノのマーケティングには見られない特徴である。前に述べたようにサービスの生産は顧客とのインタラクションによって提供されるため，従業員の態度や振る舞いが顧客の品質評価に大きな影響をもたらす。良いサービスを提供するためには，まずは，従業員を顧客のように扱うべきであるという発想に基づき，やり甲斐のある職務と納得のいく報酬を提供することで，従業員を動機づけ，顧客に対して優れたサービスを提供してもらおうというのがこの概念である。

(3) インタラクティブ・マーケティング

これは，従業員が企業を代表して実際のサービスを顧客に提供するための活動であり，サービス・ブループリントの指示に従って，顧客とインタラクティブなコミュニケーションを交わしながら，サービスを生産・提供するというものである。

以上の3つのタイプのマーケティング活動が有機的に連携することによって顧客に適切なサービスが提供され，顧客および従業員の満足が実現する。また，この好循環は，企業に適正な売上と利益をもたらすと考えられる。

サービス生産性の向上

生産性とは，投入分に対する産出の比率として計算される経済指標である。投入を労働者・従業員と捉えれば，労働生産性となり，土地，設備・施設・機械と考えれば，資本生産性となる。また，産出としては，製品であれば生産個数や付加価値が使われるが，サービスの場合，生産と消費が一体となっているため，それを売上で捉えることが多い。

以前より，日本のサービス業の生産性は低いと言われてきた。その理由として，サービス業は労働集約的な産業であるため，機械の導入などによる省力化が起こりにくいことや，日本の消費者が価格よりもサービスを重視することなどが指摘されてきた。また，サービス生産性の測定における課題として，生産性の分子を売上で捉えると，それが需要の影響を受けてしまうことなども言われてきた。つまり，いくら能力の高い従業員を売場に配置しても，需要がなければ，生産性はゼロとして産出されてしまう。

このような現状認識のもと，サービス業の生産性を向上させるには，どのような方策があるのか，以下に述べておく。第1に，セルフサービス化や機械への代替である。セルフサービス化は，早くからスーパーマーケットの業界で導入されてきた方策である。そのためには，雇客自ら選択可能な商品のパッケージ化やレジの導入などの売場環境の変更が必要となる。また，労働集約的なサービス業における機械への代替について言えば，かつては，預金の引き出しや預け入れは，窓口で銀行員が行っていたが，現在では，そのほとんどが，ATM やインターネットバンキングで行われるようになった。また，レストランの注文や配膳を顧客が自らカウンターで行ったり，近年では，サービスロボットが配膳を行ったりすることなども一般的になってきている。

第2は，需要の平準化を図ることで生産性を高めるという方策である。先にも述べたようにサービスは在庫ができない。繁忙期と閑散期にあわせて従業員のやりくりができれば良いが，それは容易ではない。そのため，リゾートホテルや航空サービスなどにおいては，閑散期には価格を下げ，繁忙期には価格を上げることによって需要の平準化を図っている。

第3に，サービス提供プロセスの改善がある。これは，機械の導入とも関係があるが，サービス・ブループリントを再検討して，無駄を削減し，サービス提供全体の効率化を図るという方策である。機械にできることは機械に任せ，従業員が行う作業では，その能率を上げたり，接客の密度を上げて顧客満足度を高めたりするという発想である。

第4が，デジタル化とオンラインプラットフォームの活用による生産性の向上である。例えば，顧客情報を一元管理してカスタマイズされたサービスの提供や顧客とのコミュニケーションに活かすことが考えられる。また，そうした情報を企業，店舗，従業員の間で有効活用することで，顧客経験価値を高めることもできるであろう。例えば，あるホテルチェーンに宿泊した顧客が，同系列の別のホテルに宿泊しても，その顧客の好みに合った部屋やアメニティグッズを用意することも可能となる。そうした取組みが進めば，顧客ロイヤルティも高まり，優良顧客の常連顧客化が進むことで，結果として，生産性が向上することが考えられる。

演習問題

① あなたが最近初めて利用した飲食店を1つ取り上げ，SERVQUALモデルの5つの次元に関する事前期待と事後的評価に基づいて，その店舗に対する満足や不満がいかに形成されたかを考えてみよう。

② 顧客満足を重視するサービス企業の事例を1つ取り上げて，そのサービス事業における7Psにどのような特徴があるかを考えてみよう。

EXERCISES

COLUMN 11　おもてなしと経験価値の提供

2024年現在，コロナ禍への社会的対応も変わり，訪日外国人もそれ以前のように増えてきた。こうした外国人は，日本の自然景観や名所旧跡を観光し，ショッピングを楽しんだり，アニメやマンガ関連のスポットを訪れたりするばかりではなく，旅館や飲食店を訪ねて文化的体験を満喫している。訪日外国人の多くが期待することとして，おもてなしと呼ばれる心のこもった接遇や歓待に基づくサービスがある。おもてなしの精神は，日本ならではの文化と精神に根付いており，それは，ホスピタリティとして顧客の経験価値を高めるために一役買っている。

海外のホテルでは，部屋で食事をすることはないが，日本の高級和風旅館に泊まれば，和服姿の従業員の配膳によって部屋で夕食が楽しめ，自分の部屋専用の露天風呂がついている客室もある。寿司店，料亭・割烹料理店，ラーメン店，居酒屋などの飲食店では，その値段に対して，海外にはないレベルの料理やサービスが提供される。しかも，円安であれば，訪日外国人にとっての魅力度は一段と高くなる。日本好きが高じて，茶道，花道，着物の着付け，武道など，日本の伝統文化を体験する人々も増えている。まさに，この分野でも，モノからコトへ，そして経験価値の重要性が高まってきている。

ところで，「名物に旨い物なし」という決まり文句がある。日本見物に来る観光客が二度と同じ場所に戻ってくることがないのであれば，最悪，それに甘んじる企業があっても致し方ないところであるが，昨今の様子を見ると必ずしもそうはいかない。なぜなら，その名物に不満を感じれば，その感想はたちまち SNS で悪いクチコミとして拡散されてしまうからである。反対に，大きな満足を得れば，拡散された賞賛や好意的クチコミが新たなクチコミを呼び，新規の観光客を世界中から呼び込んだり，当該観光客の再訪を生み出したりするのである。

企業がリピーターを生み出したり，新しい経験価値を提供したりするためには，次のような対応が求められる。第 1 に，顧客の期待を過剰に高めすぎることなく，約束した期待を裏切らないレベルのサービスを確実に提供すること。第 2 に，話題性を提供するためにも，サービスの改善と新規サービスの提供（つまり，イノベーション）を続けること。第 3 に，訪日外国人とフレンドリーなコミュニケーションを行うためには，接客する従業員が多言語で対応したり，他国の文化・習慣を理解したりすることが重要になる。そのためには，ある程度の権限を委譲して，従業員の創意工夫を引き出し，顧客満足を高めた取組みに対して企業が報いる仕組みも求められるはずである。

第15章

グローバル市場における消費者行動

1 グローバル化と消費者行動

消費のグローバル化

グローバル化とは国境を越えて地球規模に展開するという意味である。現代は，人，商品，情報が国境を越えて移動する社会となっているために，グローバル化した市場において消費者行動を考えることが重要となっている。

例えば，消費者が外国産の製品を購入するとき，その原産国を意識する場合がある。このときの原産国のイメージは，購買や選好といった行動にポジティブな影響を与える場合もあれば，ネガティブな影響を与える場合もある。また，原産国のイメージは，どの国の消費者がどの国の製品を想定するかによって多様に変わると推測される。しかも，オンライン購買が世界的に普及したことで，日本国内の消費者が海外企業の製品を購入したり，海外にいる消費者が日本企業の製品を購入したりすることが可能になり，これらの機会に国内外の消費者が原産国イメージを意識することになる。また，日本から海外に旅行したり，海外からの観光客が日本に訪れたりすることに関して言えば，訪問先での買物行動は，日常的な買物行動とは異なる特徴を示すことがある。特に後者は，近年，インバウンド消費として注目される消費者行動となっている。

さらに，企業の視点では，海外市場を開拓する場合において，進出先の市場需要に適応するために，その国や地域における消費者行動を理解する必要性が生じる。その一方で，個々の国の需要に合わせた製品を開発し生産するよりも，共通の製品を開発し，効率的な生産拠点で大量に生産することを企業が選択する場合もある。その場合でも，進出先において，どの消費者層をターゲットとするのかという意思決定を行ったり，広告・販促活動については現地に適応した方法を採用したりする際に，現地の消費者行動を捉える視点が必要である。しかも，グローバル経営のもとでは複数の国に進出する場合もあるため，本社のある国と進出先の国との間だけでなく，進出先の複数の国の間でも，マーケティング活動の調整が必要になるだろう。このように企業がグローバル戦略を展開すれば，国境を越えることになり，消費者行動の理解に関して新たな課題が生まれることになる。

国や地域で異なる消費者行動

第7章で説明したように，消費者行動は，消費者の属性や社会的・文化的背景によって異なると考えられ，企業のマーケティング活動においては，こうした消費者行動の違いを考慮して，ターゲットとする消費者層の特徴を捉えることが重要となる。そして，海外における消費者層の特徴というのは，国境を越えた地理的要因に基づく行動の違いとして捉えられる。この地理的要因による行動の差異が，年齢や性別などの他のデモグラフィック要因に基づく差異よりも重要になることから，グローバルな消費者行動の課題が発生すると考えることができる。

というのは，たとえターゲットとする年齢層や性別が同じであっても，国ごとに文化的な背景が異なるため，国や地域で消費者行動が大きく異なることになりやすいからである。しかも，同じ文化を共有する人々の間での行動の違いは，比較的理解しやすいが，文化が異なると，行動の差異に気が付かなかったり，どの要因を重視すべきかが分からなかったりすることがある。そうなると，両国の文化の違いに関する知識が乏しいからこそ，消費者行動の調査が必要となるにもかかわらず，その違いを理解している人でなければ，どこに注目すべきかが分からないという矛盾に直面してしまうのである。その結果，不十分な調査に基づく誤った意思決定を行ってしまったり，消費者行動の違いを民族や人種のステレオタイプに基づいて，短絡的に考えてしまったりする危険性が大きくなる。

ただし，国ごとの消費者行動の違いを重視することは必要であるが，その違いがすべて不変であると考えるべきではない。というのは，企業のマーケティング活動を通じて消費者行動が変化する可能性があり，そのようなライフスタイルの変化を通じて，グローバルブランドがさまざまな国において受容されるからである。そこで重要なことは，企業のマーケティング活動を通じて，変わりうる行動と変わりにくい行動の両方を考えたり，進出先の国において，どの消費者層であれば変わりうるのか，その消費者層ははたして市場として魅力があるのかといったことを予想したりして，マーケティング計画を立てることである。そのためにも，進出先における消費者行動を正しく捉えることが重要となる。

2 消費者行動の国際比較

高コンテクスト文化と低コンテクスト文化

他の国や地域に居住する消費者の行動が相違することは，企業が製品を輸出したり，海外に生産・販売拠点を設けたり，あるいは，海外からの観光客などによるインバウンド消費に対応したりする局面において考慮すべき問題となる。ただし，第 7 章で説明したように消費者行動には個人差があり，同じ国の消費者であっても，その行動は多様になるため，消費者行動における国や地域での違いを個々の消費者レベルから探ることは決して容易なことではない。

そこで，こうした行動の国際比較で行われるのは，国や地域による特徴や傾向をタイプによって捉えることである。そして，このとき所得水準，宗教，言語などとともに，文化の違いによる分類が用いられることがある。その 1 つの代表的なものとして，文化人類学者のホール（1976）が提唱した，高コンテクスト文化と低コンテクスト文化がある。これは消費者行動に限らず，人と人とのコミュニケーション様式が国や地域によって異なることに基づいた分類である。

まず，高コンテクスト文化とは，人々のコミュニケーションにおいて，会話される言葉以上の意味を伝え合う社会において共有される文化である。日本は，高コンテクスト文化に分類され，日本の社会では，明示的に言わないことでも意図が伝わることを期待し，相手の気持ちをおもんぱかるコミュニケーションが取られやすいという特徴を示している。それに対して，低コンテクスト文化では，言葉を頼りにするコミュニケーションが行われ，そのメッセージ自体で意味を伝えるために，意思を明確に表現することが必要になるような社会で共有される文化である。

こうしたコミュニケーションの仕方の違いによって，広告などの販促的なコミュニケーションの特徴が変わったり，サービス業や小売業における接客に対する態度や反応にも影響が表れたりする。そこで，例えば，低コンテクスト文化の国や地域にある企業が日本市場に進出する場合には，日本の高コンテクスト文化に適応するように広告や販促活動の修正を行う必要がある。具体的には，言葉よりもシンボルやジェスチャーが重要なメッセージとなり，それらによる微妙なニュアンスを適切に伝えることが重要になる。広告においても，企業が信用できるかどうかが重要になりやすいため，製品ブランドの広告でありながら，企業ブランドが示されることになりやすい。

サービス業においても，日本のような高コンテクスト文化では，相手の気持ちを推量して対応することで，顧客の満足度を高めることを目指すことが重要になる。日本において「おもてなし」のような考え方が広まり，それを利用者側も期待することによって，企業もサービス品質を高めるといった好循環が形成されるのは，こうした高コンテクスト文化のもとでのサービス戦略の特徴と考えられる。

それに対して，低コンテクスト文化では，広告・販促活動において，明示的な主張が使われやすくなる。ただし，広告において，あまりに明示的な表現では陳腐な表現になり，競合企業に対する差別化ができなくなってしまう。そのため，印象的な表現として，婉曲的で間接的なメッセージが使われることになるが，消費者間でそのような広告に対する共通の解釈が行われるという期待は低くなる。また，低コンテクスト文化では，製品ブランドのイメージを訴求する広告が重要になるために，特に多様な製品事業を展開している企業であれば，企業ブランドは提示しないほうが望ましいということになる。企業ブランドのもたらす信頼性のメリットよりも，製品ブランドの個性を曖昧にするデメリットが大きくなるためである。さらに，低コンテクスト文化の国や地域で，日本の「おもてなし」のサービス事業を導入しようとしても，顧客の気持ちを推量して対応することがサービススタッフには難しく，従業員の教育に限界が生じる可能性がある。

多元的な尺度による国際比較

国や地域によって異なる人々の行動を国際比較する場合，これまで説明した高コンテクスト文化・低コンテクスト文化と並んで，ホフステード（Hofstede）の多元的な尺度もよく使われる。これは，1983 年の論文において提示された，個人主義・集団主義，パワー格差，不確実性回避，男性らしさ・女性らしさの 4 つの要因であり，その後，長期志向・短期志向，寛容・自制の 2 要因が追加されている（図 15－1）。

個人主義・集団主義は，個人の利益と社会の利益のどちらを追求するかに関わる尺度である。集団主義の傾向が強く，社会の利益を

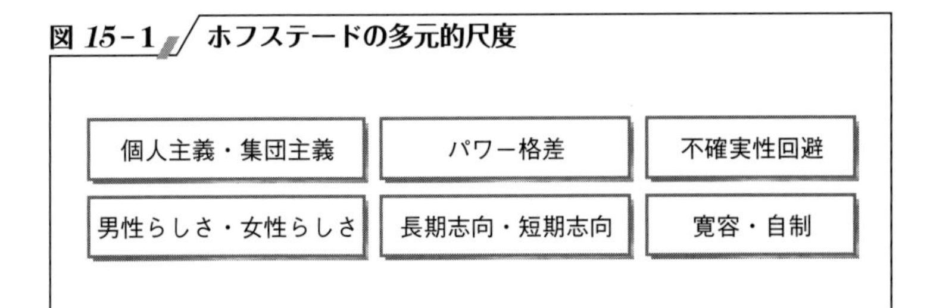

図 15-1 ホフステードの多元的尺度

重んじるときには，人々の結び付きが強くなるため，前述の高コンテクスト文化の特徴を示すと考えられる。パワー格差は，ピラミッド的な社会階層や貧富の格差があるかどうか，逆に言えば，社会的な平等性があるかどうかに関わる尺度である。不確実性回避は，人々が安全を求めるか，あるいは，リスクを受容するかという尺度になる。そして，男性らしさ・女性らしさとは，性別による社会的役割の期待が強いか，反対に，異性間で協力的に役割を果たすかという尺度である。

また，追加された長期志向・短期志向とは，長期的な成果か，それとも短期的な成果のいずれを求めるのかという尺度である。寛容・自制とは，自由や快楽に寛容的であるか，それとも，勤勉さを重視し，自制的に努力するかという尺度になる。

ホフステード（1983）によれば，日本は，個人主義・集団主義やパワー格差という尺度で見た場合，欧米諸国よりは集団的でパワー格差が大きいものの，世界全体では中間的と位置付けられる。そして，不確実性回避が強く，安全志向であり，男性社会と言われるように，性別の社会的役割が固定的な文化とされている。

さて，これらの尺度は，国や地域における人々の行動全般に及ぶ特徴を捉えるものであるが，消費者行動の特徴としても使うことができる。とりわけ，海外市場に進出する企業が，自国と進出先の市場の異質性を考えるとき，これらの多元的な尺度の中で，2つの国や地域で大きく異なる尺度に留意することが重要になる。逆に，共通する特徴があれば，その尺度に関する広告メッセージには，同じような反応が期待できるため，共通したマーケティング活動が使えるという判断も可能になる。

このように多元的な尺度で解釈することで，進出先における文化の違いを優劣や先進性・後進性で捉えたり，自国本意の解釈をしたりすることを避けるという意味もある。他方で，文化は変化する可能性があるために，多元的な尺度に基づく調査結果を固定的に考えることも避ける必要がある。例えば，かつての日本社会は性別の社会的役割が強く認識されていたが，現代では変化しており，広告において家事や育児は女性の役割と決め付けるイメージがあれば，消費者からの反発を招くことになる。

3 原産国イメージによる影響

原産国イメージとは

消費者が商品を買うときに，その商品の原産国を気にする場合がよくある。例えば，農産物の場合にその産地情報を確認したり，家電製品などでメイド・イン・ジャパンであるかどうかを調べたりする。そして，商品の原産国の情報を手がかりに商品の品質を推測したり，国のイメージが商品の選好に影響したりして，商品を購入するかどうかの判断をすることになる。つまり，商品の原産国イメージが，消費者の購買意思決定に影響を与えていることになる。

ただし，商品の開発・生産のプロセスがグローバルに広がっている現代では，複数の国や地域が開発・生産に関わることが多くなるために，この原産国イメージを単純に１つの国のイメージで理解することが難しくなっている。例えば，工業製品では，製品のデザインを決めた国と工場で生産を行った国が異なることはよくある。それは，人件費や部品・原材料の調達可能性を考えて，低コストで生産できる国や地域が生産地に選ばれるからである。そうなると，原産地を企画・開発か生産かのどちらの視点で考えるかによって，1つの製品に複数の原産地イメージが生まれることになる。

しかも，生産地だけをとってみても，複数の国や地域を移りながら生産プロセスが行われる場合がある。たとえ日本製を謳っていたとしても，途中まで海外の工場で生産して，品質管理や原産国イメージのために最終の組立工程のみを日本で行う場合もある。また，情報通信機器のように，最終製品の原産国だけでなく，主要部品の原産国がどこかということが，最終製品の購買行動に影響を与えることもある。このように1つの製品に多様な原産国が想定されるため，消費者は，それら複数の原産国のイメージによる複雑な影響を受けると考えることができる。そして，その影響は，商品知識や製品関与の大きさなどに基づいて，消費者や製品によっても異なると考えられる。

これらは製品の原産国イメージによる購買行動への影響であるが，そのほかにブランドで知覚されるカントリー・イメージによる影響もある。とりわけ，グローバルブランドでは，しばしば生産した国や企画・開発した国よりも，そのブランドが生まれた国のイメージが強く購買行動に影響する場合がある。例えば，ナイキのスポーツシューズを購買する消費者にとって，それがアメリカのブランドであることが購買行動に影響を与えている可能性がある。このとき，実際にその製品が生産された国や地域の情報が示されても，消費者にとっては，製品の原産国よりもブランドの知覚原産国が重要となるかもしれない。

こうした製品やブランドの原産国がなぜ製品の選択・購買に影響するのかと言えば，まず考えられるのが，消費者が製品の品質を評価し，判断する手がかりとして原産国情報を使うことである。その背景には，国や地域のイメージが特定の製品に関する品質イメージへの連想を引き起こすことが想定される。これは，原産国イメージが品質のシグナルとしての役割を果たしているという意味で，シグナリング効果と呼ばれている。具体例を挙げれば，戦後の日本製品に対して，欧米の消費者は粗悪な製品というイメージを抱いていたが，現代では，むしろ高品質の信頼できるイメージへと変わっている。つまり，原産国の全般的なイメージが定着すると，日本製品であれば高い品質イメージを期待するということが発生するのである。

このような品質イメージによる影響は，多くの消費者における長年の購買経験の蓄積によって形成されるものが多いが，それらとは異なり，国や地域へのポジティブないしはネガティブな感情や考えが何らかの理由で生じて，それが消費者の購買行動に影響することもある。例えば，国産品を買うことで国内経済を支えようとする行動が起きたり，国家間の対立から対立関係のある国の製品の買い控えやボイコットをしたりするといった例が考えられる。

マーケティング活動への展開

消費者にとって製品の原産国は品質を評価する手がかり情報の1つであるために，企業としては，原産国イメージが消費者行動にどのような影響を与えているかを理解したうえで，原産国イメージに関わるマーケティング活動を展開する必要がある。例えば，製品の原産国について，ポジティブなイメージが広く形成されている場合には，企業は，その原産国の持つイメージを利用したマーケティング活動を行うことを考えるだろう。反対に，原産国についてネガティブなイメージがある場合には，消費者は，原産国の情報に基づいて品質リスクを知覚する可能性がある。そこで，企業としては，こうした原産国イメージによる消費者行動への負の影響を回避するために，国とは関連付けられないグローバルなブランドイメージの形成に努めるか，あるいは，その製品に関する原産国イメージを改善するようなマーケティング活動を展開する必要が生じる。

ただし，原産国イメージは，こうしたポジティブかネガティブかという単純なものではなく，複雑で多元的なイメージを含むものであるために，企業が原産国イメージを利用したり，負の影響を回避したりする場合，構築しようとするブランドイメージとの整合性も考えなければならない。そのうえで，企業は，当該製品カテゴリーについて，消費者がどのような原産国イメージをもっているか，その原産国イメージが構築しようとするブランドのコンセプトとどのように乖離しているかを理解したうえで，その乖離による課題を解決するようなブランディング活動を検討する必要がある。

国のブランディングとクールジャパン

原産国イメージを望ましい方向に変えることに関しては，経済や文化に関する政策的な目的から，国が関与することがある。これは国のブランディングと呼ばれる活動で，日本におけるクールジャパンの提唱もその１つである。

クールジャパンは，アニメなどのポップカルチャーの海外への浸透において提唱されたことが起点となり，その後，高性能・高機能製品，伝統工芸品・地場産品，「おもてなし」を掲げる飲食・観光サービス，ファッションなどの多岐にわたる領域で拡張されて訴求されるようになり，政府や地方自治体などは，これらの需要促進のためのサポートを行っている。

そして，このようなクールジャパンの展開は，望ましい原産国イメージを形成し，個々の商品やサービスに関するブランディングにポジティブな影響を与えることを通じて，海外の消費者や訪日観光客の需要開拓に結びつくことが期待され，実際に効果をあげているように見える。ただし，原産国イメージというのは，前述のように，多元的なものであるために，多様な商品やサービスに関する個々のブランドイメージとクールジャパンという共通のブランドコンセプトとの間に齟齬が発生しやすいことに留意する必要がある。

すなわち，ポップカルチャー，高品質，伝統，「おもてなし」といった要素は，いずれもクールジャパンと関連付けられるものの，まったく異なる次元の原産国イメージとして認識されているはずであり，それを統合することでブランドイメージがむしろ曖昧なものになる可能性もある。日本のような高コンテクスト文化では，文化的・歴史的な文脈を理解したうえで，「日本らしさ」としてまとまって見えたとしても，欧米のような低コンテクスト文化では，このような「日本らしさ」は拡散的で曖昧になり，伝わりにくいという限界が生まれやすい。

さらに，国のブランディングでは，企業間で協調して海外市場を開拓し，国や地方自治体がそれを支援することを想定しているが，企業がブランディングを行って，海外市場を開拓する過程では，国内企業間での競争が展開されることになる。このとき，企業間での競争が，国のブランディングのような協調的な取組みとは相容れず，その有効性を発揮できない可能性もある。

特に高性能・高機能製品では，クールジャパンが提唱される以前から，国内企業間での激しい競争が展開され，製品の品質水準を高めてきたという歴史的経緯があり，競合企業に対する差別化が必要である。そのため，協調して同じようなブランドコンセプトを訴求するよりも，独自のポジショニングを追求することに向かいやすい。そのような競争的な状況では，グローバル企業になるほど，クールジャパンの取組みには参加しにくいことが予想される。

他方で，伝統的な地場産業の場合には，こうした企業間での差別化競争が少なく，海外市場開拓のために国や地方自治体による支援を必要としている。しかし，このケースでは，企業において差別化競争を通じたブランディングの経験や能力が蓄積されていないために，国や地方自治体の取組みに依存してしまい，企業の主体的なブランディング活動が行われにくいという課題が発生しがちである。

したがって，国のブランディングでは，ポジティブなイメージをもたらすから効果があると単純に期待するのではなく，製品のブランディングとどのような相乗効果を期待するのか，企業間の差別化競争とどのように両立させ，継続的なブランディング努力といかに結び付けるかといった政策的課題を考える必要があると言えよう。

4 グローバルマーケティング戦略と消費者行動

現地適応戦略と権限委譲

企業のグローバルマーケティング戦略は，現地適応戦略とグローバル統合戦略の2つに大別することができる。現地適応戦略とは，進出先の国や地域に適応したマーケティング活動を展開する戦略であり，グローバル統合戦略とは，進出先の国や地域で共通のマーケティング活動を展開し，本部で統合的に管理する戦略である。

まず，現地適応戦略においては，国や地域における消費者需要に対応するように，製品やサービスを開発したり，広告・販促活動を行ったりすることが基本となる。そして，進出先の国や地域の需要に適応することが重要な事業になるほど，現地適応戦略は採用されやすいが，こうした現地適応のマーケティング活動が有効に行われるためには，現地の組織に意思決定権限が委譲されていることが必要になる。というのは，権限が委譲されているからこそ，それぞれの国や地域の需要に適応的な活動を迅速かつ柔軟に行えるからである。もし現地組織の権限が限られるなら，本社で計画を立てて，必要であれば計画を修正することになり，それでは迅速かつ柔軟な対応に基づく現地適応が実現しないことになる。

さらに，現地の消費者需要に適応することに関して，その消費者に接している現地の担当者のほうが情報収集をしやすく，その消費者行動の特徴や文化的な背景は，同じ国や地域の人間のほうが理解しやすいという理由もある。また，権限を委譲することで，現地の従業員が地域需要に適応的な活動を主体的に行うことの動機づけにもなる。すなわち，もし本社でマーケティング活動の意思決定が行われるなら，現地の従業員は，本社の指示に従うだけの行動を取りやすく，消費者の需要情報を収集したり，個々の需要に対応したりすることへの動機づけが低下する可能性がある。

このように現地企業に意思決定権限を委譲することは，現地の消費者に関する知識や適応的な活動への動機づけの点から，現地適応のマーケティング活動を促進すると考えられる。しかしその一方で，権限委譲が逆に現地適応のマーケティング活動の制約となる局面もある。例えば，ある国や地域において，現地の既存企業と激しい価格競争を行っている状況では，現地企業にマーケティング活動の権限を委ねると，現地の既存企業の低コスト経営に対抗するために，低品質の製品や低水準のサービスを提供することが選択される可能性が高くなる。つまり，そのような状況では，価格の上昇を招く製品開発やサービスの革新を伴うような現地適応は実行されないことになってしまうのである。

なぜそのようなことが起きるかと言えば，現地に権限を委譲したことに伴い，経営資源が国際的に分散して配置されたり，現地の従業員が効率性や伝統を重視して，保守的な行動を取ってしまったりするためである。したがって，革新的・創造的なマーケティング活動に関して言えば，現地企業への権限の委譲というのは，消費者に関する知識や現地従業員の動機づけの点ではプラスに作用するが，革新性や創造性に関わる能力という点ではマイナスに作用することと考えられる。そこで，企業としては，これらのプラスとマイナスの両面を考えて，現地適応と権限委譲のバランスを考える必要がある。

グローバル統合戦略の選択

企業は，これまで述べたような現地適応戦略よりも，本社において標準化された製品を開発し，グローバルなレベルで共通のマーケティング活動を展開するグローバル統合戦略を選択する場合がある。それは，現地適応の場合よりも，グローバル統合によって期待される経営成果のほうが相対的に大きいと考えるからである。

グローバル統合が現地適応よりも経営成果が大きくなる条件としては，まず，国や地域の間での消費者需要の質的な違いがあまり大きくないか，あるいは，各進出先において需要が共通するターゲットが存在することが考えられる。例えば，若者層が他の年齢の消費者層よりも海外のファッションを受け容れる可能性があれば，若者層をターゲットとするブランドを展開する企業は，グローバル統合戦略を選択する可能性が高くなる。また，日本の加工食品メーカーや飲食店チェーン企業では，欧米においてもアジア系の人たちをターゲットとして事業のグローバル展開を行うこともある。

そして，グローバル統合戦略の場合では，共通した製品を同じブランドコンセプトで提供し，広告なども共通の内容で訴求することによって，現地適応では分散して行われていた製品の設計・開発，生産，広告活動を集約して行うことで，これらにかかる費用を削減することができる。また，これらの活動を集約することで，地域を越えて集中的な投資ができることから，高いレベルの製品開発力やブランド構築力を維持することもできる。さらに，国際的に一貫したブランディングを行うことで，グローバルブランドとして，消費者のポジティブな評価を得ることもできる。

こうした開発力やブランディングの効果を期待するのも，グローバル統合戦略の特徴である。すなわち，このようなグローバル統合によって，本部が製品開発やブランディングに対して，集中的に投資し，能力を蓄積することが可能となり，現地適応よりも革新的・創造的なマーケティング活動が可能となると考えられる。このことは，前に述べたように，現地適応と権限委譲の組み合わせが，現地需要の知識や需要適応への動機づけを高めるものの，革新性や創造性には必ずしも結び付かないことに対応している。

その反面，グローバル統合戦略では，現地需要との乖離や現地従業員の動機づけという点でのデメリットが存在する。とりわけ，グローバル統合戦略は，需要が共通するターゲットを狙うものの，国や地域が異なれば，やはり消費者行動の異質性が発生するため，現地需要との乖離が問題となりやすい。

そこで重要となるのが，マーケティング・ミックスの中で，どの活動をグローバル統合し，どの活動を現地適応するのかという戦略的な意思決定である。すなわち，グローバル統合戦略は，すべてのマーケティング活動をグローバルで共通にする必要はなく，グローバル統合を基本としながらも，特定の活動を現地適応にすることが可能である。例えば，技術開発ではグローバル統合をして，基本的な性能を高める一方で，製品のデザインや付随的な機能に関わる製品開発については現地適応する場合がある。あるいは，国際的に共通の製品を開発し，生産しながら，広告活動については，消費者の文化的背景を考えた現地適応を志向することもある。これらの意思決定においては，それぞれの国や地域において，どこまで標準化されたマーケティング活動が消費者に受容されるのかという点を考慮することは言うまでもない。

消費者による革新受容への対応

製品やサービスの開発におけるグローバル統合については，進出先の国や地域の消費者が革新的な製品やサービスを受容できるかどうかという問題が発生する場合がある。この問題は，進出先の国や地域における消費者にとっては，製品やサービスに関わる革新受容の問題になっていることを意味する。とりわけ，消費者の食生活は一般的に保守的であるために，食品や外食サービス事業の海外展開では，現地の食文化との衝突が発生して，消費者がスムーズに新しい製品やサービスを受容しないことが起こりやすい。そこで，革新受容の問題が予想される場合，企業では，受容しやすいターゲットを適切に選択したり，部分的な現地適応の要素を組み入れたりすることが重要になってくる。

例えば，日本の醤油メーカーが欧米の市場を開拓したときには，日本のような日常的な調味料としては消費者に受け容れてもらえないことから，ステーキ用の新しいソースとしての展開がなされた。このように醤油の普及においては，ステーキソースという既存の製品カテゴリーに位置付けたうえで，新しい調味料を受け容れるターゲットを発見することが重要だったのである。

また，川端（2016）が紹介した，日本の牛丼チェーン企業が海外に店舗展開を図った事例も参考になる。牛丼は，日本の消費者にとって馴染みのある料理であるが，海外の消費者にとっては目新しく，受容しにくいものであった。そこで，牛丼チェーン企業では，まず米飯を食べる食文化の地域を中心として店舗展開を図るとともに，鶏肉を使った丼をメニューに加えるなどの修正を行った。しかも，牛丼チェーンのケースでは，こうした食材に関わる地域性だけでなく，外食サービスの地域性という課題にも直面した。それは，日本のように，カウンターに一人で座って，注文すればすぐに料理が出て，黙って早く食べるという食事スタイルが，海外では受け容れられなかったのである。欧米では，カウンターというのは店員とのコミュニケーションの場であり，牛丼チェーン店のように店員が話し相手にならないということが違和感を与えていたのである。また，外食とは誰かと一緒に料理と会話を楽しむものという一般的な認識からも，文化的な齟齬が生まれていた。そこで，牛丼チェーン企業では，カウンターをなくし，テーブルで食事するスタイルに修正することにしたのである。

演習問題

① あなたが購入した商品の中で，原産国（実際に生産された国）とブランドの知覚原産国が異なる商品を探し，原産国イメージとブランドの知覚原産国イメージのそれぞれがその商品の購買行動にどのような影響を与えたのかを考えてみよう。

② 日本の酒造メーカーが海外の消費者に日本酒を販売することを想定して，どのようなマーケティング活動を展開すべきかを考えてみよう。

EXERCISES

COLUMN 12 広告が引き起こした文化的反発

グローバルに活動を展開する企業が発した広告メッセージが，進出先の文化的背景から人々の反感を買うことがある。2003年11月にトヨタ自動車が中国で行った広告が中国人の反発を招いたのも，その一例である。その広告は，トヨタ自動車が現地企業と合弁生産を行い，中国市場で販売をする4輪駆動車の雑誌広告であり，その広告には，2頭の獅子の石像がトヨタの4輪駆動車に対して敬礼やお辞儀をするポーズを取っており，「尊敬せずにはいられない」というコピーが書かれている。中国において獅子は霊獣として崇められており，獅子の石像は，中国の伝統を感じさせるモニュメントである。そのような獅子の石像がトヨタ車に屈服したような印象を与えることから，中国人の反発を引き起こしたのである。この問題を受けて，トヨタは広告を取りやめ，謝罪広告を掲示することになった。

この問題の背景には，中国がホフステード（1983）で示されたパワー格差の高い社会であることが影響していると考えられる。パワー格差のある社会では，権威の階層が意識されやすいため，人々の尊厳を示す対象となる獅子の石像が敬意を示すというのは，権威の階層において，トヨタ車を上位に，中国人を下位に位置付けた高圧的な意味に解釈されたのである。これがパワー格差の低い社会であれば，権威の階層における上下関係という連想はあまり起きなかったと予想される。

そして，もう１つの問題の背景には，広告のトヨタ車が日本のイメージとして捉えられたことが考えられる。つまり，中国の工場で生産された４輪駆動車であるが，中国の人々は，これを中国製とは思わず，日本の自動車とイメージしたのである。本章の第３節で説明したように，原産国イメージには，実際に生産された場所に関する製品の原産国とは別に，ブランドの知覚原産国があるが，このケースのように，ブランドの知覚原産国が重要な影響を与える場合もある。

さらに，この広告の制作には中国人スタッフが関わっているはずであるが，なぜこのような反発を予想できなかったのだろうか。それに対し考えられる理由が，この問題の３つ目の背景である。まず，この広告を制作するときに想定したのは，自動車の性能の優秀さに動くはずのない石像が動いて，その性能に敬意を表するということだったと推測される。ところが，一般の人には，トヨタ車の日本イメージや獅子の石像のお辞儀・敬礼から，性能の表現としてではなく，日本の中国に対する高圧的な態度という象徴的な意味に解釈されてしまったと考えられる。これは，技術的な性能の優秀さを表現することに関心が向かうあまり，広告に対する消費者の認知的反応に「ずれ」が生じる可能性を見落としていたと想像される。

第16章

サステナブルな消費者行動と消費者問題

1 サステナブルな消費者行動

サステナビリティへの社会的な関心

近年，消費者における環境意識が高まりつつある。とりわけ2015年に国連サミットで採択された「持続可能な開発のための2030アジェンダ」において持続可能な開発目標（Sustainable Development Goals：SDGs）が設定されたことを契機として，国や地方自治体，産業界だけでなく，消費者もサステナビリティ（持続可能性）への関心を強めるようになった。このSDGsには17の目標（goals）と169のターゲットが設定され，自然や社会に関する包括的な持続可能性を追求することを提唱している。具体的な課題を列挙すれば，自然環境の課題としては，脱炭素，省資源化・資源再利用，生物多様性の維持，海洋プラスチック，フードロス（食料廃棄）などの課題があり，社会的課題としては，貧困・飢餓，児童労働・強制労働，ジェンダー平等などの広範な領域の課題が取り上げられ，それらの解決を求めている。

そして，このようなサステナビリティを求める消費行動は，サステナブルな消費やエシカル消費（倫理的消費）と呼ばれている。また，特に自然環境との共生については，SDGsが提唱される以前から，エコロジカルな消費やグリーン・コンシューマーという表現が広く用いられてきた。

こうしたサステナブル，エシカル，エコロジカル，グリーンといった表現で捉えられる環境問題は，2つの意味で従来のものとは異なっている。1つ目には，かつての環境問題というのは，企業が行う環境破壊に関して，企業が加害者，住民としての消費者が被害者となるという構図で主に捉えられてきたが，サステナビリティの視点では，企業だけでなく，消費者も消費行動を通して環境問題に共同で責任を負うという構図で理解されるように変わってきている。2つ目には，かつては環境汚染や健康被害といった直面する特定の課題に関するものを環境問題として捉える傾向があったが，サステナビリティという視点においては，特定化が難しい長期的で多様な課題を包括的に解決することが求められている。

とはいえ，消費者（住民）が被害者となり，責任が特定化されるような環境問題がなくなったわけではなく，サステナビリティという名のもとに，企業側の責任が軽減されるということでもない。消費者に求められる行動が変わってきていることと，企業においては，責任が特定化されにくい環境問題を含めて，対応が迫られるようになったこととして理解する必要がある。

サステナビリティにおける消費者行動論の役割

こうしたサステナビリティへの社会的な関心が高まることに伴い，サステナビリティを消費者行動論の視点から考えることの重要性も高くなっている。それは，消費者も高い環境意識をもつべきという規範的な提唱を超えて，サステナビリティを巡る消費者行動にはどのような特徴や傾向があり，国の政策や企業の戦略がどのような影響を与えうるのかを考える基礎になるからである。例えば，サステナビリティに多様な課題が含まれることについては，多くの属性の評価に基づく態度形成という消費者行動論の考え方を適用することが有効になる。また，消費者行動における多様性の考え方を踏まえるのであれば，どのような消費者層がエシカル消費を行い，それは他の消費者層となぜ，どのように異なるのかという視点に立って分析をすることができる。さらにそこから，企業はそのような多様性に対して，どのような行動を取りうるのかを考察できる。そして，消費者行動の視点から，ブランドの関係性を形成するという理解のもとで，消費行動を通じたサステナビリティの課題解決の問題を捉えることもできるだろう。

つまり，消費者行動論の枠組みや知見をサステナビリティの問題に取り入れることで，サステナビリティを巡る消費者行動の現状を適切に捉え，その知識に基づいて国や企業の対応を考察することが可能になるのである。このことは，規範的なメッセージの提示に留まりがちなサステナビリティの議論を，より実効的な方法論に転換する理論的・分析的な基礎をもたらすことを意味する。

2 エシカル消費

エシカル消費の特徴

先にも述べたように，環境問題や社会的課題に配慮した消費行動は，エシカル消費と呼ばれる。サステナブルな社会を実現するためには，企業におけるサステナビリティの追求に加えて，消費者もエシカル消費を行う必要がある。ただし，エシカル消費には，次のような特徴があり，その特徴がエシカル消費の普及の妨げになることが多い。

特徴の１つ目としては，配慮する課題の多様性がある。サステナビリティには，自然環境に関する課題と社会的な課題が含まれ，それぞれをさらにいくつもの課題に分けることができる。このように多様な課題が含まれるとき，課題ごとに異なる反応が発生する可能性があり，エシカル消費の程度を一元的に測るのが難しいという特徴が生まれる。つまり，特定の自然環境の課題についての関心が非常に高い消費者がいる一方で，社会的課題を含めた総合的で標準的な解決を求める消費者がいるとすれば，どちらがよりエシカルかを判別するのは難しい。

２つ目に，このようなさまざまな課題に対して，個々の解決に貢献する消費行動も多様に存在するという特徴がある。例えば，地球温暖化問題に対応する脱炭素化に貢献する消費行動としては，節電，省エネ家電の利用，太陽光発電の導入，電気自動車（EV）の利用，公共交通機関の利用，使い捨てプラスチックの減量，廃棄する食品の削減，リユース品の利用などの多様な行動が考えられる。こうした解決行動の多様性も，エシカル消費の程度を一元的に捉えにくくしていると言えるだろう。

3つ目として，これらの多様なエシカル消費行動がいかに多様な課題の解決に結び付くかに関して，消費者が効果を実感しにくいという特徴がある。これは，課題や解決行動のそれぞれが多様であるために，エシカル消費行動から課題解決への因果関係が複雑になっていることに加えて，個々人の行動による影響は，きわめて小さく，しかも短期的には現れずに，多くの人たちによる長期的な行動の蓄積を通じてのみ効果が生まれるものだからである。そして，効果を実感しにくいことは，消費者がエシカル消費を行ううえでの動機づけを抑制してしまう要因となると考えられる。つまり，その効果を実感できないために，消費者が継続的にエシカルな行動に取り組む意欲が低下してしまうことが懸念されるのである。

4つ目の特徴であり，エシカル消費を抑制する最も大きな要因でもあるのは，エシカル消費行動の多くが消費者に負担をもたらすということである。例えば，自然環境や社会的課題に配慮した原材料を使った商品は，その原材料のコストや調達・生産の制約から，商品の価格が高くなりやすい。また，消費者がレジ袋やストローなどの使い捨てプラスチックの減量に協力するなら，それに伴う不自由さを消費者が受け容れる必要がある。つまり，エシカル消費というのは，消費者に金銭的・労力的・心理的なコストの負担が発生することを意味し，そのコスト負担の大きさが，消費者の経済的な合理性の追求とは矛盾するために，エシカル消費が普及しにくい事態をもたらすことになっているのである。

これは，市場取引に委ねた場合，外部不経済という市場の失敗によって，サステナビリティの追求が十分に行われないこととして説明される。もしサステナビリティの追求が市場メカニズムで達成できるのであれば，社会全体における長期的なサステナビリティの低下による損失を費用に含めて予想することで，サステナビリティの追求に見合った市場価格と需要・供給量が決まることになる。しかし，実際には，サステナビリティの低下に伴う社会的な損失は市場での判断に影響を及ぼさないため，市場メカニズムの外にあって，社会に不利益をもたらす外部不経済となってしまっている。このとき，商品の市場価格は望ましい水準よりも低く，需要・供給量は過剰になるとともに，その過剰な供給量に伴って生み出される自然や社会への悪影響から，サステナビリティが実現されないという不利益が社会全体にもたらされることになる。

エシカル消費の個人差

これまで述べたエシカル消費の特徴から，エシカル消費行動に関する消費者間での個人差も生まれる。まず，サステナビリティ課題の多様性に基づいて，消費者がどのような課題に関心があるのかについて個人差が生じると予想される。例えば，自然環境の課題を特に重視する消費者もいれば，社会的課題を重く考える消費者もいるだろう。あるいは，サステナビリティに関して，課題にかかわらず不祥事を起こした企業やネガティブなイメージがある企業の商品の購入を避ける消費者がいる一方で，特定の課題に関する企業の積極的な取組みを評価し，そのポジティブなブランドイメージに基づいたブランド選択を行う消費者もいると考えられる。

また，課題解決に貢献する消費行動の多様性からも，消費者の個人差が生じる。その1つとして，エシカル消費は消費者にコストの負担を強いることが多いが，その中でもコスト負担の軽いものと重いものが存在する。すると，たとえエシカル消費を行うとしても，経済性を重視する消費者ほど，コスト負担の軽い活動のみを行うことになりやすいと考えられる。例えば，節電や省エネ家電の利用は，経済性の追求と両立するために積極的に行うが，環境への負荷の低い原材料を使う高価格のエシカル商品の購入には消極的になるということが起こりうる。その結果，経済性を重視するかどうかで，消費者間でのエシカル消費行動に違いが生じることになりやすい。

そして，こうしたエシカル消費に関する個人差が発生することに基づいて，たとえ低い水準でのエシカル消費であっても，自分はサステナビリティに取り組んでいると自己評価を行い，満足する消費者が存在することになる。そのような消費者は，不祥事を起こした企業の商品の購買を避けることにとどまったり，消費者にとってのコスト負担の軽い活動にのみ関わったりする。その一方で，サステナビリティの課題に応えているという認識があり，現状に満足しているために，コスト負担の重い活動は行われないことになる。

グリーンウォッシュの発生

サステナビリティに関する課題の多様性は，消費者行動のみならず，企業行動における差異ももたらしている。それによる1つの問題として，企業が，実際にはサステナビリティの課題解決に消極的な対応をしているにもかかわらず，課題解決に積極的に取り組んでいるかのような偽装や誇張を行うグリーンウォッシュ（またはSDGs ウォッシュ）という行動がある。

このグリーンウォッシュは，課題の多様性に基づいて，企業にとってコスト負担の軽い活動しか行っていないにもかかわらず，サステナビリティの課題解決への貢献を誇張して訴求することによって生じる。例えば，食品小売企業が収益目的で行う在庫処分のための低価格販売をフードロスの削減への企業努力として表現する場合などがある。このような在庫処分のための低価格販売というのは，サステナビリティの課題解決どころか，実際には，自然環境や社会的課題に配慮しない低価格の商品を大量生産・販売することになっていることが多い。

企業のサステナビリティに関する課題解決への貢献は，さまざまなステークホルダーによって評価される。そして，専門的な知識をもった投資家や取引企業などは，上記のようなグリーンウォッシュの行為によって惑わされることは少ないが，消費者が企業の活動やメッセージについて，グリーンウォッシュかどうかを判別することは容易ではない。特に，前述のようなエシカル消費についての個人差がある状況において，低い水準でしかエシカル消費を行わない消費者は，情報収集をあまり行わずに，漠然としたイメージで判断しがちなので，グリーンウォッシュの販促メッセージをサステナビリティへの貢献と考えてしまう傾向がある。

そこで，サステナビリティへの社会的な関心が高い状況において，課題解決に消極的な企業は，低い水準のエシカル消費を行う消費者層をターゲットとして，企業にとってのコスト負担の少ない課題解決に偏った活動をしたり，グリーンウォッシュという行為を行ったりすることが予想される。また，エシカル消費が低水準の消費者層は，このような企業の活動をサステナブルと見なしてしまう一方で，実際には環境負荷の大きい商品を低価格で購入することを選択することになる。つまり，サステナビリティへの社会的関心が高くなったとしても，サステナビリティに消極的な企業は，低水準のエシカル消費を行う消費者層による需要によって支えられ，その結果，サステナブルな社会は，なかなか実現しないという問題を抱える危険性がある。

3 サステナビリティの課題解決とサステナブル・ブランド

政策的な課題解決

前に述べたように，サステナビリティの追求が市場取引を通じて達成されないことが，エシカル消費の広がりを制約する基本的な原因となっている。それを解決する政策的な方法の1つとして環境税という考え方がある。これは国などが環境政策として，サステナビリティを損なうことで発生する社会的な費用を課税の形で徴収することであり，外部不経済となっているために発生する社会的な損失を企業や消費者に負担させるものである。こうして外部不経済となっていたものを市場取引に組み入れることで，その社会的費用を企業や消費者に負担させつつ，サステナビリティを損なわない適正な水準に市場価格や需要・供給量に導くことを目指すことになる。

こうした環境税は，従来の環境汚染や健康被害といった特定化された課題に関する解決策において有効とされる。それに対して，サステナビリティの課題解決では，多様な課題と対応行動の間における長期的で複雑な因果関係が想定されるため，包括的な対策が求められるが，そうした包括的な対策として環境税を利用することには限界がある。

サステナブル・ブランド

サステナビリティの追求は，企業がサステナブル・ブランドを開発し販売することで行われることもある。これは，消費行動に伴って発生するサステナビリティに関する社会的損失が外部不経済となるという問題に対して，その課題解決への企業努力をブランディングによって市場取引に組み入れることである。具体的には，企業が自然環境や社会的課題に配慮した原材料を使った商品をサステナブル・ブランドとして開発・販売し，消費者は，そのブランド価値を理解し，高い付加価値を認め，高い価格のサステナブル・ブランド商品を購入することである。このとき市場の外にあったサステナビリティの追求については，ブランディングによって，その費用に見合った高価格が受容され，企業は，サステナビリティの追求を事業活動として継続できるようになるのである。

このような課題解決の方法が可能になる前提として，ブランド価値を形成する企業のマーケティング活動が行われ，消費者がそのブランド価値を認め，プレミアム価格を支払うということが必要になる。そして，これらの行動こそが，サステナビリティの問題を消費者行動論で考える意味をもたらすと言える。

このようなブランディングは，加工食品，洗剤，化粧品，アパレル製品などの多様な商品ですでに行われているが，企業にとっては必ずしも容易なことではない。まず，特定の課題解決に貢献するブランドとして訴求するために，的確なブランドコンセプトを構築したうえで，エシカルな消費者に共感してもらえるような洗練された広告・販促活動を展開する必要がある。それは，ブランドロゴを付ければブランド価値が形成されるわけではないように，環境ラベルを付けて販売すればよいというような単純なことではない。サステナビリティに関するブランド価値を形成するためには，消費者のサステナビリティに関する潜在需要を捉えて，ブランドコンセプトを構築し，それを製品や広告などで表現するためのマーケターの知識や能力が必要になるからである。また，そのようなサステナブル・ブランドとしてのコミュニケーションを継続的に展開し，消費者が購買や消費を通じて，高い満足を得るブランド経験が蓄積されることで，ブランド価値が形成されるのである。

サステナブル・ブランディングの特徴

サステナブル・ブランディングに関わる製品開発や広告の重要な役割は2つある。1つは，上述のように，サステナビリティに貢献する商品としての高い付加価値を訴求し，商品を購入した消費者に高い満足を認識してもらうことである。その消費者満足が高価格での取引を可能にして，サステナビリティの課題解決に要する費用を賄い，継続的な活動を可能にするのである。

もう1つは，このブランディングを通じて，エシカルな消費者を増やすことである。すなわち，これまでエシカル消費への関心が高くない消費者層に対しても，製品開発と広告などを通じたブランディングを適切に行うことによって，こうしたサステナブル・ブランドの価値が広く認識されるようにすることである。こうしてサステナブル・ブランドの市場シェアが高まることは，エシカル消費が広がり，サステナビリティの課題解決に近づくこととして理解されるのである。

そして，このブランディングにおいてコンセプトを明確にするためには，特定の課題に絞り込んだコンセプトにすることが重要である。というのは，サステナビリティに関する多様な課題を包括的に解決するという位置付けでは，コンセプトが曖昧になるからである。ただし，特定の課題ではあっても，他の課題を軽視することは，サステナブルなコンセプトとしての整合性が得られず，ブランドイメージが損なわれる危険性もある。そこで，企業としては，コンセプトは明確にしつつ，総合的にサステナブルのイメージが形成されるようなブランディングを行うことになる。例えば，カカオ生産のサステナビリティに配慮したチョコレートのサステナブル・ブランドを開発するとき，パッケージでも再生紙を使ったり，生産や物流における脱炭素の取組みを行ったりするのである。

さらに，サステナブル・ブランディングの特徴としては，競合企業との差別化が抑えられるという傾向がある。そもそも通常のブランディングでは，競合ブランドに対する差別化が主たる目的であるために，競争的な排他性を確立することが前提となる。しかし，サステナブル・ブランディングでは，上に述べたように，エシカル消費の普及も重要となるために，競争的な排他性を示唆するコンセプトの訴求は，むしろ，エシカル消費の普及を抑制してしまう危険性がある。また，サステナビリティの社会的な追求を考えるなら，企業間での協調的な取組みも重要になる。そこで，サステナブル・ブランディングでは，競合企業との差別化よりも，企業間での協調的な取組みへの展開が強調されることになるのである。

4 消費者政策の展開

消費者政策の役割

これまで述べてきたサステナビリティに関する消費者行動は，消費者もサステナビリティに責任をもつという視点に立っていた。サステナビリティは，企業や行政だけでは達成できないため，そこに消費者の参画が求められる。しかし他方で，企業と消費者の情報格差に基づいた不正な取引など，企業が加害者，消費者が被害者となる問題に直面することは，現代でも相変わらず多い。そこで，こうした問題を消費者問題として捉え，消費者を保護したり，問題の発生を未然に防いだりする消費者政策を考えることが重要になってくる。

消費者政策の基本となる事項を定めた消費者基本法は，1968 年に制定された消費者保護基本法を 2004 年に改正したもので，消費者の権利の尊重と消費者の自立支援を基本理念としている。また，2009 年には，内閣府の外局として消費者庁が新設され，多くの省庁にまたがっていた消費者行政が一元化され，消費者被害の救済のみならず，消費者の自立や消費者志向経営の推進などの施策にも取り組んでいる。なお，消費者行政に取り組んでいる団体としてほかにも独立行政法人国民生活センターがあるが，これは，消費者庁が所管し，国や各自治体の消費生活センターなどと連携しながら，消費者行政における中核的な機関としての役割を担っている。

市場の失敗については先に述べたが，これが消費者問題として発生することもある。例えば，情報の非対称性による問題として，中古車がよく取り上げられる。中古車店が事故や故障歴を意図的に隠そうとすれば，一般の消費者がそれを見抜くことは容易ではない。こうしたことを防ぐため，販売した中古車に瑕疵があった場合には，契約不適合責任を売手が負うことになっている。このような法律は，情報の非対称性によって不利な立場にある消費者を保護する役割を担っている。また，訪問販売などのように，思いがけない販売員からのコンタクトによって，当初は購入の意図がなかった商品を購入してしまった消費者を保護するために，クーリング・オフ制度（**Column 13** を参照）が設けられたりしているのも，消費者の保護や被害救済のための制度と言える。

外部不経済による市場の失敗に関する他の例として，CO_2 の排出，プラスチック廃棄物，フードロスなどの環境への負の影響の問題がある。これらについても行政は，法律や規制による対応だけではなく，インフラ整備への支援やインセンティブの提供に取り組んでいる。加えて，サステナビリティの課題解決には，企業と行政のみならず，消費者の積極的な参加，すなわち，エシカル消費が求められるため，行政は，社会や市民に向けた啓発や教育に取り組んでいる。

最近の消費者行政は，消費者市民社会の実現と消費者志向経営の推進に向けた取組みによって，それまでの消費者の保護・被害救済のみならず，消費者問題の予防とそのための制度作りや，消費者・企業に対する啓蒙・教育活動などにも力を入れている。

消費者行政でよく使われる消費者市民社会という用語について，2012年に制定された消費者教育推進法は「消費者が，個々の消費者の特性及び消費生活の多様性を相互に尊重しつつ，自らの消費生活に関する行動が現在及び将来にわたって内外の社会経済情勢及び地球環境に影響を及ぼし得るものであることを自覚して，公正かつ持続可能な社会の形成に積極的に参画する社会」と定義付けている。

また，消費者志向経営は，2015年3月に閣議決定された消費者基本計画において，「事業者が消費者を重視した事業活動，すなわち，消費者志向経営を行うことが健全な市場の実現につながる」と位置付けている。これは，消費者，社会，企業の利益の調和を目指す近江商人の「三方良し」や社会志向のマーケティング理念に共通するものと言える。

消費者の権利と責任

企業の不正や意図せざる行為によって消費者の権利が侵害されることがある。そうした消費者を保護・被害救済するために，行政は，さまざまな消費者政策を展開してきた。

消費者基本法に定められた消費者の権利には，次の8つがある。

(1) 安全が確保される権利
(2) 選択する権利
(3) 知らされる権利
(4) 意見が反映される権利
(5) 消費者教育を受けられる権利
(6) 被害の救済を受けられる権利
(7) 基本的な需要が満たされる権利
(8) 健全な環境が確保される権利

これらのうち，もともと(1)〜(4)は，アメリカのケネディ大統領が1962年の消費者保護特別教書の中で述べ，(5)は，1975年にフォード大統領が追加したものである。また，国際消費者機構（略称CI：Consumers International）は，1982年にそれらに(6)～(8)を付け加え，8つの消費者の権利と，後述する5つの責任を提示した。

消費者行政の大きな役割は，法律に基づいて以上のような消費者の権利を保護し，公正な取引環境を確保することにある。これによって，商品・サービスの安全性や品質基準の確保，詐欺や不当な取引の監視・規制，企業情報の適切な開示と個人情報の保護・管理の徹底などが実現する。

不幸にして，消費者の権利が侵害されたり，トラブルに巻き込まれたりした場合，国民生活センターや各自治体の消費生活センターなどの相談窓口に出向く消費者も多い。2014年の改正消費者安全法において「消費生活相談員」の職が規定され，消費生活センターには，消費生活相談やあっせんに対応するための消費生活相談員を必ず置くこととなった。なお，この職格を名乗るためには，登録試験機関による資格試験に合格する必要がある。現在，認定されているのは，国民生活センターが実施する「消費生活専門相談員資格認定試験」と日本産業協会が実施する「消費生活アドバイザー資格試験」の2つである。それらは，それぞれ，消費生活相談員資格試験を兼ねるものとして実施され，各試験の合格者は「消費生活相談員資格試験の合格者」であると同時に「各登録試験機関独自の資格試験の合格者」にもなる。資格保持者は，消費者相談の専門家として，行政の窓口のみならず，民間企業の消費者対応部門などでも活躍している。

次に，消費者の責任についても述べておこう。近年の消費者は，単に保護されるべき弱者としての存在であることを良しとしない。消費者基本法第7条で，「消費者は，自ら進んで，その消費生活に関して，必要な知識を修得し，及び必要な情報を収集する等自主的かつ合理的に行動するよう努めなければならない」「消費者は，消費生活に関し，環境の保全及び知的財産権等の適正な保護に配慮するよう努めなければならない」とされており，被害に遭(あ)わない賢い消費者と，自然や社会の課題解決に積極的に貢献する倫理的（エシカル）な消費者としての２つの役割が求められている。

国際消費者機構が 1982 年に発出した以下の５つの消費者の責任は，消費者基本法の中にも謳われている。

⑴　商品や価格などの情報に疑問や関心をもつ責任

⑵　公正な取引が実現されるように主張し，行動する責任

⑶　自分の消費行動が社会（特に弱者）に与える影響を自覚する責任

⑷　自分の消費行動が環境に与える影響を自覚する責任

⑸　消費者として団結し，連帯する責任

このように，消費者にも，情報収集と判断力の行使，契約の確認，不正行為の警戒・告発，社会的課題に対する当事者意識の向上，消費者団体への参加などを通じて，自身の権利を守りつつ健全な市場環境の維持に貢献することが求められている。

さまざまな消費者問題

「消費者問題」という言葉は，消費者が被害者となる問題を一般に指しているが，しかし，文字通り，消費者が人や社会に対し害を与えたり，自分自身で問題を引き起こしてしまったりするケースもある。消費者行動の負の側面とも言えるこの問題の具体例としては，次のようなものがある。

第１に，消費者テロリズムや万引きのような犯罪行為がある。消費者テロリズムは，小売店や飲食店に並ぶ食品に異物を混入させたり，不適切な行為を動画に撮って SNS に流したりするというような行為である。これは，店の客足に直接影響を与えるだけでなく，企業ブランドの毀損(きそん)にも繋がる深刻な問題である。また，万引きは，

小売店の収益性に多大な損害を与えることは言うまでもない。万引き目的で小売店舗に入り，犯行を行えば，窃盗罪とは別に建造物侵入罪にも問われる可能性がある。

第2に，悪質クレーマーが問題となるケースも増えている。それは企業に落ち度がないにもかかわらず，クレームを付けるケースであり，なかには常習化したクレーマーも存在している。その悪質な行為は，不退去罪，脅迫罪，強要罪，威力業務妨害罪，恐喝罪などに該当する犯罪と見なされる場合もある。

第3に，消費依存症の問題がある。これは，ある特定の消費行動に過度に依存することで，日常生活や精神的健康に悪影響を及ぼすことを指している。具体的には，買物依存症，ギャンブル依存症，多重債務問題，アルコール依存症，市販薬の過剰摂取（オーバードーズ），インターネットやSNSへの依存症などがある。ほかにも，麻薬依存といった法に触れる行為がこれに含まれる。

このように消費者を巡る問題はさまざまであり，消費者自身の責任はもちろんのこと，企業，行政，社会が一体となって，問題の解決に当たる必要があると考えられる。

演習問題

① あなたがよく訪れる小売店において，サステナブル・ブランドとしてどのような商品が売られているかを調べ，それらがよく売れている（あるいは売れていない）理由について考えてみよう。
② あなたの周囲で起こっている消費者問題を1つ取り上げ，それが消費者のどのような権利を侵害しているのか，またその解決のためには，どのような手段を取ることができるのか考えてみよう。

EXERCISES

COLUMN 13　クーリング・オフ制度

クーリング・オフは，特定の取引で商品やサービスの契約をした後でも，一定期間内であれば，理由を問わず，消費者が一方的に申し込みの撤回や契約の解除ができる制度である。ただし，クーリング・オフができる取引と期間は，取引ごとに定められている。例えば，8日間に定められている取引としては，訪問販売，電話勧誘販売，特定継続的役務提供（英会話教室・エステなど長期のサービス提供），訪問購入（事業者が消費者の自宅などを訪問して，物品の買い取りを行う取引）がある。また，20日間と定められているものとしては，連鎖販売取引（マルチ商法・ネットワークビジネス）と業務提供誘因販売取引（内職・モニター商法）がある。

上に述べたクーリング・オフの対象となる取引は，特定商取引法の7つの取引類型のうち，通信販売を除く6つである。つまり，通信販売には，クーリング・オフ制度がないことに注意が必要である。通信販売では，クーリング・オフ制度がない代わりに，返品制度の有無を広告やウェブサイトに表示することになっている。なお，一般に店舗で商品を購入した後に，レシートと商品を持参すれば，返品や交換に応じてくれることが多いが，これはクーリング・オフ制度に基づく対応ではなく，商慣習や小売店の顧客サービスによるものという位置付けとなっている。

消費者がクーリング・オフの通知を業者に対して行う際には，書面によることと定められていたが，2022年6月1日より，電磁的記録でも可能となった。これには，電子メール，USBメモリなどの記録媒体，事業者が自社のウェブサイトに設けるクーリング・オフ専用フォーム，それにFAXが含まれている。

文献案内

1 本書の全般に関わる参考文献

青木幸弘（2010）『消費者行動の知識』日経文庫。
青木幸弘・新倉貴士・佐々木壮太郎・松下光司（2012）『消費者行動論』有斐閣。
阿部周造（2013）『消費者行動研究と方法』千倉書房。
池尾恭一・青木幸弘・南知惠子・井上哲浩（2010）『マーケティング』有斐閣。
清水聰（1999）『新しい消費者行動』千倉書房。
須永努（2018）『消費者理解に基づくマーケティング』有斐閣。
髙嶋克義・桑原秀史（2008）『現代マーケティング論』有斐閣。
髙橋郁夫（2019）『消費者購買行動（新装版）』千倉書房。
新倉貴士（2005）『消費者の認知世界』千倉書房。
守口剛・竹村和久 編（2012）『消費者行動論』八千代出版。
Howard, J. A.（1994）*Buyer Behavior in Marketing Strategy*, 2nd Edition, Prentice Hall.
Hoyer, W. D., D. J. MacInnis, and R. Pieters（2017）, *Consumer Behavior*, 7th Edition, Cengage Learning.
Peter, J. P. and J. C. Olson（2010）*Consumer Behavior and Marketing Strategy*, 9th Edition, McGraw Hill Higher Education.
Phillips, D. M.（2021）*Consumer Behavior and Insights*, Oxford University Press.
Solomon, M. R.（2013）*Consumer Behavior: Buying, Having, and Being*, 10th Edition, Pearson Education.（松井剛 監訳『ソロモン消費者行動論』丸善出版，2015 年）

2 章別の引用文献・参考文献

第２章

Kotler, P.（1999）*Kotler on Marketing: How to Create, Win, and Dominate Markets*, Free Press.（木村達也 訳『コトラーの戦略的マーケティング』ダイヤモンド社，2000 年）

第３章

Howard, J. A.（1989）*Consumer Behavior in Marketing Strategy*, Prentice

Hall.

第4章

Brisoux, J. E. and M. Laroche（1980）“A Proposed Consumer Strategy of Simplification for Categorizing Brands,” J. D. Summey and R. D. Taylor, eds., *Evolving Marketing Thought for 1980*, Proceedings of the Annual Meeting of the Southern Marketing Association, Southern Marketing Association, pp. 112–114.

Darby, M. R. and E. Karni（1973）“Free Competition and the Optimal Amount of Fraud,” *Journal of Law and Economics*, Vol. 16, No. 1, pp. 67–88.

Fishbein, M.（1963）“An Investigation of the Relationships between Beliefs about an Object and the Attitude toward that Object,” *Human Relations*, Vol. 16, No. 3, pp. 233–239.

Howard, J. A.（1989）*Consumer Behavior in Marketing Strategy*, Prentice Hall.

Iyengar, S.（2010）*The Art of Choosing*, Grand Central Publishing.（櫻井祐子 訳『選択の科学』文藝春秋，2010 年）

Nelson, P.（1970）“Information and Consumer Behavior,” *Journal of Political Economy*, Vol. 78, No. 2, pp. 311–329.

第5章

Kotler, P., H. Kartajaya, and I. Setiawan（2016）*Marketing 4.0: Moving from Traditional to Digital*, Wiley.（恩藏直人 監訳，藤井清美 訳『コトラーのマーケティング 4.0』朝日新聞出版，2017 年）

Lusch, R. F. and S. L. Vargo（2014）*Service-Dominant Logic: Premises, Perspectives, Possibilities*, Cambridge University Press.（井上崇通 監訳，庄司真人・田口尚文 訳『サービス・ドミナント・ロジックの発想と応用』同文舘出版，2016 年）

Oliver, R. L.（2010）*Satisfaction: A Behavioral Perspective on the Consumer*, 2nd Edition, M. E. Sharpe.

Vargo, S. L. and R. F. Lusch（2004）“Evolving to a New Dominant Logic for Marketing,” *Journal of Marketing*, Vol. 68, No. 1, pp. 1–17.

第6章

Assael, H.（1993）*Marketing: Principles & Strategy*, 2nd Edition, Dryden Press.

Bettman, J. R.（1979）*An Information Processing Theory of Consumer Choice*, Addison Wesley.

Higgins, E. T.（1997）“Beyond Pleasure and Pain,” *American Psychologist*, Vol. 52, No. 12, pp. 1280–1300.

Kahneman, D. and A. Tversky（1979）“Prospect Theory: An Analysis of Decision under Risk,” *Econometrica*, Vol. 47, No. 2, pp. 263–292.

Petty, R. E. and J. T. Cacioppo（1986）*Communication and Persuasion: Central and Peripheral Routes to Attitude Change*, Springer-Verlag.

Thaler, R. H. and C. R. Sunstein（2003）“Libertarian Paternalism,” *American Economic Review*, Vol. 93, No. 2, pp. 175–179.

Thaler, R. H. and C. R. Sunstein（2021）*Nudge: The Final Edition*, Yale University Press.（遠藤真美 訳『NUDGE 実践 行動経済学 完全版』日経 BP，2022 年）

Trope, Y. and N. Liberman（2003）“Temporal Construal,” *Psychological Review*, Vol. 110, No. 3, pp. 403–421.

第 7 章

髙橋郁夫（2019）『消費者購買行動（新装版）』千倉書房。

Goldberg, L. R.（1992）“The Development of Markers for the Big-five Factor Structure,” *Psychological Assessment*, Vol. 4, No. 1, pp. 26–42.

第 8 章

井上綾野（2023）「Z 世代の倫理的購買と SDGs コミュニケーションの受容性」『三田商学研究』第 66 巻第 3 号，pp. 257–267。

田村正紀（1989）『現代の市場戦略』日本経済新聞社。

McCracken, G.（1986）“Culture and Consumption: A Theoretical Account of the Structure and Movement of the Cultural Meaning of Consumer Goods,” *Journal of Consumer Research*, Vol. 13, No. 1, pp. 71–84.

第 9 章

田村正紀（2006）『リサーチ・デザイン』白桃書房。

Malhotra N. K.（2004）*Marketing Research: An Applied Orientation*, 4th Edition, Prentice Hall.（小林和夫 監訳『マーケティング・リサーチの理論と実践 理論編』同友館，2006 年）

第 10 章

石井淳蔵（2010）『マーケティングを学ぶ』ちくま新書。

栗木契（2003）『リフレクティブ・フロー』白桃書房。

田中洋・清水聰 編『消費者・コミュニケーション戦略』有斐閣。

Belk, R. W., K. Tian, and H. Paavola（2010）, “Consuming Cool: Behind the Unemotional Mask," R. W. Belk, ed., *Research in Consumer Behavior*, Vol. 12, Emerald Group Publishing, pp. 183–208.

第11章

田中洋・岸志津江・嶋村和恵 編（2021）『現代広告全書』有斐閣。
Assael, H.（2004）*Consumer Behavior: A Strategic Approach*, Houghton Mifflin.
Colley, R. H.（1961）*Defining Advertising Goals for Measured Advertising Results*, Association of National Advertisers.（八巻俊雄 訳『目標による広告管理』ダイヤモンド社，1966年）
Hall, S. R.（1924）*Retail Advertising and Selling*, McGraw-Hill.
Key, W. B.（1974）*Subliminal Seduction*, Signet.（管啓次郎 訳『潜在意識の誘惑』リブロポート，1992年）
Kotler, P.（2003）*Marketing Insights from A to Z: 80 Concepts Every Manager Needs to Know*, Wiley.（恩藏直人 監訳，大川修二 訳『コトラーのマーケティング・コンセプト』東洋経済新報社，2003年）
Kotler, P., H. Kartajaya, and I. Setiawan（2016）*Marketing 4.0: Moving from Traditional to Digital*, Wiley.（恩藏直人 監訳，藤井清美 訳『コトラーのマーケティング4.0』朝日新聞出版，2017年）
Lavidge, R. and G. Steiner（1961）"A Model of Predictive Measurements of Advertising Effectiveness," *Journal of Marketing*, Vol. 25, No. 6, pp. 59–62.
Scripture, E. W.（1897）*The New Psychology*, Charles Scribner's Sons.

第12章

清水聰（2004）『消費者視点の小売戦略』千倉書房。
髙橋郁夫（2019）『消費者購買行動（新装版）』千倉書房。

第13章

安藤和代（2017）『消費者購買意思決定とクチコミ行動』千倉書房。
菊盛真衣（2020）『eクチコミと消費者行動』千倉書房。
Kotler, P., H. Kartajaya, and I. Setiawan（2016）*Marketing 4.0: Moving from Traditional to Digital*, Wiley.（恩藏直人 監訳，藤井清美 訳『コトラーのマーケティング4.0』朝日新聞出版，2017年）

第14章

小野譲司・小川孔輔 編（2021）『サービスエクセレンス』生産性出版。
髙嶋克義・髙橋郁夫（2020）『小売経営論』有斐閣。
Bitner, M. J., V. A. Zeithaml, and D. D. Gremler（2010）"Technology's Impact on

the Gaps Model of Service Quality," P. P. Maglio, C. A. Kieliszewski, and J. C. Spohrer, eds., *Handbook of Service Science*, Springer, pp. 197–218.
Parasuraman, A., V. A. Zeithaml, and L. L. Berry (1985) "A Conceptual Model of Service Quality and its Implication for Future Research (SERVQUAL)," *Journal of Marketing*, Vol. 49, No. 4, pp. 41–50.
Shostack, G. L. (1984) "Designing Services That Deliver," *Harvard Business Review*, Vol. 62, No. 1, pp. 133–139.

第15章

川端基夫 (2016)『外食国際化のダイナミズム』新評論。
朴正洙 (2012)『消費者行動の多国間分析』千倉書房。
三浦俊彦・丸谷雄一郎・犬飼知徳 (2017)『グローバル・マーケティング戦略』有斐閣。
Hall, E. T. (1976) *Beyond Culture*, Anchor Books. (岩田慶治・谷泰 訳『文化を超えて』TBS ブリタニカ, 1979年)
Hofstede, G. (1983) "Culture's Consequences: International Differences in Work-Related Values," *Administrative Science Quarterly*, Vol. 28, No. 4, pp. 625–629.
Samli A. C. (1995) *International Consumer Behavior: Its Impact on Marketing Strategy Development*, Quorum Books. (阿部真也・山本久義 監訳『国際的消費者行動論』九州大学出版会, 2010年)

第16章

髙嶋克義・兎内祥子 (2021)「CSR ブランディングの組織的課題に関する考察」『JSMD レビュー』第5巻第1号, pp. 33–39。
髙橋郁夫 (2020)「マクロ・マーケティング視点より見た日本の消費者政策」『三田商学研究』第63巻第4号, pp. 61–76。
西尾チヅル (1999)『エコロジカル・マーケティングの構図』有斐閣。
『令和5年版 消費者白書』消費者庁, 2023年。

3 より深く学ぶための参考文献

赤松直樹 (2023)『消費者行動の新しい分析視点』千倉書房。
石井裕明 (2020)『消費者行動における感覚と評価メカニズム』千倉書房。
石淵順也 (2019)『買物行動と感情』有斐閣。
井上綾野 (2019)「消費者行動研究に基づく倫理的消費推進策の提案」『消費者政策研究』第1巻, pp. 50–67。
大元慎二・糸田省吾・河原純一郎・土橋治子・村千鶴子 編 (2019)『強調表示と

打消し表示に関する景品表示法上の考え方』商事法務。
小野晃典（2004）「消費者知識と情報探索」『三田商学研究』第47巻第3号，pp. 9–22。
小野裕二（2023）「オムニチャネルにおけるBOPIS（buy online pick-up in store）」『三田商学研究』第66巻第3号，pp. 225–244。
恩藏直人・坂下玄哲 編（2023）『マーケティングの力』有斐閣。
恩藏直人・冨田健司 編（2022）『1からのマーケティング分析（第2版）』碩学舎。
久保田進彦（2020）「消費環境の変化とリキッド消費の広がり」『マーケティングジャーナル』第39巻第3号，pp. 52–66。
黒岩健一郎・浦野寛子（2021）『サービス・マーケティング』有斐閣。
近藤浩之（2023）「カスタマーレビューがブランド力の高い製品の売上に及ぼす影響についての再吟味」『東京経大学会誌』第318号，pp. 75–87。
斉藤嘉一（2015）『ネットワークと消費者行動』千倉書房。
佐藤郁哉（2002）『組織と経営について知るための実践フィールドワーク入門』有斐閣。
澁谷覚（2013）『類似性の構造と判断』有斐閣。
白井美由里（2005）『消費者の価格判断のメカニズム』千倉書房。
髙田英亮（2020）「マーケティング戦略におけるビッグデータの活用」『三田商学研究』第63巻第4号，pp. 137–149。
髙橋郁夫（2016）「イノベーターとしてのネットスーパー」『マーケティングジャーナル』第36巻第2号，pp. 5–20。
髙橋広行・CCCマーケティング総合研究所 編（2022）『「持たない時代」のマーケティング』同文舘出版。
寺﨑新一郎（2021）『多文化社会の消費者認知構造』早稲田大学出版部。
寺本高（2012）『小売視点のブランド・コミュニケーション』千倉書房。
濱岡豊・里村卓也（2009）『消費者間の相互作用についての基礎研究』慶應義塾大学出版会。
三浦俊彦（2013）『日本の消費者はなぜタフなのか』有斐閣。
南知惠子・西岡健一（2014）『サービス・イノベーション』有斐閣。
森岡耕作（2023）「革新的な小売技術としてのサービス・ロボット」『三田商学研究』第66巻第3号，pp. 287–299。
結城祥（2023）「新製品のコモディティ化と流通業者の品揃え行動」『三田商学研究』第66巻第3号，pp. 269–286。
Keller, E. and B. Fay（2012）*The Face-to-Face Book: Why Real Relationships Rule in a Digital Marketplace*, Free Press.（澁谷覚・久保田進彦・須永努訳『フェイス・トゥ・フェイス・ブック』有斐閣，2016年）

索　引

事項索引

アルファベット・数字

あ　行

か　行

さ　行

た　行

な　行

は　行

ま　行

や　行

ら　行

わ　行

人名索引

あ　行

か　行

さ　行

入門・消費者行動論

Introduction to Consumer Behavior

2024年3月10日 初版第1刷発行

著　者　高橋郁夫（たかはしいくお），高嶋克義（たかしまかつよし）

発行者　江草貞治

発行所　株式会社有斐閣

〒101-0051 東京都千代田区神田神保町2-17

https://www.yuhikaku.co.jp/

装　丁　宮川和夫事務所

組　版　有限会社ティオ

印　刷　株式会社理想社

製　本　大口製本印刷株式会社

装丁印刷　株式会社亨有堂印刷所

落丁・乱丁本はお取替えいたします。定価はカバーに表示してあります。

Printed in Japan. ISBN 978-4-641-16626-4